区域技术创新网络的混合治理机制及其实证研究

洪 进 杨 洋 著

科 学 出 版 社
北 京

内 容 简 介

本书致力于从混合治理的视角来研究区域技术创新网络这一重要的组织形式。全书分为两个部分：第一，理论研究。通过对基本理论的梳理和总结，构建混合治理的三维结构模型和区域技术创新网络的演化模型，以期揭示区域技术创新网络治理模式的运行机制和混合治理下区域技术创新网络的演化机制。第二，实证研究。以中国科技企业孵化器和大学科技园为例，探讨区域技术创新网络内部要素的创新效率及其对区域技术创新和经济发展的影响；以创意产业为例，探讨产业集聚对区域技术创新的影响；以绿色技术创新网络为例，探讨区域技术创新网络混合治理的有效性。

本书属于创新经济类著作，可供区域技术创新、社会网络等研究方向的科研工作者使用，亦可作为MBA专业教学的参考用书或供政府经济管理人员、经济管理类从业人员学习使用。

图书在版编目（CIP）数据

区域技术创新网络的混合治理机制及其实证研究 / 洪进，杨洋著. —北京：科学出版社，2020.4

ISBN 978-7-03-064631-6

Ⅰ. ①区… Ⅱ. ①洪… ②杨… Ⅲ. ①区域经济－技术革新－研究－中国 Ⅳ. ①F127

中国版本图书馆CIP数据核字（2020）第040299号

责任编辑：王丹妮 / 责任校对：贾娜娜
责任印制：张　伟 / 封面设计：正典设计

科 学 出 版 社 出版

北京东黄城根北街16号
邮政编码：100717
http://www.sciencep.com

北京盛通商印快线网络科技有限公司印刷

科学出版社发行　各地新华书店经销

*

2020年4月第　一　版　开本：720×1000　1/16
2020年11月第二次印刷　印张：14 3/4
字数：298 000

定价：138.00 元

（如有印装质量问题，我社负责调换）

作 者 简 介

洪进，博士，合肥工业大学经济学院教授，创新经济研究所所长，曾任中国科学技术大学管理学院工商管理系主任。主要研究方向：高技术产业与区域经济发展；科技型孵化器与中小型科技企业发展；大学-产业合作；创意产业与创新；FDI/OFDI、国际化与企业创新创业研究等。在 *Technovation*、*Journal of Cleaner Production*、*Technology Analysis & Strategic Management*、《科研管理》《科学学研究》等国内外知名刊物发表论文 60 余篇，著作 5 部。主持国家自然科学基金面上项目、国家软科学研究计划（重大项目）子课题、国家社会科学基金重大项目子课题、教育部人文社会科学研究一般项目、安徽省科技创新战略与软科学研究专项项目等基础研究项目 10 余项。

杨洋，中国科学技术大学管理学博士，主要研究方向：创新创业管理、企业战略、科技企业孵化器与中小型科技企业发展等，在 *Technology Analysis & Strategic Management*、*Science and Public Policy*、《中国科技论坛》等国内外期刊发表论文 10 余篇。

前　言

20 世纪下半叶以信息技术为特征兴起的技术革命浪潮，将 21 世纪的人类社会推向一个全新的时代——知识经济时代，知识的创造、传播和运用成为推动时代进步的主要动力。在此背景下，科技创新和管理理念的深刻变革正迅速地改变着整个社会及各个层次组织的形态、结构与活动方式，其中一个重要的现象就是网络化组织的快速发展及其相关研究的兴起。实际上，网络化逻辑的扩散，已经开始改变技术创新、产品生产、权力与文化过程的操作和结果。一方面，联盟、企业集群、供应链、连锁经营、技术外包和虚拟企业等网络组织涌现；另一方面，诸如意大利中部和东北部的艾米利亚-罗马涅大区和图斯卡尼亚地区、德国的巴登-符腾堡、法国的瓦约纳克斯、丹麦的日德兰半岛、美国硅谷等一批区域型技术创新集群开始兴起。在国内，我国大力推进产业集群发展，特别是在东南沿海一带，发展了产业集群数千个。产业集群在促进中小企业成长，实现我国区域经济的跨越式发展，提高产业的国际竞争力方面发挥了重要的作用。

然而，从虚拟企业、战略联盟及企业集群的现实运行情况来看，这类网络组织的运行情况极为复杂，很多区域技术创新网络的长期绩效不够理想，缺乏可持续性。主要原因在于网络组织发育不成熟、集群创新动力不足、网络结构不合理、网络绩效提升途径不明确、网络演化路径不清晰，出现这些问题归根结底在于缺乏有效的网络组织治理机制。因此，采用一种有效的治理模式来研究区域技术创新网络的治理机制及其绩效评价体系，以提高区域竞争力，全面提升集群企业的创新能力，具有重要的理论和实践意义。

本书致力于从混合治理的视角来研究区域技术创新网络这一重要的创新组织方式，这在国内外学术界还是比较少的，具有一定的原创性。这一研究可以深化对区域技术创新网络这一现象的理解，拓展区域技术创新系统研究的现有主题。主要内容包括：①运用混合治理分析范式对区域技术创新网络的结构、功能、类型、演化规律、治理机制进行较为系统的研究，这不仅有利于构建区域技术创新网络有效治理的分析范式，还将为区域技术创新的政策实践提供有力依据；②开创性地构建了一个混合治理三维结构模型的分析范式，并依据该模型首次对混合治理的要素、基本类型，以及关键治理机制进行了深入研究，这为我国实践中的区域技术创新网络的治理，提供了切实可行的分析范式，具有较高的理论原创价值，并在一定程度上可以推进这一理论前沿的进一步发展；③选取中国科技企业孵化器、中国大学科技园、创意产业集聚网络，以及中国绿色技术创新网络等作为研究对象，深入开展区域技术创新网络的内在结构和治理绩效的实证分析及比较研究，力图得出多层次、多角度、有影响的研究成果，以期促进这一领域的相关研究。

本书主要受到国家自然科学基金“区域技术创新网络的混合治理机制及其绩效评估研究”（项目编号：71172213）和“发明者合作网络的互动学习机制及其对创新绩效的影响”（项目编号：71572188）的资助，在此感谢国家自然科学基金委员会提供的资金支持。本书撰写工作于 2015 年 12 月启动，在撰写前和撰写中收集、参考了大量资料与文献，开展了大量的调研工作，对相关问题进行了深入的研究，最终完成了本书稿的撰写。在实地调研、数据收集与分析、书稿形成的过程中，项目课题组成员余文涛、汪良兵、朱云浩、洪嵩、王浩宇、李晓芬、刘慧、邓萍等做了大量工作，在此向他们表示感谢。本书在撰写过程中参考了大量文献和数据等资料，并在书中标明了出处，在此表示感谢。

区域技术创新网络的治理研究是一项复杂而庞大的系统工程，限于作者的时间精力和学识水平，书中难免有疏漏和不当之处，敬请广大读者批评指正。

洪　进

2018 年 6 月

目　录

第一章 绪 论

第一节 技术创新组织形态的发展与治理

在全球化、信息化和智能化不断拓展与深化的背景下，科技创新和管理理念的深刻变革正迅速地改变着整个社会及各个层次组织的形态、结构与活动方式，其中一个重要的现象就是网络化组织的快速发展及其相关研究的兴起。同时，这种变化强烈地反映在区域技术创新活动领域，区域技术创新的网络化、协作化甚至虚拟化等趋势和现象已日益明显与普遍（Cooke，2003；Asheim and Coenen，2005；Chesbrough，2003；洪进，2005）。这些现象出现的原因主要来源于技术创新的本身。第一，技术本身的复杂性。创新的复杂性表现在技术上：①新产品需要把许多零部件集成整合出新功能；②新产品的生产要求各种资源的集成；③这些过程的实现需要各种不同单个使用者的集成。另外，技术创新要求新产品具有经济上的可行性、技术上的可操作性及市场的可接受性。技术创新需要同时满足这些需求，这使创新越来越复杂。第二，技术创新过程的复杂性。技术创新过程涉及企业的方方面面，包括企业能力、文化、环境、信息流动及区域合作等。在知识经济时代，技术创新需要突破大量的智力和科学技能，它们远远超过单个企业或组织的能力。技术创新组织形态和结构发展主要体现在以下两个方面。

第一，创新的网络化范式。创新行为是一个由诸多因素相互作用的复杂网络活动，随着技术创新过程理论的发展，不仅技术本身在快速变化，创新过程也在变化之中。随着创新过程复杂性的增加，系统集成和网络化范式的技术创新过程包括各种各样的内外部合作因素，这意味着社会网络理论被引入创新研究当中。实际上，网络化逻辑在创新活动和行为上的扩散与蔓延已有效地催生了技术联盟、创新集群、技术外包及虚拟研究与发展（research & development，R&D）组织等网络型组织的涌现和衍生，越来越多的技术创新行为表现为创新网络中各类创新行动者之间的相互关联与复杂互动。

第二，企业的集群化发展。Porter（1998）提出“产业集群是在地理上集中的相互联系的企业和关联机构的集合，它们同处在一个特定的产业领域，由于具有共同性和互补性而联系在一起”。从 20 世纪 80 年代中期以来，技术创新活动不仅表现出全球化的重要趋势，而且呈现出区域化、集聚化的重要特点。例如，意大利中部和东北部的艾米利亚-罗马涅大区和图斯卡尼亚地区、德国的巴登-符腾堡、法国的瓦约纳克斯、丹麦的日德兰半岛、美国硅谷等一批区域型技术创新集群开始兴起。有关产业集群的研究越来越受到学术界和政府部门的重视，企业集聚日益成为企业和地区创造竞争优势的重要途径。在国内，我国大力推进产业集群发展，特别是在东南沿海一带，发展了产业集群数千个，包括机械制造、电子信息、五金机电、汽车、塑胶、食品、材料等。产业集群在促进中小企业成长，实现我国区域经济的跨越式发展，提高产业的国际竞争力方面发挥了重要的作用。经过 30 多年的发展，深圳-东莞、上海-苏州、浙江等区域的企业技术创新集群也已经初具规模。

然而，从虚拟企业、战略联盟及企业集群的现实运行情况来看，这类网络组织的运行情况极为复杂，很多区域技术创新网络的长期绩效不够理想，缺乏可持续性。主要原因在于网络组织发育不成熟、集群创新动力不足、网络结构不合理、网络绩效提升途径不明确、网络演化路径不清晰，出现这些问题归根结底在于缺乏有效的网络组织治理机制。基于传统的市场治理与科层治理的经济学或管理学理论已经无法准确地阐释这类网络组织形态深刻变化的内在机制。因此，网络组织的治理机制问题越来越受到学者的关注。早在 20 世纪 70 年代 Williamson 提出交易成本理论的时候，他就已经突破了“企业和市场作为可替代的两种交易方式”的两分法，提出在企业和市场之间存在着双边的、多边的与杂交的中间组织的交易形式，即混合型组织形态。他认为治理结构是交易得以进行的一种制度安排，是人们理性选择的结果，人们可以根据交易属性选择适合的治理结构；市场和企业是交易得以实现的两个端点，市场中交易的制度安排是市场治理，企业中交易的制度安排是科层治理；不同的制度安排可构成一张谱系图，市场治理和科层治理是这张谱系图中的两个端点。在这两个端点之间存在着大量的中间形态，即混合治理。20 世纪 80 年代以后，随着组织形态呈现出更加复杂而多元的特征，学者陆续从制度经济学、交易成本理论、组织行为学、博弈论、社会学、公共管理等不同学科角度来探索混合治理的维度、机制、分类及应用等问题。

从中国的现实情况来看，我国区域技术创新网络和产业集群的成长主要呈现出以下三个特点：第一，集群的产业和区域技术创新系统源于管制放松与政策驱动等制度环境条件；第二，外向型经济导致集群或区域技术创新系统对本地生产网络产生非常显著的影响；第三，区域技术创新集聚优势主要来自土地、劳动力等成本要素，尚不具备发达国家自主创新能力的优势。因此，采用一种有效的治理模式，即混合治理模式来探究中国区域技术创新网络的混合治理机制及其对绩效的影响已经成为政府和学者广泛关注的问题。

第二节 创新网络混合治理研究的价值与复杂性

近些年来，国内外关于创新网络和区域技术创新系统的研究非常活跃，也取得了一些重要成果，但关于其治理机制的深入研究还是十分欠缺的，尤其是对混合治理（hybrid governance）的内在结构分析及其实证研究方面。因此，本书力图从混合治理这一新的角度，运用交易成本经济学、博弈论、社会网络分析等理论和方法，深入研究区域技术创新网络的混合治理机制及其绩效评价体系，以拓展和深化区域技术创新网络的研究，并促进相关的应用性管理和政策的研究。研究价值主要包括以下三方面。

第一，以往对网络组织混合治理的研究主要以线性的分析思路为主，即混合治理是介于市场治理和科层治理之间的特殊治理方式，而对混合治理的基本要素和结构方式等内在机制缺乏深入的剖析。本书将以资产专用性、创新激励程度和组织权威性为基本维度，构建起创新网络混合治理的三维结构模型，并依据该模型对混合治理的要素、基本类型及关键治理机制进行深入研究。这可以为创新网络的治理提供更为合理的分析框架，具有较高的理论原创价值。

第二，区域技术创新网络是现代创新活动的重要组织方式，对国内外很多地区的经济发展和科技进步都有着关键性的作用，并受到国内外学术界的极大关注。然而现有的研究多数是描述性的、个案式的，其分析框架和方法往往比较简单，具体探讨其治理机制的文献更是少之又少。首先，本书运用混合治理的三维结构模型，拟对区域技术创新网络的类型、演化规律、治理机制进行较为系统的研究；其次，依此建立起混合治理绩效的评估模型，并将这一分析框架运用于具体的区域技术创新系统的绩效评价中，以推进我国区域技术创新网络的相关研究。

第三，从现实意义来看，以网络结构为特征的区域技术创新系统着眼于系统性的思考，立足于科技资源的优化配置，这与国家创新体系建设的内在逻辑是一致的。与以往的改革相比，现阶段我国创新系统建设的关键不在于分离政策和措施，而在于基于资源优化互补的系统设计，即跨组织的创新网络。因此，本书对于如何治理区域技术创新系统及提升区域自主创新能力具有一定的借鉴意义。

第三节 本书主要内容与结构安排

本书立足于网络型组织的混合治理和区域技术创新的广泛实践，以交易成本经济学为理论基石，综合运用博弈论、组织社会学、创新管理等相关理论和研究方法，深入探讨区域技术创新网络混合治理的基本理论和概念范畴；通过构建混合治理的三维结构模型，探析其治理模式的内在运行机制；分析混合治理下的区域技术创新网络演化机制，构建区域技术创新网络演化模型；进一步推动混合治理下区域技术创新系统重要组成部分——中国科技企业孵化器和中国大学科技园的效率研究及其对区域经济的影响；深入分析创意产业集聚对区域技术创新网络的影响；剖析我国绿色技术创新网络的混合治理的有效性，以及探讨混合治理的区域技术创新网络的协同机制，并据此得出有益的相关政策启示。

本书总体分为两个部分进行阐述，即理论研究与实证分析，第一部分主要是理论分析（第二章至第六章）。第一，首先通过对技术创新系统演化轨迹和发展趋势进行理论分析，从市场、科层及混合组织的比较角度来探讨区域技术创新网络的概念、基本特征与形成机理；着重研究混合型（网络类创新系统）创新系统的具体类型，并归纳出科学的分类体系。第二，随之我们对混合治理的缘起及其发展进行了深入的理论概述与剖析。作为一个尚未成熟的研究领域，混合治理相关的基础特征和范畴体系仍需进一步厘清或修正，以便为整个研究奠定更为科学的基础。同时，在交易成本理论的基础上，结合组织社会学、技术创新的相关理论和方法，探讨混合治理的基本内涵、特征及其治理的效率边界问题。第三，在明晰区域技术创新网络和混合治理相关的理论研究后，我们从理论上正式研究区域技术创新网络的混合治理结构。为此，我们构建了区域技术创新网络混合治理的模型，以交易费用作为混合治理的基本分析单元，拟归纳出区域技术创新网络混合治理的要素体系，包括资产所有权、权威、激励等，为混合治理的内在机理及类型研究提供依据。同时，我们根据混合治理三维结构模型基本分析框架，具体分析混合治理的基本形态，提炼出若干典型的混合治理模式，并着重探讨准一体化、联合开发、授权开发，以及制度化和非制度化的混合创新等区域技术创新网络混合治理的基本特征；综合运用博弈论模型探讨各种混合治理类型的基本机理及治理边界，并结合区域技术创新网络的实践，研究不同区域技术创新网络混合治理模式的特点及其相互关系。第四，依据协同学，对中国省级区域技术创新网络协同演化状态进行研究，包括区域技术创新网络的自组织特征分析、区域技术创新网络协同演化状态的测度研究，以及区域技术创新网络协同演化状态评价。基于此，构建区域技术创新网络的协同演化机制和混合治理机制。

第二部分为实证研究（第七章至第十二章）。由于区域技术创新网络是含有多个要素的复杂性系统网络，如果对其各个要素均展开分析，需要投入大量的时间、人力和物力，这将给我们的研究工作带来巨大的挑战。因此，我们选取了其中具有代表性的组成要素进行深入的分析，即科技企业孵化器和大学科技园；此外，我们从产业集聚这一特殊的区域技术创新网络入手，探讨其对区域技术创新的影响；最后，我们以我国区域绿色技术创新网络为例，从战略小生境的视角探讨其治理机制。第一，本书对科技企业孵化器孵化效率、绩效表现及其外部性进行了深入的实证研究。首先，我们从孵化器内部在孵企业的微观层面、科技企业孵化器自身的中观层面和科技企业孵化器所处地区的宏观层面具体分析了影响其孵化效率的因素；其次，我们依据组织生态理论，探讨区域内科技企业孵化器彼此间的依存关系对其个体孵化器绩效的影响，并深入剖析了科技企业孵化器自身的特征和孵化器管理层给予的管理支持对上述关系的影响；最后，我们依据外部性理论，实证分析了区域科技企业孵化器对区域经济与创新收敛的影响。第二，作为区域技术创新系统的重要组成要素，大学科技园成为政府实现再工业化、地区经济发展，以及高新技术的形成和发展而采用的重要工具，因此我们亦对中国大学科技园的效率及其影响因素进行了实证分析，并对我国大学科技园的发展情况进行了类型划分，探讨了大学科技园的演化趋势。第三，我们以创意产业为例，将创新具体划分为上游创新效应和下游创新效应，深入分析了我国创意产业集聚对区域技术创新的影响，并根据实证结果对我国创意产业集聚的治理机制进行了探讨。第四，我们以我国区域绿色技术创新网络为例，从战略小生境的视角具体实证分析影响区域绿色技术创新的因素，并借此对其治理机制进行了讨论。第五，最后在结论与展望部分进一步梳理了区域技术创新网络的混合治理机制，提炼出了本书研究的主要创新点，并对未来的创新研究提出展望。

第二章　区域技术创新网络的基础理论分析

从20世纪90年代开始，区域技术创新网络作为提升区域技术创新能力和竞争优势，推动地区经济发展的一个动态开放系统逐渐引起了学者的关注。学者分别从不同的学科角度对区域技术创新网络的概念、特征及类型等方面进行了深入的研究。在研究区域技术创新网络的混合治理机制之前，我们有必要对现有区域技术创新网络的相关文献进行梳理与总结，阐明现有研究的主要研究结论和观点，并进行比较分析，从而对本书中区域技术创新网络的概念进行界定，对区域技术创新网络的基本特征、形成机理及类型进行分析与探讨，进而为后文中区域技术创新网络的混合治理机制研究奠定理论基础。

第一节　区域技术创新网络的概念分析

对于区域技术创新网络内涵的研究，最早始于1991年Freeman提出的创新网络的概念，他认为创新网络是应付系统性创新的一种基本制度安排，网络构架的主要联结机制是企业间的创新合作关系。Cooke（1992）认为区域技术创新网络源自演化经济学，指出区域技术创新网络中的企业创新主体的互动行为超越企业本身，涉及科研机构、高校、金融机构等多个组织，当这些机构在一定的区域范围内频繁互动时，就可以形成区域技术创新网络。随后，Cooke和Morgan（1998）认为区域技术创新网络是各个创新主体（企业、大学、科研机构和地方政府等）之间在长期正式或非正式的合作与交流关系的基础上所形成的相对稳定的系统，“区域”是知识交流和共享最有效的层面，创新主体在进行隐性知识交流时参与本地网络和联盟，形成信任网络。Lundvall等（2002）从生产与交互的角度，分析区域技术创新网络的运行过程是学习、研究和社会选择的过程，在一定程度上揭示了区域技术创新网络的内在发展规律。Asheim和Isaksen（2002）认为区域技术创新网络是区域技术创新系统的一种理想类型，是通过政策手段增加创新能力和合作的内在发展模式，中小企业想要进行彻底的创新，需要大量的信息、隐性知识及系统的基础研发。Kauffeld-Monz和Fritsch（2013）认为网络中互不相识的节点在不明确的关系中合作，寻找新的合作对象及潜在合作目标，其中公共研究机构的主要功能是产生、积累、传递、转移新知识及转化研究成果。国内学者李远（1999）认为创新行为的运动轨迹、自相关关系和有弹性的体系结构是区域技术创新网络，并可以通过正式或选择性的链接接收外部的信息，吸收外部的能力，而网络内部则是由非正式和不显现的链接进行。王德禄和张丰超（2000）认为区域技术创新网络是在一定的经济区域中，政府、企业、研究机构等组织之间，企业与企业之间长期以来形成的、以创新为目的的稳定的联系网络。高勇等（2006）认为区域技术创新网络是指在某一特定的地域范围内，某一特定产业或相关产业的企业、高校、研究机构、中介机构、政府等组织间在长期的正式合作和非正式合作中形成的相对稳定的网络系统。张玉明和刘德胜（2009）将区域技术创新网络界定为由政府、企业、大学、中介机构等创新主体共同参与，各个主体之间相互合作，形成的一种具有资源配置和创新能力的组织形式。周立军（2009）认为区域技术创新网络是各个行为主体在交互协同创新过程中，建立的具有促进区域技术创新的各种网络关系的总和。

综合国内外学者的观点，本书认为区域技术创新网络是指在一定地域范围内，企业、大学、研究机构、中介机构等各个创新行为主体在交互作用与协同创新的过程中，彼此建立起的各种相对稳定、能够促进创新的、正式和非正式关系的总和。在区域技术创新网络中，各个创新主体之间通过长期交流合作而形成的创新网络，可创造出良好的创新环境，使人才、资金、技术、信息等创新资源能够在网络内进行很好的流动，促进各创新行为主体之间实现资源互补、知识共享和技术合作，从而降低研发风险和成本，提高创新资源的配置效率。区域技术创新网络的作用表现为交易成本和风险的下降，且能够使区域中的企业获取有价值的知识和信息。

第二节　区域技术创新网络的基本特性研究

本节主要对区域技术创新网络的结构、特征及功能进行研究，具体包括以下三个方面的内容：一是从系统学的角度对区域技术创新网络的节点、关系链条及网络体系进行分析，进一步把握区域技术创新网络的结构；二是从结构维度和关系维度对区域技术创新网络的结构特征进行分析，归纳区域技术创新网络的特征；三是讨论网络结构特征对创新的影响，分析区域技术创新网络的功能。

一、区域技术创新网络的结构分析

区域技术创新网络主要由节点、节点与节点之间的关系链条、由关系链条所形成的子网络等要素组成。本节主要从点、线、面三个维度对区域技术创新网络的内部结构进行分析，着重分析区域技术创新网络中的节点、关系链条及网络体系。

（一）区域技术创新网络的节点

区域技术创新网络的节点主要是指以创新为目标而形成网络化合作关系的机构和组织，具体包括政府、大学、科研机构、中介机构等创新主体，同时这些创新主体也是组成区域技术创新网络最基本的要素（图 2.1）。

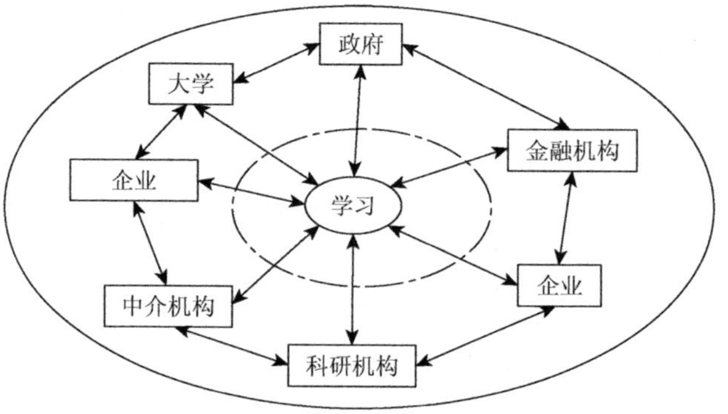

图 2.1　区域技术创新网络的基本框架和节点

（1）政府。政府作为区域技术创新网络中的重要节点，不仅直接参与到区域技术创新活动之中，还对创新活动具有积极的推动作用。具体表现在：一是各级政府部门通过科技计划或课题项目，与高校、研究所等科研机构之间展开合作，直接参与技术创新；二是政府通过出台区域规划、产业政策等创新政策，实现对各个区域技术创新资源的宏观调控，促进资金、人才等创新资源的快速流动，推动区域技术创新活动的发展；三是在市场机制难以奏效的地方，政府通过宏观调控来降低市场失灵对创新活动的影响，发挥着其他创新主体无法替代的作用，为区域技术创新提供良好的环境。

（2）企业。区域技术创新网络中的企业是创新活动最为直接的投入者和受益者，直接参与到技术创新活动之中，并在网络中处于主体地位。企业之间存在较为广泛的合作网络关系，在一定的地域范围内，这些长期而稳定的合作关系加速了物质流、信息流等创新资源在企业间的流动。一方面为企业从事技术创新活动带来了新的技术和信息；另一方面由于技术创新的系统性和复杂性日益增强，企业为降低研发的成本和风险，会选择区域技术创新网络中的大学、科研院所等主体进行合作，通过合作交流和学习，提升自身的创新能力。

（3）大学和科研机构。随着区域经济发展方式的转型，传统的依靠资金、人力等生产要素投入的经济发展方式，已经不再适合区域经济发展的要求，知识和技术已经成为区域经济发展的核心动力。大学和科研机构作为知识最直接的创造者，在区域技术创新网络中处于极其重要的位置。作为技术和知识的输出机构，大学与科研机构不仅能够创造新的知识和技术，还可以通过产学研合作的方式，与企业、政府等主体展开合作，将知识转化为经济价值，实现技术的转移和转化。可见，产学研合作网络的建设已经成为区域技术创新网络构建的核心和关键，产学研合作网络的构建不仅可以使企业获得新的技术发明，还可以将大学和科研机构的先进性研究成果转化为产品，实现技术的商品化和研究的市场化。

（4）金融机构。作为区域技术创新网络中资金和信息的提供者，金融机构是区域技术创新网络中的重要节点，不仅可以为企业的日常经营活动提供支持，还可以为企业创新的各个环节提供资金保障和咨询服务。随着创新活动的复杂性和系统性日益增强，金融机构在区域技术创新网络中的地位还将进一步凸显。充足的资金保障对企业创新的成功具有显著性的影响，金融机构对区域内企业的创新和发展具有极为重要的作用。区域内的银行、基金公司、风险投资公司等金融机构将会直接影响到技术创新的各个环节。可见，金融机构不仅可以为企业创新活动提供融资，还可以利用自身在金融市场获取的信息，为企业的技术创新活动提供咨询服务，降低企业创新的风险。

（5）中介机构。中介机构主要为企业与其他创新主体之间建立合作和交流的关键环节，间接参与到区域技术创新活动之中。同时企业战略联盟、孵化器、工程技术研究中心、技术转移机构、律师事务所、会计事务所等各种形式的组织，会为区域内企业的创新活动提供好的创新服务。中介机构的数量和服务能力会对区域技术创新活动产生重要的影响，主要表现在以下三个方面：首先，中介机构可以通过与企业、大学等机构建立关系链条，实现网络功能的更新；其次，中介机构数量的增加和服务能力的提升，有助于为区域内企业创新提供更加优质的服务；最后，中介机构自身的协调发展及其与其他主体之间的协同发展，有助于优化区域技术创新资源的配置效率，有效地提升区域技术创新活力。

（二）区域技术创新网络的关系链条

区域技术创新网络中企业、大学、科研机构等节点之间的链接便形成了关系链条，关系链条主要包括链条的作用内容和方式两方面的内容。关系链条不仅是信息、知识扩散的关键渠道，还是技术和知识扩散、创造价值、实现价值增值的关键。关系链条形成的数量和联系的强度，对区域技术创新网络主体功能的发挥具有重要的影响。区域技术创新网络中的各种关系链条极为复杂，各个节点之间都可以直接或间接地进行链接和合作，形成各种关系链条。从关系链条的作用内容可以将资源类型的关系链条进一步划分为无形资源链条和有形资源链条。据此，区域技术创新网络中的关系链条可以分为隐性关系链条和显性关系链条，各种关系链条之间共同促进创新资源的流动。

企业作为创新主体会在区域技术创新的各个环节建立起各种关系链条，不仅包括企业间的各种关系链条，还包括企业与政府、大学等其他机构因创新合作而建立起来的各种关系链条。每种关系链条都是一种创新合作，具有特定的功能，例如，企业之间建立起来的战略联盟，其目的就是实现创新资源的互补，在一定程度上可以通过资源的共享和信息的交流，大大地缩短产品开发周期，降低企业技术研发的风险和成本。区域技术创新网络中存在着具有不同功能的关系链条，它们共同实现区域技术创新的系统功能。

政府作为区域技术创新网络中的重要节点，不仅直接参与到区域技术创新活动之中，还对创新活动具有积极的推动作用。各个国家处于不同的发展阶段，政府部门对创新活动管理的范围也存在一定的差异性，导致政府与各个节点之间的链接关系也存在一定的差别。具体来说，发达国家的政府部门通过采用间接的方式与网络节点进行联系，主要为创新活动提供服务，不会主动干扰创新主体的创新活动。但在发展中国家或欠发达国家，政府部门往往通过直接建立联系的方式，直接参与或政策干预创新活动，在区域技术创新活动中的主导作用较强。

中介机构作为连接企业与大学、科研机构等主体的桥梁，不仅需要与技术的提供方建立关系链条，还需要与技术的需求方建立良好的合作关系。在区域技术创新网络中，网络节点之间链条的形成是在创新过程中，通过技术研发、生产等各个环节中的知识、信息等资源的流动和扩散而建立起来的。其中，中介机构与大学、科研机构建立的关系链条，可以为研究机构提供技术需求信息，还可以将研究机构的技术信息传递到市场中去，实现产学研结合，加快科技成果的转移和转化。而中介机构与企业建立合作关系，不仅可以将企业的技术需求信息及时地反映到市场，还可以将研究机构的信息传递给企业。

（三）区域技术创新网络的网络体系

区域技术创新网络实质是由网络中的各个节点基于创新而建立起来的各种子网络组成，并且各子网络发挥着不同的功能。具体而言，区域内的企业在技术研发、生产、销售等多个创新环节中，选择性地与网络中的节点建立长期而稳定的合作关系，形成了包括技术研发、技术创新服务、市场交易等正式性的网络。技术研发网络包括政府、企业、大学等机构或组织之间建立起来的网络体系，以技术研发为主要目的。由企业与中介机构、银行、基金公司等机构建立起来的网络关系组成了技术创新服务网络。而由企业与供应商之间建立起来的原材料供应、产品生产及销售网络组成了市场交易网络。区域技术创新网络中不仅存在众多具有特定功能和目的的正式网络，还存在由各个创新主体之间建立起来的各种社会关系网络，包括个人关系网络和公共关系网络，如图 2.2 所示。

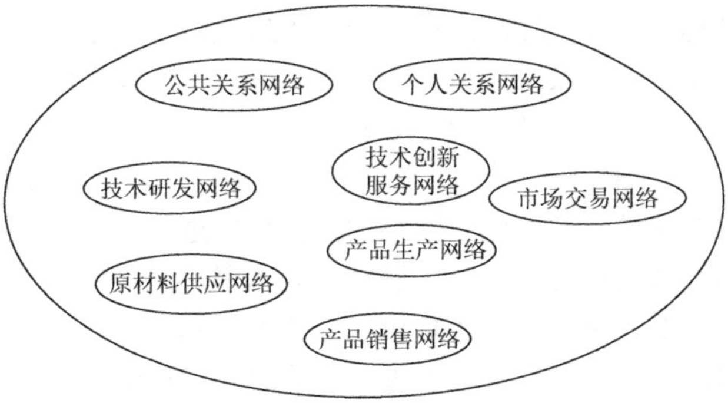

图 2.2　区域技术创新网络中的网络体系

二、区域技术创新网络的特征分析

20 世纪 30 年代，社会网络理论被正式提出，作为一种新的社会学研究范式，是社会学领域中主要研究"网络"的理论。英国学者 Bott（1958）提出了"社会网络"的概念，并认为其是社会领域中行动者之间联系的总和，并认为网络关系可以作为社会网络的测量工具。随后，学者对社会网络结构功能进行了分析，并将网络结构作为分析工具来描述和分析社会网络结构，探究社会网络体系如何影响社会群体中人的行为及其规律。Burt（1992）提出了结构空洞（structural hole）理论并对网络特征的优势进行了分析。Granovetter（1985）结合社会网络理论，提出了强联系优势理论和弱联系力量理论。这些理论的提出，进一步丰富了社会网络理论体系，为本书分析区域技术创新网络的特征提供了新的分析思路和框架。

社会网络理论主要关注网络对成员的影响，讨论网络的形成为成员提供了哪些社会支持和资源（Allen，2001）。在社会网络中，成员所处的网络位置不同，获得的联系数量不同，导致其获得的社会支持和资源不尽相同。同时网络成员组成特点的不同，也反映了网络联系的差异程度，其对网络成员的资源获取和行动结果将会造成不同的影响。可见，从网络关系特征的角度，讨论企业、政府、高校等网络行动者在网络中获取资源和行动的情况，具有极强的实践意义。

学者 Granovetter（1985）从嵌入性这一核心网络概念出发，将嵌入分为关系嵌入和结构嵌入两种，从理论上进一步明确了关系和结构作为网络结构特征分析基本维度的思想。其中，关系嵌入是指网络中交易双方对对方需求和目标的重视程度，以及交易双方相互信任、信赖和信息共享的程度，主要关注行动者之间的社会性黏着关系，主要用关系内容、强度、持续性等指标来说明特定的行为和过程（Granovetter，1973）。而结构嵌入是由网络中各种关系相互交织而形成的网络总体性结构，主要关注网络由多少节点组成，节点在网络中处于怎样的位置，且由各个主体之间关系链条所形成的网络表现出怎样的网络结构，以及网络结构的演变。主要涉及节点的位置、规模、开放性等方面的特征。随后陈学光和徐金发（2007）、任胜钢等（2011）、于明洁等（2013）等学者结合“关系—结构”这一分析范式，对区域或企业创新网络的结构特征进行研究，并采用实证分析的方法对区域网络结构特征变量进行了研究，为本书研究区域技术创新网络结构特征与创新效率之间的关系，奠定了理论和方法论的基础。本书从结构维度和关系维度对区域技术创新网络的特征做了进一步的划分，具体内容如下。

（一）结构维度特征

本书将结构维度划分为网络规模、网络开放性、网络结构洞三个方面。

1. 网络规模

网络规模是指网络成员数量的多少，可以直接定义为在技术创新过程中，与焦点企业直接相关联的创新伙伴数量（Burt，1983；Marsden，1990）。网络规模反映了网络中可以获取创新资源的丰富程度（Allen，2001）。在区域技术创新网络中，网络规模主要是指网络中的企业、大学等创新主体的数量，反映了网络节点的整体规模。企业是区域技术创新体系的主体，不仅参与创新活动，还承担着技术的商业化，企业数量的多少，尤其是具有较强创新能力的大中型企业数量，在一定程度上可以反映区域技术创新网络的规模。同时区域内的高校和科研机构也从事R&D活动，一方面直接参与创新活动，另一方面为创新活动提供资金、人才、信息等创新资源，可以为企业的创新活动提供保障。学者也普遍认为网络规模是考量区域技术创新网络特征的重要变量，可通过企业、大学等网络节点的数量和质量进行表征。

2. 网络开放性

网络开放性主要是指网络内部与外部进行信息交换、资源获取及交流合作能力的强弱。在区域技术创新网络中，网络开放性主要是指网络组织内部的参与主体之间相互开放，便于创新主体在网络中获取内外部知识、信息、技术和其他创新资源，对市场需求的变化更加灵敏，同时能够使企业获得远距离的知识和互补性资源，并不断向外部开辟新的网络关系。具体表现为以下几个方面：一是区域内的创新主体获取外部资源用于创新活动，外商直接投资（foreign direct investment，FDI）可以为区域技术创新网络带来技术、知识、信息等方面的创新资源，是区域对外开放合作的重要渠道；二是企业直接参与国外技术的购买，为网络直接带来技术源，同时企业可以对购买的技术进行吸收和集成，再次创新，不断提升网络的创新能力。以上两个方面的内容，在一定程度上反映了区域技术创新网络对外部环境的开放程度。

3. 网络结构洞

早在 1992 年，Burt（1992）提出了结构洞理论，并认为结构洞是指网络中一个节点连接两个本不相连的节点，在网络中起到了桥梁和中介的作用，并认为该网络节点占据结构洞的位置不仅能够获取信息和控制的优势，还可以在网络中充当桥梁的作用，并为连接的双方提供信息、咨询服务等创新资源，避免连接双方在合作中存在信息的不对称。在区域技术创新网络中，结构洞是网络中的断点，充当主体沟通的桥梁，影响着知识流、信息流的共享和交换。技术中介、技术转移、孵化器等机构在区域技术创新网络中充当着企业与大学、科研机构之间连接的桥梁。具体而言，中介机构并不像企业、大学等创新主体一样，直接参与到区域技术创新活动之中，但是它贯穿区域技术创新活动的各个环节，在不同的环节中穿针引线，实现产学研的密切合作，起到了弥补网络结构洞的桥梁作用，同时有助于推动技术、知识、信息等创新资源在网络中的流动。在区域技术创新网络中，网络结构洞的作用不仅取决于技术中介机构的数量，还取决于技术中介机构的服务能力。

（二）关系维度特征

从关系维度的特征看，关系维度主要是强调组织成员间以互动为导向，实现某一特定的目的，以互动为中心的节点之间的相关联系是网络的根本属性。在区域技术创新网络中，网络关系主要是以创新为目的的节点之间的互动联系，是知识、技术、信息等创新资源传递的重要渠道。网络关系的特征通过网络关系的强度来反映，而网络关系强度是网络内各个创新主体之间联系的频率和紧密程度。产学研合作是衡量区域技术创新网络联系强度的重要内容（胡枭峰，2011），主要包括各个创新主体之间研发合作、供应商与企业之间的市场交易等方面的互动关系。具体而言主要包括以下几个方面。第一，政府对创新的支持。政府是区域技术创新活动中的重要参与者，不仅通过项目课题合作的形式直接参与到区域技术创新活动中，还对企业、大学、科研机构等机构的创新活动具有扶持作用。第二，大学、科研机构等研发主体是区域技术创新网络中知识的生产者，在区域技术创新活动中发挥着重要的作用，通过校企间的项目合作、科研人员到企业挂职等方式展开合作。第三，企业与银行、基金公司等金融机构的合作。随着技术创新的系统性和复杂性日益增强，企业对创新资源的需求量越来越大。金融机构与企业之间的合作，一方面可以为企业创新活动带来创新资源，另一方面可以为金融机构带来投资机会，实现科技与金融的耦合，促进区域技术创新。

三、区域技术创新网络的功能分析

区域技术创新网络的功能是指内部要素结构所具有的特定功能，是一种事物内部相对稳定、独立的机制，主要表现为其内部结构特征对创新活动的影响。本部分主要讨论网络规模、网络开放性、网络结构洞和网络关系四个方面的结构特征对创新的影响，分析区域技术创新网络的功能。

（一）网络规模对创新的影响

网络规模主要是指区域技术创新网络中企业、大学、科研机构等节点的数量。网络规模是区域技术创新网络结构特征的重要维度，对区域技术创新活动的各个环节均有重要的影响。网络规模的扩大，将意味着更多的创新资金被嵌入区域技术创新网络之中，知识存量也会相应增大，从而促进创新资源的互补，实现网络知识的有效融合，促进创新效率的提升。同时网络规模越大，网络中的技术、知识、信息等创新资源的沟通渠道也越多，还将进一步吸引企业、大学、中介机构等其他节点继续加入，不断扩大网络规模，实现网络规模扩大的有序循环。与规模较小的网络相比，规模较大的网络中含有较多的节点，节点之间建立合作关系的概率越高，创新也就越多，这就加快了创新资源在区域技术创新网络中的流动速度。网络规模增大时，可以增加网络知识的异质性，异质性知识在节点间的流动，可以不断增强企业、大学等节点的知识表达、编码、接收和理解能力。节点在区域技术创新网络内的集聚，进一步加强创新资源的集聚，并成为区域经济发展和创新的核心，进一步促进创新活动的开展（王三义等，2007）。可见，区域技术创新的网络规模对创新效率具有一定的影响。

（二）网络开放性对创新的影响

随着创新活动的系统性和复杂性的日益增强，多渠道、多形式的国内外交流合作为技术创新带来了更多的机会和动力。区域技术创新的网络开放性主要是指参与主体之间相互开放，便于创新主体在网络内外部获取知识、信息、技术和其他创新资源。区域技术创新的网络开放性程度越高，创新主体越容易从外界吸收知识、技术、信息等创新资源，增强创新的活力，推动区域技术创新网络的演化（Eisingerich et al.，2010）。区域技术创新网络获取外商直接投资、购买国外技术等国际交流合作，可以视为创新主体获取外部创新资源的重要方面。获取外商直接投资为学习发达国家的先进技术的重要途径，在引进的基础上消化、吸收和创新，将有助于提升企业、产业和区域技术创新能力，实现区域的跨越式发展。创新主体参与国外技术购买也是区域技术创新网络开放性的重要维度。相关研究表明，购买国外技术有助于欠发达国家的经济快速增长，从而缩小欠发达国家与发达国家之间的经济差距，对经济具有一定的收敛作用（林毅夫和张鹏飞，2005）。储德银和张同斌（2013）认为购买国外技术有助于提升高技术产业的创新产出，提高高技术企业的创新效率。可见，区域技术创新网络的开放性，不仅可以使网络获得更多的创新资源，还将有助于加强创新主体之间的相互促进作用。

（三）网络结构洞对创新的影响

网络的竞争优势不仅取决于资源的多少，还取决于网络关系的优劣势。网络中结构洞数量越多及功能越强，其关系优势将越为明显。网络中的结构洞的数量越多，连接的主体越多，意味着网络关系越发达。网络间各主体之间的相互联系，促进主体之间的相互学习，以及知识在网络内的流动。在交流的过程中，也会促进信息在网络中的传递，从而减少网络中冗余的信息，进而促进区域技术创新效率的提高。相关研究表明，在创新网络中占据结构洞位置的创新主体，是为了加强网络内创新主体之间的联系，而不是为了实现对资源和信息的控制（盛亚和范栋梁，2009）。区域技术创新网络中的中介机构是连接各个创新主体的重要纽带，占据了结构洞的位置，在区域技术创新中起到了沟通创新、扩散知识、传播知识的桥梁作用。具体表现在三个方面：一是中介机构是创新主体之间的“黏结剂”，加强了企业、大学、科研机构等创新主体之间的交流合作，增加创新机会。二是中介机构的发展，加快了网络中信息的快速流动，减少因信息或资源不对称所带来的合作障碍，使网络成员在相互信任的基础上进行充分合作，推动创新活动的开展。三是随着信息获取技术的日新月异，中介机构可以获得大量的信息，借助自身的专业技能，为企业、大学等主体提供技术转让、技术评估等专业化的服务，进而实现产学研的无缝对接，促进科技成果的转化，提高区域技术创新效率。

（四）网络关系对创新的影响

网络关系主要是指各个创新主体以创新为目的、信任为基础建立的互动联系。频繁的互动和稳定的合作关系，对创新活动具有积极的影响。首先，在区域技术创新网络中，基于长期合作和信任建立起来的网络关系，降低了各个主体之间违约的可能性，使各创新主体可以全身心地关注共同的目标，在创新合作中表现出更高的积极性。在新技术研发活动中可以相互分享新的知识，加快了新知识和新技术在网络中的流动，增加了区域技术创新网络的知识存量。其次，网络中的各个创新主体建立起稳定、频繁互动的网络关系，加快了网络中知识的转移，降低了知识外溢的风险，从而使各个创新主体愿意合作，更加愿意分享隐性知识，实现知识的集成，提高创新效率。再次，各个创新主体之间通过稳定、频繁互动的网络关系，可以对信息进行及时修正和筛选，减少了信息核对的时间，降低了各个创新主体获取信息的成本。最后，网络关系是各个创新主体之间的黏合剂，是信息、知识、技术等创新资源在网络中进行流动的重要渠道。可见，区域技术创新网络为企业、大学和研究机构提供了相互交流的平台与界面，各个创新主体在网络中各取所需，互利互惠，建立起基于信任机制的稳定网络关系，这对创新活动具有积极的影响。

第三节　区域技术创新网络的形成机理及类型

区域技术创新网络的形成是一个过程，区域技术创新网络的形成机理是区域技术创新网络形成过程中的一项重要内容，是分析区域技术创新网络的内涵、结构、形成条件，寻找形成区域技术创新网络和能力的资源，发现并克服区域技术创新网络形成的制约条件，最终形成区域技术创新网络的一个过程。明确区域技术创新网络的形成机理是寻找提升区域技术创新能力的途径的重要措施。

一、区域技术创新网络的形成机理

企业存在的本质在于它能够不断地创造价值。企业创造价值的过程是由一系列互不相同但又相互关联的增值活动组成的，如设备供应、R&D、产品生产、营销、服务等，这些增值活动的总和便构成一条完整的价值链。但是，随着技术的不断进步和复杂化，在一些高技术行业中，没有哪一家企业可以单独地在企业内部开发出所有所需的技术从而将最有竞争力的产品推向市场，没有哪一家企业可以单独地在企业内部完成从设备供应、R&D、产品生产、营销到服务的整条价值链所包含的增值活动。于是，伴随着技术的进步和复杂化，市场范围不断扩大，社会分工不断深化，价值链的增值环节不断增多，结构也趋于复杂，每一增值环节所需的专业化水平不断提高，从而使整条价值链分解为多个增值环节，每个环节都有多个专门从事这一环节所对应的增值活动的、具有一定核心能力和竞争优势的企业。例如，IBM一直是以将从设备开发到集成电路加工再到整机的生产和销售这些价值增值活动垂直集成为整条价值链而著称的，但现在的情况有所不同，集成电路设计有专门的公司，芯片加工有专门的工厂，整机装配有专门的企业，从事产品营销的企业更是数不胜数，甚至芯片加工这一增值环节又可细分为许多小的增值环节，如掩膜、封装、测试等，有许多企业专门从事这些环节的活动，而硅谷最初正是以此闻名于世的。随着技术的复杂化和分工的深化，一系列互不相同但又相互关联的增值环节便从整条价值链中分立出来，与此相对应，一系列专门从事某一增值环节经营活动的企业在市场中逐渐发展起来。同时，某一增值环节由于从某条价值链中分立出来之后，要面对整个产业、响应整个产业的市场需求，它的市场范围空前扩大，发展空间也空前扩大，不再只对应于某一特定产品的价值链，而提升为对应于某一特定产业及相关产业的价值链，与多条相关价值链发生相互作用，价值链之间的相互整合使链状结构变为网络状结构，该网络状结构在市场活动中经过一段时间的发育过程，便逐渐形成了基于同一产业或相关产业的创新网络。创新网络的形成是一个市场化意味较浓的、时间跨度上相对漫长的自组织过程，但是其一旦形成，就会持续兴盛一段较长的时间。

在这一方面，著名的硅谷便是明证。一般来说，价值链与企业的分立是以它必须具备相当大的生存空间为前提条件的。具体来说，至少应具备以下四个前提条件：第一，分立出来的企业所面临的市场必须是一个竞争性的市场。企业之所以能从原来的价值链中分立出来，是以它可以理性地预期与其他企业的相互依存度为前提的。而在非竞争性市场中，不仅企业的进入壁垒较高，而且市场中原先存在的有一定垄断程度的企业挤压了新分立出来的企业的生存空间，因此，只有竞争性市场才能够保证新生企业不断地从原来的价值链中分立出来，并嵌入创新网络中去。第二，分立出来的企业必须具备一定的核心能力，并构成整条价值链不可或缺的某个增值环节，提升企业在整个网络既合作又竞争的过程中讨价还价的能力，既是具有相当实力的竞争者，又是颇有吸引力的合作者。当然，企业所处的增值环节并不一定是关键环节，并且每一个增值环节上可以有多个相似的企业共存。第三，分立出来的企业在发展初期所面临的市场需求必须足够大，必须足以支撑其未来的发展。当然，随着企业及创新网络的进一步发展壮大，本地区的市场需求可能趋于饱和，这将迫使企业及整个区域技术创新网络向其他地区辐射、扩展。第四，技术的进步及复杂化使单一企业难以完全掌握某一技术的全部流程，从而降低了对纵向一体化的要求，使专业化分工程度较高的分立企业有其存在的微观基础。尤其是在高技术行业，对单一企业规模经济性的要求逐渐演变为对网络整体规模经济性的要求。在价值链与企业的分立、整合过程中，分立是整合的前提，没有分立，便没有整合；而一旦分立之后，整合便是企业在市场逐利活动中自我组织的必然结果。

二、区域技术创新网络的类型分析

（一）基于区域潜力的区域技术创新系统分类

基于区域潜力的区域技术创新系统分类方法是 Cooke 等（1998）提出的。Cooke 等（1998）主要研究地区水平上的交互式创新支持的关键因素。为此，Cooke 等调研了 11 个欧洲区域，根据这些区域的组织机构能力及政策和企业的组织形式将 RIS[①]分为三类。

第一类，区域技术创新能力优异的区域技术创新系统，如德国的巴登-符腾堡区域。这类区域技术和创新中介服务组织（教育系统、大学和研究机构、技术转化中心、金融机构等）运行良好，这种结构展示了高度的区域自治。

第二类，区域技术创新能力居中的区域技术创新系统，如比利时的瓦隆、荷兰的拉邦和芬兰的坦佩雷等。这类区域技术创新支持机制无论在管理、公共设施，还是在创新政策等方面均既有优势，也有劣势。

第三类，区域技术创新能力较差的区域技术创新系统，如西里西亚。这类区域支持创新实践的机制形式落后，大学和产业间缺乏联系，对创新支持组织认识薄弱。

（二）基于地域融合方式的区域技术创新系统分类

吴慈生等（2000）概括前人的研究将 RIS分为两类：①自上而下组织的 RIS，如 NIS[②]；②自下而上组织的 RIS。这种系统内的不同要素有自己的内部特征和相互作用的网络，各要素在地区空间上的接近和聚集能够为区域提供创新动力，促进经济增长。

（三）基于社会凝聚力的区域技术创新系统分类

Asheim 和 Coenen（2005）将 RIS 分为两类。第一类，“地域化的国家创新系

① regional innovation system（区域创新体系），简称 RIS。

② national innovation system（国家创新体系），简称 NIS。

统”，即RIS中的产品结构、组织安排均属于某一特定区域，并且在功能上属于国家创新系统的一部分，如地区水平上的科技园。一般情况下，科技园同其所在地区联系较弱。第二类，“地域根植化的创新系统”，即RIS中的产品结构、组织安排均根植于某一特定区域，如意大利的工业区艾米利亚-罗马涅大区等就将自己的竞争优势建立在稳定的创新网络、相互交流的中小企业和本地有力的技术与创新支持模式之上。

（四）基于区域建立基础的区域技术创新系统分类

根据区域技术创新障碍的类型，Asheim和Isaksen（2002）将RIS分为三类。这种分类方法强调RIS中可能妨碍创新的不足之处。组织机构欠缺型RIS是指区域内缺乏实现交互式学习的相关要素的区域。网络关系断裂型RIS是指区域内缺乏合作和高度信任的相关要素的区域。创新能力锁定型RIS是指区域中创新资源过度集中于某一产业的区域。这种分类方法有助于企业、科技和知识政策等的制定。

第三章　混合治理的缘起及其发展概述

随着科学技术进步推动的组织变革与经济全球化的深度演化，具有混合特征的新兴组织形态引发了一系列更为复杂的管理问题，包括产权治理、管理控制、激励机制等，并挑战着传统的管理思维和方法。近三四十年来，混合型组织及其治理问题逐步受到国际学术界的广泛关注，并取得了若干重要的研究进展。但国内学术界对这一领域的研究进展仍未有足够的关注。因此，本章在系统梳理混合治理相关研究文献的基础上，对混合治理的理论渊源、发展逻辑及重要结论进行了深入的总结和分析，从而为区域技术创新网络的混合治理机制研究提供理论支撑，以期推动这一研究在中国的开展和应用。

第一节　混合治理的概念

20 世纪 80 年代以来，虚拟企业、外包企业网络、战略联盟等具有中间形态或混合特征的新型组织不断涌现，基于传统的市场治理（market governance）与科层治理（hierarchical governance）的经济学或管理学理论已无法准确地阐释这种组织形态深刻变化的内在机制。Williamson 等在 20 世纪 70 年代开展了具有开创意义的混合组织和混合治理研究，但并未迅速引发后续的广泛研究。直到 20 世纪 90 年代，组织形态呈现出更加复杂而多元的特征，才引起学术界从制度经济学、交易成本理论、组织行为学、博弈论、社会学、公共管理等不同学科角度，探索混合治理的维度、机制、分类、应用等问题。在界定混合治理的定义和概念之前，首先必须清楚地了解混合治理的学科溯源问题。

混合治理的形成和发展具有较为广阔的学科背景与研究传统，因此对这一多元化的复杂图景的回顾和分析是非常必要的。实际上，混合治理研究源自混合型组织实践的广泛存在。不同类型的混合型组织在人类社会的各个活动领域早已存在，如公私合作型组织、多主体的联盟或合作型组织、社会企业、非营利组织网络等。这些广泛的实践引发了各个学科研究者的思考和探索，涵盖了经济学、社会学、政治学、管理学等多个领域。因此，一方面混合治理的研究源自丰富的社会实践，另一方面其理论传统和研究方法则根植于这些不同学科的智力基础。

就现实基础而言，具有一定混合特征的组织形态很早就存在于社会生活中，一些松散型的社会群体（村落、氏族等）和社会组织（如慈善机构、民间社团等）一直发挥着重要的社会功能，也引起了各个历史时期的社会学家对其特征和规律的探索与研究，尤其是对不同类型的社会组织运行及其控制机制的调查和分析。20世纪三四十年代以来，由于全球范围的工业化和城市化的双重驱动，社会形态和组织方式发生了巨大的变迁，社会学和人类学领域的研究也随之繁荣，出现了一系列重要的研究成果，如霍曼斯交换理论、帕森斯的结构功能主义、莫顿中观功能主义法学、理性行动理论、科林斯的综合冲突理论、布迪厄的社会实践理论等。这些研究为混合组织治理提供了广泛而坚实的理论基础，如帕森斯提出了AGIL模型，其核心思想就与Williamson关于混合治理结构的分析不谋而合。

更为重要的是，自20世纪80年代以来，社会学的研究在社会关系网络方面取得了令人瞩目的进展。尤其是Granovetter关于弱关系的研究、Burt关于结构洞的研究，以及White等关于社会网络分析（social network analysis，SNA）的研究。实际上，社会学的研究传统已经紧密地与经济学、管理学交融在一起，共同推动着混合组织及其治理问题的探索。

从政治学和公共管理的角度来看，组织的混合性主要体现在公共部门与私人部门之间的合作行为。在长期的政治实践历史进程中，为了实现政治目标和有效的社会管理，政府常常寻求与企业、NGOs（non-governmental organizations，非政府组织）等外部组织的合作，以更好地提供公共产品和服务。尤其是近40年来，随着“新公共管理运动”的兴起，公共领域的混合组织现象更是赢得管理者和学术界的关注与研究，如在公共资源和环境管理、公共服务提供、减除贫困等领域中，一些学者针对战略决策、领导力、组织边界、治理机制等问题展开了深入研究。

从理论基础上看，经济学为混合治理研究提供了最为重要的思想渊源和分析方法。早在20世纪30年代，Coase（1937）就提出了“市场-企业”二分法，认为市场和企业是协调经济活动的两种组织形式，并运用“生产的制度结构”概念来分析各类复杂的组织形态。在此基础上，Williamson（1975）提出了“市场-混合组织-企业”三分法，并开展了一系列具有开创性意义的研究。治理结构是交易得以进行的一种制度安排，是人们理性选择的结果，人们可以根据交易属性选择适合的治理结构；市场和企业是交易得以实现的两个端点，市场中交易的制度安排是市场治理，企业中交易的制度安排是科层治理；不同的制度安排可构成一张谱系图，市场治理和科层治理是这张谱系图中的两个端点。在这两个端点之间存在着大量的中间形态，即混合治理。

就总体而言，Williamson（1975）为混合组织和治理的研究提供了最为重要的理论基础，随后的研究进展主要体现在维度创新和内涵延伸上。Holmstrom和

Milgrom（1994）首次将所有权、权威、激励作为混合治理的构成维度，尤其是他们对权威这一维度的考量，是先前学者所没有注意的。Makadok 和 Coff（2009）提出混合治理理论的新内涵，他们认为混合治理的属性应是市场与科层属性的组合，并运用新的构成维度对混合治理形式进行分类，包括授权、计件雇佣、自治利润中心、联营、特许经营和准一体化。值得注意的是，混合治理的应用也越发广泛，从服务业、零售业、物流业等传统行业深入跨地区或跨行业的组织，如跨国公司、科技园、乡村企业等。

资产专用性与交易不确定性是决定组织治理结构的关键因素。随着科学技术的不断进步与全球化进程的日益深化，资产专用性和交易不确定性程度逐渐增强，由此带来的机会主义风险使传统形态的组织面临着越来越高昂的交易成本。为了应对这种机会主义风险和满足组织协调的要求，就需要针对不同的组织选择不同的治理结构。又因为资产专用性程度与交易不确定性类型的具体差异，所以要求在市场和科层之间存在一些过渡的治理结构，即混合治理。混合治理机制这个概念首先出现在政治经济模型中，其次被应用于经济领域。简单来说，混合治理就是介于市场机制和层级制机制之间的各种不同的形式，包括合资企业、特许经营、管制、各种形式的长期合同等，也有人将之统称为合同模式。可以用一个数轴来表示垂直协作形式的多样化（图 3.1），数轴的最左端是市场治理形式，最右端是垂直一体化形式，即科层治理形式，中间是混合治理模式，包括合资经营、特许经营及各种长期合同等。

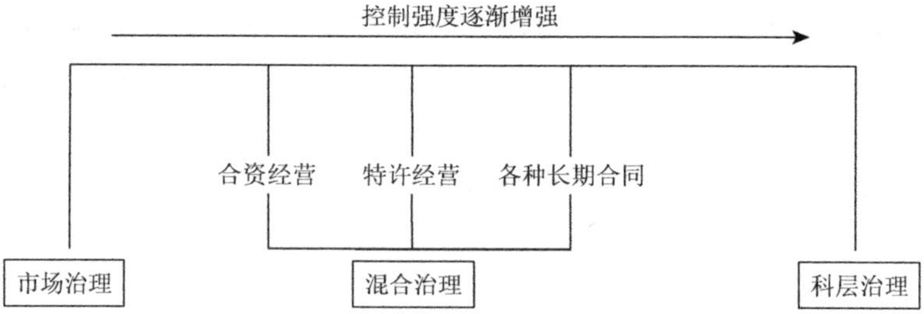

图 3.1　治理结构图

第二节　混合治理的进展分析

一、“奠基石”研究：20 世纪 70 年代初至 80 年代末

尽管有关混合组织及其治理的研究可以追溯到更早的时期，但真正重要的研究工作开始于 20 世纪 70 年代初 Williamson 的奠基性研究。实际上，Williamson

对混合治理体系的研究经历了很长的发展阶段。起先，他认为大多数交易集中于高度分散、相互独立的市场交易和高度集中、实行科层制管理的交易之间，但是这些交易是不稳定的，势必会向两端转变，并逐渐形成双峰状态。随后，他又指出，中间状态的交易才是更普遍的形式，并且这种交易始终受到经济学与组织理论的关注。最后，他明确地用“混合组织”表示企业和市场之间的各类组织形式，并将混合组织中的交易安排称为混合治理。

在这一时期，Williamson 的研究结果影响力仍十分有限，主要局限在新制度经济学范畴之内。但到了 20 世纪 80 年代中期，随着交易成本经济学发展到了经验研究的阶段，一些研究学者对不同类型组织形式进行了更为应用性的探索。Masten（1984）分析了航空行业的制度选择与治理问题；Perrow（1986）观察到中间组织在现实生活中发挥着越来越重要的作用，形象地把它称为“隆起的中部”。混合治理理论的研究自此进入了全面发展的新时期。

二、维度创新：20 世纪 90 年代初至 90 年代中期

到了 20 世纪 90 年代初，Williamson 创建了较为系统的混合治理理论，运用“离散结构选择分析”的方法，将治理结构划分为市场治理、混合治理和科层治理，并从激励强度、行政控制、自发适应、协作适应、契约法五个维度刻画了不同治理结构的属性，总结归纳如表 3.1 所示。

表 3.1　治理结构的属性

治理属性	维度内涵	市场治理	混合治理	科层治理
激励强度	根据自身投入而得到的回报强度	++	+	0
行政控制	组织内部自上而下的管理强度	0	+	++
自发适应	组织自身的适应能力	++	+	0
协作适应	组织间的适应能力	0	+	++
契约法	组织外部的法律强度	++	+	0

资料来源：Williamson（1991）

++表示强，+表示中强，0 表示弱

市场治理具有弱协作适应能力和行政控制能力，但具有强自发适应能力和激励强度，它完全依赖于外部法律条约来解决冲突。与市场治理相反，科层治理具有强协作适应能力和行政控制能力，相应地具有弱自发适应能力与激励强度，在科层治理模式下，科层是自己的法庭，它依赖自身的管理机制解决问题。在混合

治理模式下，交易双方往往建立长期的合作约定，但它们是平等的买卖关系，因此混合治理同时具有市场治理和科层治理的部分特征。混合治理的治理属性强度处于中等水平，具有中等强度的激励强度和行政控制能力，其组织自身与组织间的适应能力强度也位于市场治理与科层治理之间，并同时依赖于法律条款和自身的管理机制解决问题。

从20世纪90年代初开始，混合组织及其治理研究进入到了快速发展的阶段。在Williamson的经典理论架构的基础上，大多数学者开始以混合治理结构的内在属性及其分析维度作为主要研究对象。

如前所述，Williamson关于治理结构的研究集中于激励强度、行政控制、自发适应、协作适应、契约法等维度的解析方面，但他对企业权威性质的处理则相对模糊，更未将权威维度纳入解释治理结构的理论框架之中。在Williamson看来，企业内部具有很强的行政控制能力，主要依赖于自身的科层式管理机制解决问题。他认为科层治理的出现是为了节约交易成本，获得更高的效率，但科层治理只是一个有效的集中决策机制，而不是组织内部的权威控制机构，权威并不处于科层治理机制之内。但是，Holmstrom和Milgrom（1994）则进一步拓展了治理维度的研究，他们认为正是企业家对资源的权威控制，才使企业可以依赖于内部机制解决问题，所以将权威作为判断治理结构的关键维度之一。

另外，所有权也被纳入治理结构的分析维度中。所有权与治理结构的联系起源于委托代理理论。20世纪30年代，美国经济学家Berle和Means（1932）提出委托代理理论，倡导所有权和代理权的分离，而激励代理人最直接的措施就是依据其任务完成度给予相应的报酬，但企业监控所有任务往往是困难的和高成本的。为了更有效地实施激励，并减少交易成本，资产所有权被拓宽，有时委托人将部分或全部资产所有权分配给代理人。在科层治理结构下，委托人完全拥有所有权，在混合治理结构下，双方各自拥有部分所有权，而当委托人完全让渡所有权给代理人时，就形成了市场治理结构。这样一来，所有权的不同分配也就带来了治理结构的差异。基于此逻辑，Holmstrom和Milgrom（1994）将所有权发展为判断治理结构的第二个维度。同时，他们保留了激励这一维度，认为组织的治理离不开激励制度。这样一来，Holmstrom和Milgrom（1994）在委托代理理论的基础上，从所有权、权威、激励这三个维度来分析混合治理结构的内在机制与属性。

三、内涵延伸：20世纪90年代后期至今

从20世纪90年代末开始，混合治理研究从基本的理论构建研究走向应用性的内涵延伸研究，包括更细致的治理维度分析，以及各类企业的案例研究。Zenger和Hesterly（1997）认为现有的大部分企业运用混合治理模式，混合治理本质上融

合了市场治理和科层治理的相关要素。Seibert 等（2004）认为企业是一种类似于市场的科层治理模式，它赋予员工更多的激励。而相反地，Oxley 和 Sampson（2004）则表示一些市场关系已经融入了更多的科层特征。

值得关注的是，Makadok 和 Coff（2009）在总结前人研究的基础上，沿用了 Holmstrom 和 Milgrom（1994）区分市场治理与科层治理的维度，用一种新的划分方法对治理结构进行区分，并认为混合治理的属性是市场和科层属性的组合，如表 3.2 所示。

表 3.2 科层治理、混合治理、市场治理结构的属性

维度	形式	所有权	权威	激励
科层治理		委托人	高	低
混合治理	授权	委托人	低	低
	计件雇佣	委托人	高	高
	自治利润中心	委托人	低	高
	联营	代理人	低	低
	特许经营	代理人	高	高
	准一体化	代理人	高	低
市场治理		代理人	低	高

资料来源：Makadok 和 Coff（2009）

Makadok 和 Coff（2009）用所有权、权威、激励这三个维度来区分市场治理和科层治理，同 Williamson 思想一致，市场治理与科层治理居于治理结构的两端。市场治理的特性是代理人拥有资产，因此具有低权威和高激励的性质，而科层治理是委托人拥有资产，具有高权威和低激励的性质。与 Williamson 思想不同的是，这里混合治理的属性不再都是中间强度，而是部分维度具有市场的属性，剩余维度具有科层的属性。例如，委托人拥有资产的授权模式，它具有市场的低权威属性，也具有科层的低激励属性。他们根据三个维度的不同强度，将混合治理分为六种结构，包括授权、计件雇佣、自治利润中心、联营、特许经营和准一体化。具体的特征描述如表 3.3 所示。

表 3.3 混合治理分类实例

类型	解释说明
授权	人力资源密集型企业中常见；研究性大学院系管理的标准
计件雇佣	销售工作中常见；通过提高绩效和利润水平获得好处；可能存在质与量的差别
自治利润中心	最大化自己的利益；免费挖掘内外部商业机会；专业服务型公司内常见，如投资银行、企业风险投资单元

续表

类型	解释说明
联营	联营成员是法律上的单独实体；拥有自己的资产，没有权力命令其他成员；项目的合作上常用，如软件业的开源联营、网络上的维基百科
特许经营	特许经营权拥有者提供商业模型；特许经营者在授权者的指导下进行运用；多用于连锁企业，如肯德基、必胜客
准一体化	供应商大量依赖单一客户群；增加顾客的议价能力；常运用在建筑行业与医疗保健行业

资料来源：Makadok 和 Coff（2009）

简言之，从 Williamson 对混合治理的奠基性研究，到 Holmstrom 和 Milgrom（1994）对混合治理维度的创新，再到 Makadok 和 Coff（2009）对混合治理内涵的新思考，混合治理研究经历了三个主要的发展阶段。其研究的不断深入与丰富，推动了相关研究领域的进展，包括组织适应性研究、企业内部权威性研究、企业联盟中治理结构的研究等。

第三节　混合治理的基本特征及其范畴体系

一、混合治理的基本特征

单独研究混合治理的基本特征是不科学、不合理的，本书根据 Williamson 对治理结构的划分，从交易成本经济学的角度，对市场治理、混合治理和科层治理三种治理机制进行比较分析，从而揭示三种治理结构的适用类型及差异性。

（一）契约法的差异

不仅交易具备不同的特点，而且各种备选的治理机制或模式也是相异的。三种主要的治理模式（市场模式、混合模式及科层模式）在适用的契约法则、适应性及管理控制与激励机制等方面都有所不同。市场模式受古典契约法支持，而混合模式受新古典契约法的支持，垂直一体化或者科层模式则适用隐含的自制契约法。其中古典契约法强调法律规则、正式的文件和自我出清，而新古典契约法则包括并不涉及所有细节的长期协定，但仲裁是必需的，即需要第三方的参与，因此，混合治理机制是三边治理。自制契约法则强调争端的内部解决，即通过调节、指令等内部方式来解决争端，而不是诉诸法律。

（二）适应性

哈耶克认为社会经济问题主要是对有关事件和地点的特殊环境，特别重要的是，与中央计划相比，价格机制是传递信息适应市场变化的极其有效的机制。虽然哈耶克和巴纳德都认为经济组织的主要问题是适应性，但哈耶克认为其市场的适应能力强，而巴纳德则将焦点集中于组织内部的适应性。

哈耶克所指的适应性是自发性和自主性的合作，价格给人们提供一种信息，商品的需求和供给变化反映在价格的变化上，根据价格的变化，市场参与者能够自主地采取正确的行动以最大化他们的效用和利润。这里将这种适应性表示为适应性 *A*。对于这种不会引起双边依赖的随机事件，市场的价格机制是完善的。但是在存在一种长期的双边依赖关系下，市场的自发性往往导致局部利益最大化（囚徒困境），市场参与者基于自我利益的讨价还价，使双方很难适应环境的变化。这就需要求助于适应内部合作的机制，这就是巴纳德所分析的适应性：一种有意识、有目的的合作，在这里作为适应性 *B*，双边或多边依赖性的交易权威关系（命令）比自主性市场有着适应性优势。因此，市场在适应性 *A* 方面有着神奇的力量，面对突发事件，价格能够提供充足的数据，单个买者和卖者能够自主地做出反应，并且个人获取净收益，每一方都有强激励去减少成本和进行有效的调整。但是当存在双边依赖关系时，正式组织更能实现合作性的调整以适应环境的变化，即企业在适应性 *B* 方面比市场更有优势。但是这种适应性 *B* 优势的获得并不是无成本的。在企业内部，部门之间容易争权夺利，相互推卸责任，将成本分摊给其他部门；企业主管可以用会计系统进行战略性的再分配（通过转移价格、管理费用的摊派等），实现自己的偏好。总之，内部组织会降低激励强度，增加官僚成本（Williamson，1985）。

对于混合治理机制来说，其组织自身与组织间的适应能力也位于市场治理与科层治理之间，并同时依赖于法律条款和自身的管理机制解决问题，同时混合治理能够合理地、科学地利用市场机制和组织自身的制度，在二者之间达到均衡状态，从而实现治理的效果、效率和效益的最大化。

（三）行政控制

与市场相比，企业在管理控制方面是有效率的，但激励强度较弱。从市场交易到垂直一体化，如图 3.1 所示，即从横轴的左端向右端，一方对另一方的控制强度逐渐增强。居于中间的混合治理模式则体现出一种从由“看不见的手”控制的状态逐渐向科层管理过渡的状态，控制强度居于市场治理形式和垂直一体化形式之间，它在激励强度、适应性和管理控制上，处于市场和企业的中间。与科层治理机制相比，混合治理机制保留了所有权的自主性，从而有较强的激励强度和能较好地适应 *A* 型随机事件（一方可以单方面而不需要咨询另一方实现有效的调整的随机事件）；与市场治理比，由于存在双边的依赖性，长期合同需要采取一系列保护措施（信息泄露、争端解决机制等），这些又有利于更好地实现适应性 *B*，但弱化了激励强度。

总的来说，混合治理模式具有中等强度的激励、中等程度的控制、拥有较强的两种适应性（*A* 和 *B*）。混合治理模式在所有权、权威和激励这三种属性中处于市场治理和科层治理的中间。混合治理模式应用新古典契约法，不同于古典契约法和自制契约法，比古典契约法更有弹性，比自制契约法更具法律化。

二、混合治理的范畴体系

科斯认为企业是作为价格机制的替代物而出现的，企业实际上是以企业家为代表的人力资本所有者与物质资本要素所有者之间的一组长期契约。因此，科层治理和市场治理被认为是两种基本的治理形式。但是战略联盟、企业集团这些以网络为基础的企业之间存在交集的组织形式中，不仅有市场的价格机制的作用，而且企业间的契约也发挥着效用。因此，在企业和市场之间存在一种中间组织。Williamson（1996）对这种中间的组织形态进行了深入探讨。他提出在企业和市场之间存在双边的、多边的和杂交的中间组织的交易形式，即混合型的治理方式和组织形态。不过他认为从长期来看，混合型组织要么滑向市场，要么趋于企业形态，也就是说随着扰动频率的加大，市场模式和科层模式将会增加而混合模式将会减少。然而事实表明，这种混合型的治理模式并没有随着市场竞争的加剧而消失，而是被很多企业所采用。

因此，总的来说，在目前竞争与合作并存的市场环境下，战略联盟和企业集团的组织形式将会长期存在下去，在这种组织形式下，混合治理亦将会扎根下去，即只要以网络为基础的企业之间存在交集，那么必然会存在混合治理。

第四章　区域技术创新网络的混合治理结构研究

资产专用性与交易不确定性是决定组织治理结构的关键因素。随着科学技术的不断进步与全球化进程的日益深化，资产专用性和交易不确定性程度逐渐增强，由此带来的机会主义风险使传统形态的组织面临着越来越高昂的交易成本。为了应对这种机会主义风险和满足组织协调的要求，不同的组织需要选择不同的治理结构。又因为资产专用性程度与交易不确定性类型的具体差异，所以要求在市场治理和科层治理之间存在过渡的治理结构，即混合治理。本章将重点研究区域技术创新网络的混合治理结构。首先，我们将构建区域技术创新网络混合治理的模型，以交易费用作为混合治理的基本分析单元，对影响混合治理的要素进行分析；其次，我们基于社会交易理论的信任治理和基于制度经济学的契约治理对区域技术创新网络混合治理的基本类型展开讨论；最后，本章将探讨重点区域技术创新网络混合治理的若干关键治理机制，包括契约治理机制、基于嵌入性的关系治理机制，并对区域技术创新网络中的行动者和网络结构展开深入分析。

第一节　区域技术创新网络混合治理的模型构建及要素分析

一、模型构建

本节中，我们采用 Makadok 和 Coff（2009）的资产所有权、激励、权威这三个维度，以交易费用作为混合治理的基本分析单元，依据资产专用性（高–低）、创新激励程度（强–弱）、组织权威性（高–低）三个变量，构建混合治理的三维结构模型。

$$C = f(S, I, A) \tag{4.1}$$

其中，C 表示交易成本（transaction cost）；S 表示资产专用性（special asset）；I 表示激励水平（incentive）；A 表示权威程度（authority）。

二、要素分析

（一）资产专用性

在交易成本理论中，资产专用性旨在突出机会主义行为对交易的影响，资产专用性投资的生产性含义没有得到深入讨论。事实上，根据 Williamson 的分析，资产专用性投资的内涵并非仅限于交易含义，或者说资产专用性只是在分析交易时被特别指出。生产性是资产专用性投资的基本含义（因为生产是支持具体交易活动的内容之一），在进行治理成本和生产成本的比较时，Williamson 就将生产成本作为资产专用性投资的函数使用。因此，完整地理解资产专用性投资将是建立交易成本理论内在联系的重要依据。企业资源与能力理论认为，企业是不同资源与能力的集合，企业能力来源于前期的沉没投资。在企业资源与能力理论看来，资产专用性投资的生产性含义更重要，企业前期的资产专用性投资形成了后期的异质性能力，不同方向和数量的资产专用性投资是企业能力异质性的来源，因此企业能力可以被看作前期资产专用性投资的函数。企业前期的资产专用性投资形成了沉没投资，资产专用性投资与沉没投资统一于投资概念，投资概念内在地建立了企业能力理论和交易成本理论的联系。不同的是，在用于交易分析时，沉没投资源于前期的投资活动，并对未来可能发生的交易产生影响，而资产专用性投资则是直接为完成特定交易进行的投资，因此二者既具有统一性，又具有时滞性。

此外，从多边的和生产性角度考虑，当前期多边的资产专用性投资实施之后，不同企业的资产专用性投资形成了企业不同的能力范畴，多个企业持续的、多样化的资产专用性投资形成了企业生产性能力分布的多样性和不均衡性。企业能力的多样性和不均衡性的一个直接后果是不同企业的能力可能具有相似性，也可能具有互补性，还有的企业能力是不可替代的，企业能力的相似性、互补性和不可替代性都会影响交易的组织。企业能力的异质性来源于企业前期进行了不同方向和金额的资产专用性投资，即沉没投资，企业能力的异质性决定了某些企业特别适合于组织某种交易，其他企业则相反，沉没投资的差异是其中的根本原因。

（二）激励

治理是利用各种治理机制使相互冲突的（或者是不同的）个体利益得以调和，并使个体采取联合行动的持续过程，目的是激励和约束组织或者个人的行为，促使其向期望目标行动。有效的激励能够减少交易成本，激励交易双方进行事前专用投资，促成相互独立的组织或者个人之间形成合作。激励机制主要解决委托人与代理之间的动力问题，即委托人通过激励机制促使代理人采取适当的行为，最大限度地增加委托人的效用。组织的激励机制主要有以下几个方面。

第一，报酬激励机制。对经营者的报酬激励主要由固定薪金、股票与股票期权、退休金计划等构成。上述激励手段各有其优势和目的，激励效果差异也较大。

一般很少只采用其中一种，往往是多种手段共同使用。于是，如何确定经营者的报酬结构就成为治理问题研究中的重要任务。一般而论，最优报酬激励机制的设计与选择应根据公司情况和行业特点进行优化组合。

第二，剩余控制权激励。剩余控制权除了表现为剩余决策权外，还表现为经营者具有职位特权、享受职位消费，给经营者带来正规报酬激励以外的物质利益满足。因为经营者的效用除了货币物品外，还有非货币物品，如豪华的办公室、到风景胜地公务旅游等。因此，公司得到的剩余控制权越是接近于企业家对常规性机会的挖掘和开创性工作的努力，则激励效果越好。相反，如果一个企业没有剩余控制权或剩余控制权很小，则激励效果很差。

第三，声誉激励机制。公司高层经营者，一般非常注意自己长期职业生涯的声誉。这是由于声誉激励使经营者获得社会的赞誉，从而产生成就感和心理满足感。因此，声誉、荣誉及地位是激励经营者努力工作的重要因素。同时，声誉、荣誉及地位也意味着未来的货币收入。理性的经营者追求货币收入最大化是一种长期的行为，现期货币收入和声誉之间有着替代关系，经理人员过去工作的良好声誉可能使他获得较高的现期或未来收入，较差的声誉则可能使他获得较低的未来收入。

第四，聘用与解雇激励机制。聘用与解雇对经营者行为的激励可以通过内部董事会来实现，也可以通过经理市场竞争来实现。所有者可以比较自由地对经理人进行选择；已经聘用的经理不仅面临外部经理市场的竞争，而且面临公司内部下级员工的竞争，这种竞争使已被聘用者面临解雇的潜在威胁。因此，聘用和解雇也是比较有效的激励机制。

第五，升迁激励。就是对那些为组织发展做出了突出贡献的经营管理者给予提拔等奖励，以激励其工作积极性。这在转型经济国家中，对于由政府控制或资助的混合组织是一种比较常见的激励方式。升迁激励既可以在组织内部进行，也可以超出原组织范围进行，甚至还有可能到政府从政。对于那些偏好行政权力者，这种升迁激励是一种比较有效的方式。

（三）权威

权力学派所关心的是组织中的控制问题，主张通过树立组织权威对成员施加影响，以此保证组织的正常运行。该学派的奠基者当属著名社会学者韦伯。韦伯关于科层制的研究为权力学派的组织理论奠定了坚实的基础。权力学派经过不断的探索和发展，逐步演绎出后现代主义理论，即强调权力在组织塑造中的中心地位，以及文化信念和符号过程的重要性。后现代主义理论对知识整体性的认识与以往的理论不同，它认为人类的知识是零碎化的，可以有多种不同的组织方式，因而就不存在单一的权威方式。权力、权威及其相互关系是该学派的理论基础。Emerson（1962）认为，控制他人的权力存在于对他认为有价值的东西的控制中，简言之，权力隐含地存在于对他人的依赖之中，即权力的根源在于一个人对另一个人所控制资源的依赖。因此，该学派认为权力关系可以是相互的：一个人在这一领域可能拥有对另一个人来说重要的资源，而在另一个领域则因为那个人拥有资源而依赖于那个人。正如个人的依赖程度会因情况而异一样，组织内部各部分之间相互依赖的程度也会因处境的不同而有所不同。

权威指的是合法的权力。权威结构中的一个关键要素是“合法性”问题，合法性是被一套社会规范规定为正确或适当的处境或行为的属性。因此，合法的权力包括两方面的内容：一是指一组由权力关系联系起来的个人或职位；二是指一套制约权力的分配和实施的规范或规则。建立在合法权力即权威基础之上的组织其实就是韦伯倡导的理想的科层组织，这种组织具有三个典型特征：①组织中的成员应有固定和正式的职责并依法行使职权；②组织的结构是由上而下逐层控制的体系；③强调人与工作的关系，成员间只有对事的关系而无对人的关系。韦伯认为，凡具有上述三种特征的组织，不但可以使组织体现出高度的理性化，而且其成员的工作行为也能达到预期效果，组织目标也能顺利实现。

第二节　区域技术创新网络混合治理的基本类型

区域技术创新网络主体主要包括政府、企业和高校等，在一定程度上属于产学研的合作方式，其交易目的在于促进创新活动，这不仅能提高企业的创新能力，也能创造社会租金，增加社会福利。

从交易的视角来看，双边治理是产学研双方为了达成交易而选择某种治理模式，协调和控制彼此的行为，基于社会交易理论的信任治理和基于制度经济学的契约治理为产学研双方提供了两种可选择的治理模式。

一、信任治理

信任治理概念的产生来源于人们对信任在组织活动中的重要性认识。信任治理在虚拟组织、合作网络及联盟研究中受到了学者的关注。本书将从区域技术创新网络的角度，探讨产学研合作网络中信任治理的重要性。

信任是大学研究人员和技术需求企业之间的一种关系状态，表现为对合作对象的正面期望和接受意外损失的意愿；正面期望意味着双方相信合作对象有强烈的合作意愿，有能力并且会尽心尽力地去完成复杂的合作任务，不会因为事前的专用性投入而产生“敲竹杠”的机会主义行为，因而能在一定程度上解决产学研合作的事前专用性投资问题。正面期望还意味着双方相信合作收益能够被公平地划分，不需要花大量时间和成本去制定详尽的契约条款，也能减少监测机会主义行为产生的成本。这对合作的影响主要表现为当意外状况出现时需要交易双方进行适应性调整。由于创新活动的高不确定性和创新绩效评估的困难，产学研合作过程中容易出现创新实际结果与期望结果不完全一致的状况，知识背景的差异不仅使双方沟通困难而且需要成本，能够接受意外损失的意愿可以避免因为意外状况引起的重新讨价还价，减少合作过程的协调成本。因此，在高不确定、高协调成本和资产专用性的产学研交易条件下，信任的存在使相互独立的双方仍然有可能形成交易。

产学研双方形成信任需要一定的条件，在多次重复交易的产学研合作案例中，信任来源于双方的熟悉程度和合作绩效；在初次交易的产学研合作案例中，信任的来源则更为复杂、显然。大学研究人员完成产学研合作项目的历史信息披露有助于技术需求企业建立能力信任，而技术需求企业参与产学研合作项目的次数和投资金额也有助于大学研究人员的信任感知，因此充分的历史信息披露是初次交易的产学研双方构建信任的重要途径。我国政府为了促进产学研合作构建了许多技术创新平台，这些创新平台不应局限于单个合作项目的技术信息，更重要的是个体的能力和历史行为信息，以利于初次交易的产学研双方建立信任关系。如前文所述，信任并不仅表现为对交易对象的信任态度，还表现为对交易环境和契约效力的信任。在我国产学研合作现象并不普遍、交易关系网络还不完善的现状下，双边治理模式自身无法解决信息来源、社会氛围和集体处罚机制等外部条件问题。这需要政府进行相应的改善，使信息充分的技术创新平台能在一定程度上承担社会关系网络的职能，通过建立产学研合作的信用记录培育集体处罚机制，培育社会诚信守法的良好氛围。

二、契约治理

很多研究者批评信任治理过分强调人的本性善良，依赖于自我约束机制，忽略了行为人的自利倾向和机会主义行为的可能性。除了信任治理的软约束问题，更为棘手的是，信任仅仅是一种理想的关系状态，建立信任需要交易双方进行多次交易或者具有良好的私人关系，这导致如何在大学研究人员和技术需求企业之间建立起信任关系成为解决产学研合作问题的关键所在。一般情况下，初次交易的产学研双方仍然会签订相应的合作契约，契约能在一定程度上给予双方交易的信心，契约保障交易的能力越强，越有利于产学研双方进行交易。更重要的是，当产学研双方出现争端时，第三方有能力做出公平合理的裁决，为双方自行解决争端提供示范。此外，政府提供专业的法律服务能够协助产学研双方签订复杂的合作契约，增强契约的约束和协调能力，改善契约环境。

已有的网络治理研究中得出信任治理和契约治理之间的关系不一致的结论。一些学者认为契约治理与信任治理是互补关系，契约治理能够弥补信任治理的制度缺失，从而能够更好地提升治理绩效。另一些学者却认为契约治理会导致合作伙伴的不信任预期，降低伙伴间合作的意愿。对此，本书将在下一节对契约治理和信任治理的机制进行深入研究。

第三节　区域技术创新网络混合治理的若干关键治理机制

一、契约治理机制研究

20 世纪 80 年代前，契约理论一直是渠道治理研究的主要理论工具。契约机制会提前明确规定每一个渠道成员的权利和义务，交易一方如果从事机会主义行为，交易另一方可以通过第三方的协助来惩罚交易伙伴的针对己方的投机行为（Dyer and Noboeka，2000），从而来保护自己的交易专用资产。契约根据其理论基础的不同可以被分为正式契约和规范契约（Lusch and Brown，1996），前者建立在交易成本经济学的基础上，后者建立在 Macneil（1980）的关系契约理论的基础上。

新古典主义契约理论认为契约是一种治理交易关系的有效机制，契约不仅创造一个共同的语言，传达信息（价格、技术规范、保证等），也明确了双方同意的权利、义务和责任，以双方如何互动，处理彼此关系，创造共同性的语言和期望，通过法律和规范的条款，来遏制浪费性的谈判，通过降低风险和交易中的不确定性来创造价值（Lusch and Brown，1996）。根据交易成本经济学的有限理性假设，人永远不能预测未来可能发生的所有情况，契约也不可能是完备的。然而，正式的契约签订是需要成本的，Mooi 和 Ghosh（2010）认为如果契约开放性导致的事后交易成本大于签订更完备契约的事前交易成本，那渠道成员就应在事前花时间和精力来制定明确、完备的契约；反之，就应保持契约的开放性，在契约执行环节加以控制。同时，制度环境中法律对契约执行的保障能力也是需要考虑的因素，如果制度环境无法保障履约，那么渠道成员通过制定明确、完备的契约来治理渠道交易关系的动机就会被削弱。

20 世纪 80 年代以前，契约治理机制一直是围绕交易成本理论展开的，交易成本经济学和契约理论一直是渠道治理的主要理论基础，而契约治理机制作为一种重要的治理机制受到学者的广泛关注。回顾现有的渠道关系治理的文献发现，关于契约的前因变量、结果变量，以及契约治理机制和其他治理机制的相互关系、作用机制的研究较多，研究形成了大量的理论成果。其中契约的主要驱动因素包括专用性资产、不确定性、监控难度和声誉，以及相互依赖不对称等，而契约的结果变量包括渠道投机行为、交易绩效和渠道关系满意度等。近年来，关于契约治理机制和其他渠道治理机制相结合的复合治理机制的应用的研究是学者研究的热点。虽然现有的研究成果非常丰富，但在渠道关系治理这一领域仍存在可以研究和探讨的理论空间。现今，将契约治理机制与规范治理机制相结合的复合治理机制是学者研究的热点，但在提高渠道交易绩效上，二者是形成互补作用还是会相互替代，目前学术界尚没有达成一致。并且，对于两种治理机制之间的作用机理的研究不多（Poppo and Zenger，2000）。此外，现有的研究大多基于西方现有的成熟的理论，如交易成本理论、社会交换理论，而西方成熟的理论是否适用于中国社会背景仍有待进一步研究。在中国的特定的文化背景下，特别是在中国特殊的人际关系、社会关系背景下，契约治理机制是否仍能起到应有的作用，它的作用机制是否和在西方文化背景下相一致，这些问题都有待我们进一步研究。

二、基于嵌入性的关系治理机制研究

关系嵌入性是基于互惠预期而发生的双向关系，可以反映网络关系的特征，主要以关系的方向、内容、强度和连续性等指标来进行测度。在关系嵌入性的研究中，根据关系强度的大小，关系可以分为强连接与弱连接两类。Granovetter（1973）认为可以用四个指标来衡量连接关系的强弱，分别是互动频率、亲密程度、关系持续时间及相互服务的内容。强、弱连接对企业产生作用的机制存在着很大的不同，强连接可以增加企业间的信任、降低交易成本，从而提升企业绩效；而弱连接主要是通过企业对结构洞位置的占据，获得大量信息进而提升绩效的。相比关系嵌入性，结构嵌入性的视角更加宏观，反映的是关系结构的特征，关注嵌入网络中所有关系集合的整体性结构，Burt（1992）提出的结构洞理论是结构嵌入性研究的典型。结构嵌入性的研究往往会应用社会网络分析方法，重点研究网络的密度、企业在网络中的位置对企业的行为和绩效的影响（Granovetter，1987；Uzzi，1996）。

在关系嵌入性分析的基础上，嵌入性是经济活动中的关于认知、文化、社会结构和政治制度的权变因素，可划分为四个维度，即结构嵌入性、认知嵌入性、文化嵌入性和政治嵌入性。这四种嵌入性的作用机制体现于对经济活动理性程度的减弱。结构嵌入性是指社会结构会对经济交换产生影响和制约。认知嵌入性是指组织长期形成的群体认知对组织经济行为的引导或限制，行为主体在进行行为选择时会受到周边环境，以及固有思维意识的指引、影响与限制，社会认知对组织行为和管理行为有着重要的影响作用。文化嵌入性强调文化因素对企业组织行为、组织结构及管理过程的影响，认为经济行为主体会受到外部价值观、信念、信仰、区域传统及宗教等因素的制约。政治嵌入性关注制度环境的影响作用，认为经济行为会受到行为主体所处的政治环境、政治体制、权力结构，以及税收、法律等制度因素的影响，企业在进行经济活动时总会受到这些制度安排的约束，因此就自然地嵌入制度环境中。经济合作与发展组织的研究亦表明政府在公共政策制定及公共信息平台建设上的进展对区域内经济主体的经营活动和行为的引导或限制作用是非常明显的。

嵌入性的概念和理论把经济与社会联系在一起，突破了传统经济学原子化个体理性假设的桎梏，将经济活动的分析置于更客观的现实背景中，开拓了经济学、管理学研究的新视域。嵌入性意味着对企业所处环境的关注，代表着对事物间联系的重视，与当今社会的主题不谋而合，因此嵌入性的研究正处于较为兴盛的时期。这从嵌入性理论丰富多彩的分析框架就可见一斑，学者从不同的侧面来阐释嵌入性，已经形成了较为全面的分析框架，为之后学者进行嵌入性的有关研究提供了有力的分析工具。围绕“经济行为嵌入于社会关系”这一本质命题，有学者对经济行为进行了细分，研究某一种经济行为在社会关系中的嵌入性，也有学者对社会关系进行了细分，研究某一种社会关系对经济行为的影响。当然，将二者同时细分的研究也有很多，而无论哪一种都没有偏离嵌入性的本质命题。与此相对应，还有一些近期的研究大大扩展了嵌入性的内涵，甚至将某两个事物之间的联系都看作嵌入性，从而使嵌入性研究呈现出泛化的趋势。这是嵌入性理论活力的体现，但是容易使研究浮于表层，无法触及本质，再加上嵌入性概念本身具有高度的抽象性，大多数现有研究都将嵌入性作为一种状态，如嵌入性对企业绩效的有关研究，虽然很多研究已经从关系嵌入、结构嵌入两个维度进行了分析，但仍然没有打开嵌入性的“概念伞”，缺乏对嵌入机理的深层次剖析。

第五章 混合治理下的区域技术创新网络演化研究

随着区域化时代的到来，区域技术创新与区域经济的发展越来越成为国家创新能力提升和经济发展的重要推动力。“国家状态”已开始让位于“区域状态”，区域也已成为真正意义上的经济利益体。区域技术创新网络作为涉及技术创新、知识创新、政策创新和市场创新等的具有巨大复杂性、历经长期演化的规则结构，其本质就是通过区域内不同主体与非主体要素间的物质、信息和能量交换来实现创新和区域发展。区域技术创新网络的复杂多主体特性，使运用混合治理理论来研究区域技术创新网络及其相关问题成为可能和必然。在本章中，我们将深入研究混合治理下的区域技术创新网络的演化和发展。

第一节 区域技术创新网络演化模型建构

区域技术创新网络理论是继创新、创新系统和国家创新系统等理论之后，由Cooke 等（1998）提出的，是指在特定的区域内，由各创新主体（企业、高校、科研院所）、非主体要素（知识要素、产业结构、金融和政策支持等）及主体与非主体要素间的互动联系所组成的复杂适应系统，其具有主体智能交互性、系统动态开放性、创新绩效涌现性和超系统演化性等特性，综合前人的研究，本书认为在一般的系统演化过程中，既存在着从无到有、从简单到复杂的“涌现”，也存在着从有到无、从复杂到简单的“瓦解”。基于此，我们提出区域技术创新系统的闭环演化模型（图 5.1），即包含集聚（agglomeration）、互动、制度厚积（institutional thickness）和多样化四阶段在内的 ANITD 模型。

一、集聚阶段

集聚阶段主要指创新要素的集聚，即区域内的企业、研发机构、大学、中介机构和地方政府在地理空间上的临近或汇集。在集聚阶段，系统内部各创新主体之间的联系非常有限，系统的协同效应和整合效应微弱，社会资本相当薄弱，不过这一阶段却是区域技术创新系统形成的雏形阶段。如果说一个完整的区域技术创新系统包括创新的主体要素、功能要素和环境要素，那么在集聚阶段主要表现为创新主体要素的集聚，创新系统在功能和环境要素上还相当欠缺。也就是说，创新系统

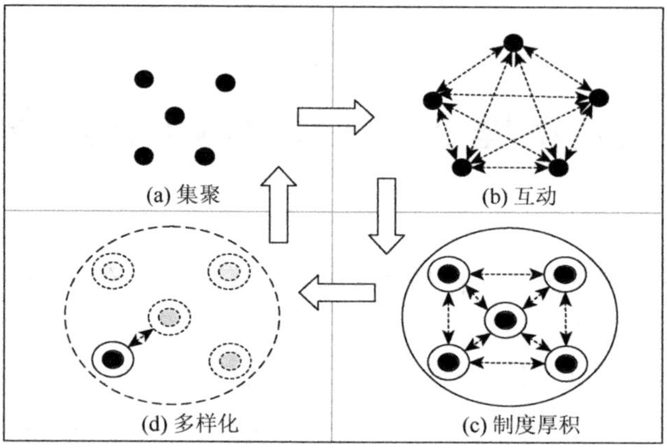

图 5.1 区域技术创新系统闭环演化模型

●表示不同创新主体　←-----→表示创新主体间的互动关系　◉表示主体及其制度厚积
○表示区域的制度厚积　◌表示衰退的主体及其制度厚积　◌表示衰退的区域制度厚积

的内部模型和标识作用并未被激发。既然如此，那为什么还存在创新主体要素的集聚呢？主要原因包括三个方面：一是创新主体具有空间地理上的临近性，要素主体是以“物以类聚”的法则在空间地理上汇聚；二是公共权威有意识的推动，使具有智能的创新主体认识到，集聚能产生互补和协同效应，如我国各地广泛兴起的科技园区、产业园区及各种孵化园等，政府的政策激励对其发展往往起到举足轻重的作用；三是市场机制导致的创新主体要素的自然流动，例如，东部经济成本、资源环境成本的提高，导致一些产业向内陆地区转移，进而带动创新资源向中、西部地区流动，并产生新的产业集群。目前，很多地方政府都在推动各种开发园区的建设，为招商引资出台各种优惠政策，吸引产业集聚到区域园区内，这正是区域技术创新系统集聚的外显形式。

总之，集聚阶段是区域技术创新系统形成的雏形，有利于活化沉淀的科技资源，降低交易成本，蓄积商业潜力。然而，在集聚阶段单个主体难以应对复杂的外部环境，区域很难形成整体协同效应。要使集聚涌现出新产品、新技术、新商业模式，还需促进各创新主体之间的互动，培育社会资本，逐渐形成良好的创新氛围。

二、互动阶段

当要素集聚到一定程度时，区域技术创新系统的演化将由集聚阶段向互动阶段过渡［图 5.1（b）］。就区域技术创新系统这种特定的组织来说，其整体上的创新活动是在各创新主体的互动过程中展开的。换言之，集群创新能力的最小分析单元应该是集群参与者之间的互动关系，正是产业集群内部的各种正式或非正式关系，促使创新系统参与者之间发生知识的搜索、共享、交流和互补，从而导致整体层面上的创新涌现。

就互动阶段形成的原因而言，主要可以从两个方面来分析：一方面，企业为了长期的发展战略，需要获取一定的战略资源（如人力资源、知识资源、金融资源等），并培育有利的社会资本，因此有必要与同一区域内的大学、科研机构、政府部门及不同价值链的企业建立合作关系；另一方面，技术本身具有公共产品的性质，这就决定了企业很难独占研发的技术成果。为此，企业要在复杂的环境中凸显自身的竞争优势，必须构建产业链的企业合作网络，共同分担高额的研发费用，减少企业的风险，提高技术创新的成功率。然而，创新主体之间合作的“集体理性”并不容易得到广泛的认同，这就需要一种外界力量的推动，即政府将成为此种角色的主要承担者。Hamdouch（2008）的研究表明，创新项目的成功与否主要在于在潜伏期政府的公共资金介入程度如何。同时，他进一步指出，公共权威的作用是通过不同创新主体在时间和空间范围内的集成来实现的。

在区域技术创新系统的互动阶段，由于合作制度的规范性较弱，创新主体之间的联系、交流和互动并没有形成稳固的关系，使合作具有很大的随机性和偶然性。要保持创新联盟的持续运行，还需要相关制度保障，即厚积的制度建设。

三、制度厚积阶段

区域技术创新主体通过资金流、物质流和信息流的交互作用，将促进地方性制度组织之间的互动与回应网络的产生，并在地方制度安排层面上产生显著的同构，这种互动和同构机制往往会转化为社会公约、伦理规范、习惯与传统。这种有利于创新的制度安排，在交互适应和累积的过程中，将使区域技术创新系统的发展进入成熟阶段，即制度厚积阶段。

制度厚积源自学者对“新马歇尔节点”的讨论。在“全球—地方”的网络节点中，除了区域自身的环境条件与产业特色外，区域还应该创造地方经济活力，而其中的途径是通过正式与非正式制度的匹配来产生协同效应，并形成一套共同认可的制度规范，使每一个创新主体都“如鱼得水”。区域技术创新系统的制度厚积阶段至少满足三个条件：首先，区域技术创新系统内部将形成大量的“稳定性制度因素”，包括厂商、研发机构、金融机构、地方政府、不同类型的志愿者团体及商业服务协会等，这些制度性组织将形成一个符合本地特色的、不易外移的、稳固的创新网络体系。其次，各种制度组织间产生高度的相互作用和信任机制，并在相互适应的过程中产生一系列有利于构建持久创新联盟的社会公约、制度规范、管辖机构、联合建构与集体表达机制，在区域内形成特定的创新氛围，从而减少创新合作的部门主义与制度之间的冲突。最后，产生区域技术创新共同的愿景，以整合地方组织机构的行动步调，达成广泛的共识。制度厚积阶段实际上是区域技术创新系统的成熟期，驱动区域技术创新的动力已由互动阶段的随机外生模式转向内生的制度约束；而这种制度空间则表现出极强的适应性特征，与区域组织结构和环境变迁浑然一体。因此，在这一阶段，区域技术创新系统已经形成了一个具有智能演化的、自组织的、良性的循环体系，不仅具有良好的创新氛围，即有利于创新的价值观念、法制观念、社会行为方式，还形成了便利的硬件设施和知识基础。

总之，通过制度之间非线性的耦合所达到的制度厚积阶段，可以保证知识快速更新，人才和资金的自由流动，使整个区域技术创新系统不断引入负熵流，令系统总熵不断减少，形成一个良性的创新生态循环。

四、多样化阶段

从复杂适应系统的演化视角看，制度具有地域性和路径依赖性，可能引发创新系统的各种锁定效应，使系统的功效达到一个“临界”，而制度厚积阶段将在创新主体的智能适应和涌现中告终，并随之产生制度的变革和重构，出现新的创新形态，制度厚积阶段将被多样化阶段所取代。

就多样化的形成过程而言，本章通过创新的锁定效应进行解释。区域产业集群的锁定效应包括认知锁定、功能锁定和政治锁定。从认知锁定看，企业与相关创新组织在地理空间上高度集中，从而容易形成一种基于本地经济、技术、文化高度趋同的群体性思路，进而导致技术创新战略思维的固化。功能锁定表明，长期稳固的企业间创新网络，容易在环境集群中形成相对封闭、稳固的技术路径和策略组合，从而削弱区域技术创新的潜能。从政治锁定来看，以支持本地产业集群发展为目标的政府介入，往往容易形成集群内部政府和企业之间的“政治性同盟”，从而使集群的发展方向偏离市场机制的自我更新系统。

显然，制度厚积是一个区域技术创新系统成功的主要标志。但此后区域技术创新系统的演化仍然存在着两种可能：一是逐渐失去自我更新的能力，系统演化陷入停滞；二是突破制度厚积导致的创新锁定，使系统进入下一个演化周期。就第二种情形来看，随着系统向更为成熟的阶段发展，区域技术创新主体将出现分化、裂变，知识也将出现严重外溢，系统将衍生出大量的创新元和多个创新子系统。本节所谈的多样化阶段正是针对第二种情形而言的，它可以使系统向更高层次的要素集聚演化，进而开始新一轮的超循环演进。

第二节　混合治理下的区域技术创新网络演化水平评价模型构建

按照混合治理理论、复杂适应系统和共同演化理论的观点，创新系统的演化主要取决于系统内主体间，以及与非主体要素间的协同发展。创新系统的主体是指具有特定目的和结构且类型不同的组织或机构，如企业、高校、科研院所、政府和金融机构等；非主体要素是对影响创新主体的互动和演化的所有内外部环境的统称，如政府政策、产业结构、集群特点、金融支持及创新潜力等。为方便起见，本书将它们统称为环境支撑主体，由于政府和金融机构更多的是为区域技术创新系统的发展提供诸如政策与金融支撑等服务，本书最终将政府和金融机构等创新主体纳入了环境支撑主体之中进行分析，从而构成了包含企业创新主体、高校科研院所创新主体，以及环境支撑主体在内的区域技术创新系统及其各主体共同演化理论模型（图 5.2）。企业创新主体、高校科研院所创新主体及环境支撑主体之间既彼此独立运作，又具有很强的关联性，三者在多层次上持续进行着互动演化（Sæther et al.，2011）。首先，三主体通过在因子演化层的 R&D 人员、R&D 经费、财政支出及金融支持等方面的创新投入，经过一系列转化，最终产出诸如专利申请和授权量等创新成果，从而使三主体在各自的主体演化层形成内部彼此协作的循环演化系统。其次，三主体又在系统演化层通过物质、信息和能量等的彼此交换，促进或抑制区域技术创新系统的共同演化。

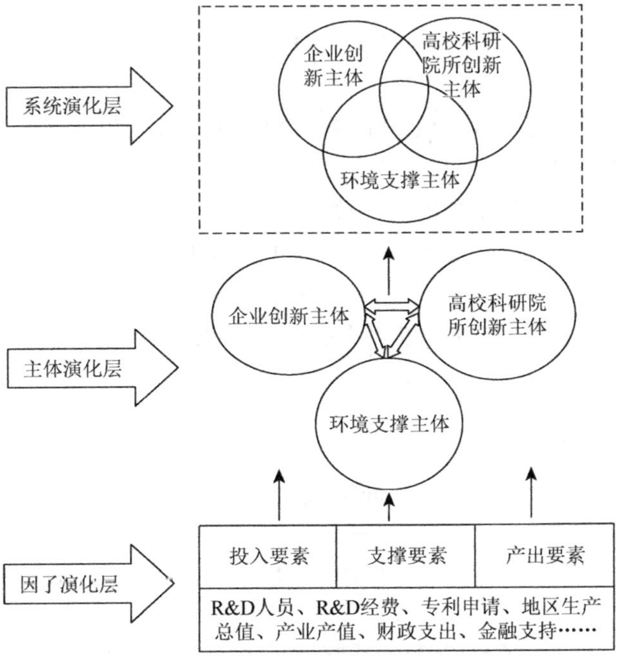

图 5.2　区域技术创新系统及其各主体共同演化理论模型

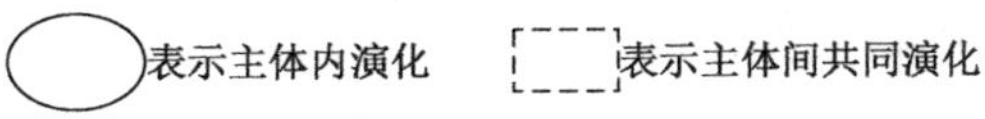

为了验证本节所提出的演化模型和演化阶段划分，基于前人的研究（刘双明，2007；王泽宇和刘凤朝，2011），本书进一步构建了区域技术创新系统的共同演化水平评价模型，并在此基础上进行了实证分析。

设区域技术创新系统发展过程中的序参量为$e_i=(e_{i1},e_{i2},\cdots,e_{ij},\cdots,e_{in})$，$n\geqslant 1$，$\alpha_{ij}\leqslant e_{ij}\leqslant\beta_{ij}$，$j\in[1,n]$，$\alpha_{ij}$、$\beta_{ij}$分别为第 j 个主体的下限值和上限值。假设$e_{i1},e_{i2},\cdots,e_{ij},\cdots,e_{in}$的取值越大，主体的演化有序程度越高，反之则有序程度越低。则各主体序参量的有序度计算公式为

$$U_i(e_{ij})=\begin{cases}\dfrac{e_{ij}-\beta_{ij}}{\alpha_{ij}-\beta_{ij}}\\[2ex]\dfrac{\alpha_{ij}-e_{ij}}{\alpha_{ij}-\beta_{ij}}\end{cases}\tag{5.1}$$

由式（5.1）可知，$U_i(e_{ij})\in[0,1]$，其值越大，则表示相应的序参量 e_{ij} 对主体或系统有序的“贡献”越大。

主体间有序度的确定可通过式（5.2）计算：

$$U_i(e_i)=\sqrt[m]{\prod_{j=1}^{m}U_i(e_{ij})}\tag{5.2}$$

从式（5.2）可以看出，$U_i(e_i)$的取值介于 0～1，$U_i(e_i)$的值越接近于 1，表示主体间的有序度越高，反之主体间的有序度越低。

假设初始阶段 t_0，各主体的有序度为$u_j^0(e_i)$，而当整个系统演化至时刻 t_1 时，各主体的有序度为$u_j^1(e_j)$。则整个系统的共同演化水平为

$$C=\theta\sqrt[m]{\prod_{j=1}^{m}\left|u_j(e_j)-U_j^0(e_j)\right|}\tag{5.3}$$

式中，θ满足以下条件：

$$\theta=\frac{\min\limits_j[u_j^1(e_j)-u_j^0(e_j)]}{\left|\min\limits_j[u_j^1(e_j)-u_j^0(e_j)]\right|}\tag{5.4}$$

由式（5.3）可知，$C\in[0,1]$，其取值越大，意味着区域技术创新系统各主体间的共同演化水平越高，反之，则共同演化水平越低。此外，从整个模型的构建可以看出，区域技术创新系统的共同演化水平是由所有创新主体共同决定的，只有所有创新主体均协调一致，才能促进系统整体共同演化水平的提高。若创新主

体间的发展不同步，缺少一致性，则有可能导致整个区域技术创新系统都停滞不前，甚至出现系统衰退的现象。

第三节　实证分析

一、变量测量与数据来源

将共同演化理论运用于经济系统的研究难度较大，理论研究比实证研究发展迅速很多，目前基于共同演化理论的创新、区域技术创新研究多为案例研究（Sæther et al.，2011），实证研究较少，且已有的实证研究也多运用如计算机仿真等技术进行，实用性不强。而结合共同演化和复杂适应系统两个理论来对区域技术创新系统进行实证研究的成果更是匮乏，这为变量的选取带来了一定的难度。本书基于对已有成果的研究，以及对主体的理解，选择如下指标（表 5.1）作为本章研究各主体的演化因子，来刻画区域技术创新系统各主体间的共同演化程度。

表 5.1　区域技术创新系统各主体及其演化因子

系统	主体	演化因子	因子说明
区域技术创新系统	企业创新主体	企业申请专利数	衡量企业创新产出
		企业科技活动人员数	衡量企业创新投入
		企业科技经费筹集额	衡量企业创新投入
	高校科研院所创新主体	高校科研院所申请专利数	衡量高校科研院所创新产出
		高校科研院所科技活动人员数	衡量高校科研院所创新投入
		高校科研院所科技经费筹集额	衡量高校科研院所创新投入
	环境支撑主体	区域人均地区生产总值	衡量区域技术创新潜力
		高技术行业产值在区域工业总产值中的比重	衡量区域产业结构
		地方财政支出中科技活动费	衡量政府对创新活动的支持力度
		地区科技活动经费筹集总额中银行贷款的比例	衡量金融机构对创新活动的支持力度

（一）创新产出

为度量区域技术创新系统内各主体的创新水平，本书采用专利申请量（企业、高校科研院所）作为创新产出指标。虽然专利申请量与真正的创新产出之间存在着不一致性，但不少学者在对代表创新产出的众多指标进行比较后，均认为用专利申请量来衡量创新产出具备一定的可靠性（Hagedoorn，2003；李习保和解峰，2013），且与其他指标相比，专利由于其通用性、易得性等优点，已被越来越多的学者用来测量创新产出（Griliches，1998；Ejermo，2006）。因此，本书认为专利可以在一定程度上反映区域及区域内各创新主体的创新水平。需要注意的是，一般情况下我国专利申请并不存在时间上的滞后，而专利授权一般需要经历三年左右的滞后。

（二）创新投入

部分学者在利用知识生产函数研究区域技术创新能力的时候就指出，人力资本、R&D经费投入是创造新知识、新工艺和新专利等的主要投入（Griliches，1998；吴玉鸣，2006），其他的有关创新能力和创新绩效的研究也指出，R&D 经费投入和人力资本是决定主体研发强度、吸收能力和区域技术创新能力的重要因素（Sæther et al.，2011）。因此，本书选取区域技术创新系统中各主体的科技活动人员数、科技经费筹集额作为主体的创新投入指标。

（三）创新环境支撑

区域技术创新环境对区域技术创新系统的共同演化水平的影响，主要表现在以下几个方面。

其一，区域技术创新潜力。区域技术创新潜力影响着区域技术创新能力提升的速度、创新张力等，反映区域技术创新潜力的指标包括区域人力资本、区域累积知识存量等（李习保和解峰，2013）。本书选取区域累积知识存量作为区域技术创新潜力的衡量指标，测量区域累积知识存量的指标主要有两个：一个指标是区域人均地区生产总值，其能够较为准确地反映地区知识存量的经济价值；另一个指标是累积专利存量。考虑到以专利申请量作为创新产出指标，因此，本书选取区域人均地区生产总值来代表区域技术创新潜力。

其二，政府支持。对于中国这样的转型国家来说，政府的作用是不言而喻的。在强调技术创新、建设技术强国的今天，国家不仅通过制定特定的政策法规来为创新活动、创新主体和创新系统的发展提供宏观保障，还通过特定的政府部门来协调不同创新主体、创新系统之间的活动，同时通过提供诸如专项资金等经费来支持创新活动，政府的支持对国家和区域技术创新活动及创新系统的发展有深远的影响（Florida，2002b）。本书选取地方财政支出中科技活动费作为政府对创新活动的支持力度的衡量指标。

其三，金融支持。金融机构对区域技术创新主体的创新活动和区域技术创新也存在着较大的影响，金融支持是新创高技术企业能否存在和发展的重要决定因素之一，而许多国家的发展历程也表明银行等金融机构的支持对区域技术创新活动发挥着重要的作用。本书选取地区科技活动经费筹集总额中银行贷款的比例来衡量金融机构对创新活动的支持力度。

其四，区域产业结构。企业所处区域的产业结构和集群特征对创新活动也存在着显著的影响（李习保和解峰，2013）。不同的产业结构其知识基础、创新过程等都会存着差异，进而影响区域内主体间的能量、信息和物质的交流，影响区域技术创新活动。由于高技术产业是区域技术创新活动最为集聚的产业，该产业对区域技术创新活动有广泛的影响。因此，本书选取高技术行业产值在区域工业总产值中的比重作为衡量区域产业结构的指标。

本书的数据均来源于《中国统计年鉴》（1996～2013 年）、《中国科技统计年鉴》（1996～2013 年）、《中国高技术产业统计年鉴》（1996～2013 年）及《安徽省统计年鉴》（1996～2013 年）。

二、模型计算

在对原始数据进行整理，并进行无量纲化、标准化处理之后，按照式（5.1）和式（5.2）得出安徽省分年份三主体演化变量有序度计算结果，如表 5.2 所示。

表 5.2　三主体演化变量有序度计算结果

年份	企业创新主体			高校科研院所创新主体			环境支撑主体			
1995	0.00	0.04	0.30	0.00	0.79	0.58	0.02	0.38	0.00	0.03
1996	0.00	0.06	0.43	0.01	0.76	0.67	0.04	0.32	0.00	0.08
1997	0.00	0.26	0.59	0.01	0.31	0.71	0.06	0.34	0.00	0.07
1998	0.00	0.05	0.67	0.01	0.35	0.71	0.08	0.06	0.00	0.14
1999	0.01	0.17	0.79	0.01	0.15	1.00	0.10	0.14	0.01	0.01
2000	0.00	0.32	0.01	0.02	0.32	0.02	0.13	0.27	0.01	0.15
2001	0.01	0.24	0.04	0.02	0.23	0.02	0.15	0.20	0.01	0.16
2002	0.01	0.20	0.10	0.01	0.30	0.09	0.18	0.31	0.01	0.18
2003	0.01	0.16	0.25	0.05	0.41	0.13	0.21	0.31	0.01	0.97
2004	0.01	0.17	0.26	0.04	0.15	0.17	0.26	0.33	0.01	0.51
2005	0.02	0.20	0.34	0.08	0.28	0.19	0.30	0.29	0.02	0.67
2006	0.03	0.28	0.47	0.10	0.32	0.22	0.37	0.34	0.09	1.00
2007	0.05	0.47	0.66	0.11	0.36	0.26	0.45	0.34	0.16	1.00
2008	0.10	0.68	0.77	0.15	0.59	0.28	0.52	0.31	0.24	0.87

续表

年份	企业创新主体			高校科研院所创新主体			环境支撑主体			
2009	0.18	0.32	0.37	0.28	0.29	0.18	0.61	0.45	0.37	0.37
2010	0.42	0.25	0.45	0.42	0.47	0.20	0.76	0.57	0.60	0.30
2011	0.63	0.67	0.76	0.67	0.71	0.25	0.88	0.85	0.80	0.28
2012	1.00	1.00	1.00	1.00	1.00	0.34	1.00	1.00	1.00	0.41

然后，将表 5.2 中的数据带入式（5.3），得到安徽省 1996～2012 年各创新主体的演化阶段和演化水平，并进一步计算各时期安徽省区域技术创新系统的共同演化阶段及其共同演化程度，如表 5.3 所示。

表 5.3　创新主体及区域技术创新系统演化情况

演化阶段	年份	企业创新主体	高校科研院所创新主体	环境支撑主体	区域技术创新系统的共同演化程度
集聚	1995	—	—	—	—
	1996	0.01	0.05	0.02	0.02
	1997	0.06	0.04	0.02	0.04
	1998	0.03	0.03	0.02	0.03
	1999	0.07	0.01	0.01	0.01
	2000	0.00	0.05	0.05	0.02
	2001	0.02	0.06	0.06	0.04
	2002	0.03	0.03	0.08	0.04
	2003	0.05	0.04	0.14	0.07
	2004	0.06	0.00	0.14	0.03
	2005	0.08	0.06	0.16	0.09
	2006	0.14	0.09	0.31	0.15
	2007	0.23	0.11	0.37	0.21
互动	2008	0.35	0.19	0.41	0.30
	2009	0.25	0.15	0.42	0.25
	2010	0.34	0.24	0.51	0.35
	2011	0.66	0.39	0.62	0.54
制度厚积	2012	0.98	0.60	0.78	0.77

第四节　结果分析与结论

基于本章第一节与第二节区域技术创新系统及其各主体共同演化的理论模型，本章在第三节引入演化系数对不同演化阶段进行一一对应和划分，同时构建了共同演化水平评价指标体系，运用实证模型分析了 1996～2012 年安徽省区域技术创新系统的演化过程，通过实证研究主要得出以下结果。

第一，区域技术创新各主体演化水平持续提升。依据表 5.3，可绘制出 1996～2012 年安徽省的各创新主体及区域技术创新系统的演化趋势图（图 5.3）。总体而言，企业创新主体、高校科研院所创新主体及环境支撑主体的内部演化水平随着时间的推移逐渐提升，尤其是 2004 年以后，三个创新主体均呈现出较为快速的增长趋势，从而导致了安徽省区域技术创新系统共同演化水平的不断提升。从图 5.3 中还可以看出，2008～2009 年，除了环境支撑主体以外，其余创新主体及区域技术创新系统的演化水平都出现了不同程度的下降，通过对数据的分析可以看出，下降的主要原因就在于受到金融危机等的影响，创新投入出现了较为明显地减少，如企业科技经费从 2008 年的 165.10 亿元降至 2009 年的 90.75 亿元，高校科研院所的科技经费也从 44.68 亿元降至 34.24 亿元。

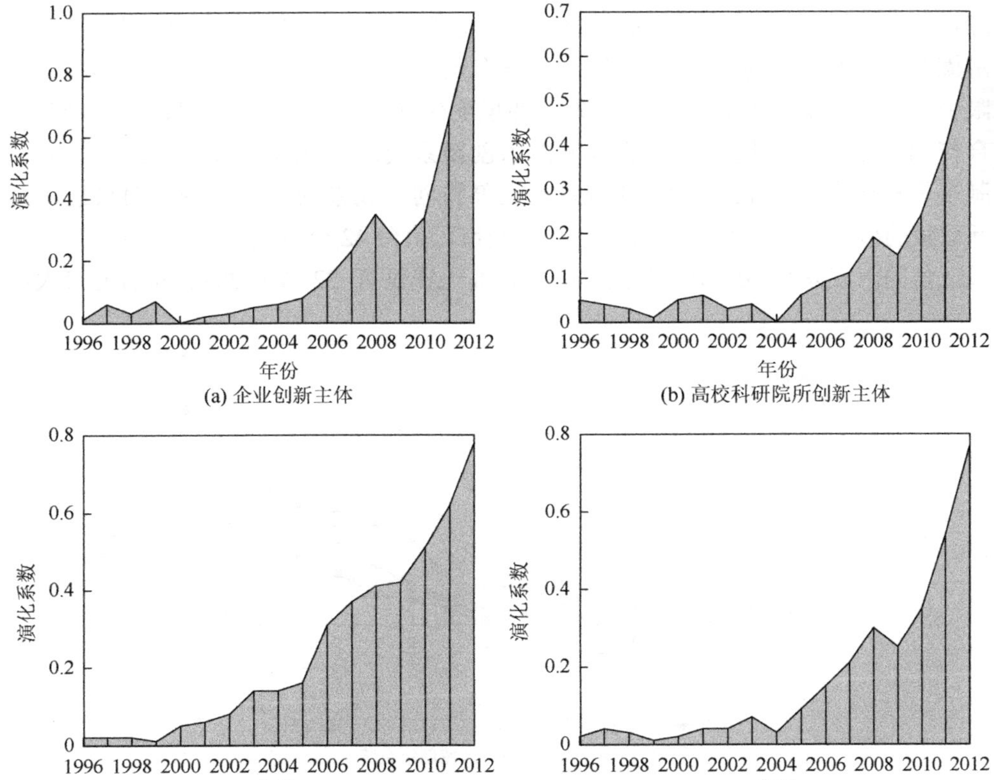

(a) 企业创新主体　(b) 高校科研院所创新主体

(c) 环境支撑主体　(d) 区域创新系统

图 5.3　各创新主体及区域技术创新系统的演化趋势图

第二，区域技术创新系统三阶段划分明显。为了更为清晰地展示区域技术创新系统的演化趋势，以及其受到不同主体的影响情况，本章结合三个主体和一个系统的演化情况绘制图 5.4。可以看出 1996～2007 年为集聚阶段；2007～2011 年为互动阶段；2011～2012 年为制度厚积阶段。以合肥市为例，中华人民共和国成立前后，合肥市城区面积不足 5 平方公里，人口仅 5 万，工农业总产值不足 600 万元，是一个典型的中部小城镇。而 1952 年被确定为省会城市，20 世纪 70 年代中国科学技术大学和大科学工程性基础研究所落户合肥，20 世纪 90 年代合肥国家级高新技术产业开发区的成立，21 世纪初合肥大学城和“科学岛”的奠基，首个国家科技创新型试点市的获批等，这些事件促进了合肥市人才、企业的集聚，到 2007 年，合肥市完成创新主体和要素的集聚阶段，聚集了全省半数以上的科技资源，拥有 70 多个国家级和省部级的科研单位，近 60 所高等院校，近 400 家研究与技术开发机构，形成了汽车、装备制造和生物制药等八大主导产业，为互动阶段的到来奠定了坚实的基础。2008 年“合芜蚌自主创新综合配套改革试验区”的正式启动，2010 年“皖江城市带承接产业转移示范区规划”的获批和合肥加入“长三角[①]经济圈”等事件，安徽江淮汽车集团股份有限公司、合肥荣事达电子电器集团有限公司等企业的崛起，以及随着外部环境变化（金融危机、国家政策），产学研合作的不断深入，使合肥市的区域技术创新系统网络化演化逐步发展并完善。制度厚积阶段主要表现为政策体系的完善和创新成果的涌现，通过对合肥市创新政策的梳理可以看出，至 2012 年，合肥市已出台 42 个有关创新的政策，同位于长三角的南京只有 35 个、苏州 40 个，而无锡仅有 22 个；2012 年合肥市大中

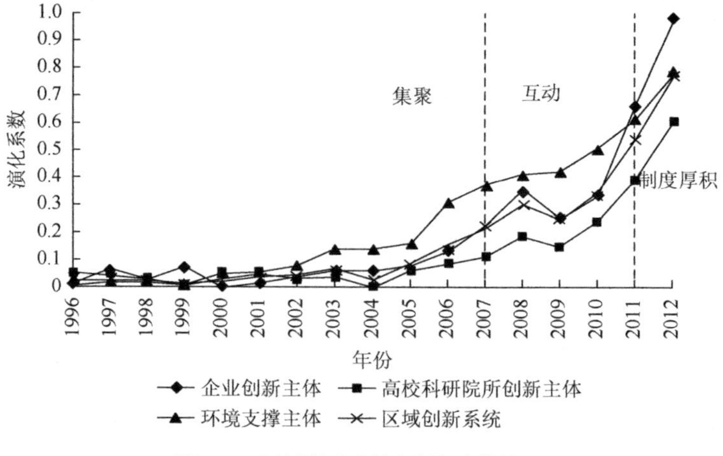

图 5.4 区域技术创新系统演化情况

① 长三角表示长江三角洲。

型工业企业使用来自政府部门的科技活动资金达到7亿元以上，R&D费用扣除减免税达2亿元以上，高新技术企业减免税达到7.7亿元以上。可以看出，相对而言，合肥市促进创新活动的政策体系已较为完善，此外，2012年合肥市专利申请量在2011年的基础上增长了31.92%，保持高速增长的趋势，创新成果开始不断涌现。

第三，区域技术创新系统发展的外部拉动轨迹显著。从图5.4可以看出，进入21世纪以来，环境支撑主体对整个区域的带动作用明显。一方面是由于“科学岛”“合芜蚌自主创新综合配套改革试验区”“皖江城市带承接产业转移示范区规划”等一系列区域规划的获批，使安徽省在中部的地位开始不断凸显，国家、区域政策也不断地向安徽省倾斜，推动了安徽省的发展；另一方面，为了保证国家宏观规划的顺利实现，国家相关部委、安徽省政府及省内各市县等政府部门出台了一系列配套政策，并提供了大量的财政支持（表5.4）、金融保障，如2011年科学技术部（简称科技部）等五家单位联合批准“合芜蚌自主创新综合配套改革试验区”列入首批国家促进科技和金融结合试点地区等，也有力地推动了安徽省及省内多个区域技术创新系统的快速发展。

表5.4　安徽省地方R&D经费投入与中部各省及全国平均水平比较（2016年）

指标	安徽省	湖北省	湖南省	河南省	山西省	江西省	全国
地方R&D经费投入/亿元	475	620	491	490	157	201.1	15 500
地方R&D经费投入占地方财政支出的比重	8.59%	9.61%	7.75%	6.57%	3.45%	4.31%	8.25%

第四，高校科研院所创新主体成最大短板。从图5.4还可以看出，进入互动阶段以后，高校科研院所创新主体成为限制区域技术创新系统演化水平提升的主要因素。专利申请量可以从侧面反映这一情况，从图5.5可以看出，2010年以后，安徽省企业专利申请量增长速度明显，而2012年高校科研院所专利申请量才只有4000项不到，且增速较为缓慢。这或许与高校科研院所获得的科技经费筹集额较少（图5.6），以及高校科研院所的工作重心不在专利上等有关，但总体而言，高校科研院所成果转化效率低、参与产学研合作的积极性差是安徽省面临的一个棘手问题，若不能提高高校科研院所参与区域技术创新的积极性，则安徽省区域技术创新系统的持续演化势必受到影响。

根据上述研究结论，本书有针对性地提出以下几点政策建议。

第一，注重高校科研院所创新能力的建设，促使区域技术创新系统演化水平整体提升。高校科研院所创新主体是限制区域技术创新系统演化水平提升的主要因素。根据系统论的观点，微观创新主体的竞合将推动宏观创新系统的演化和升

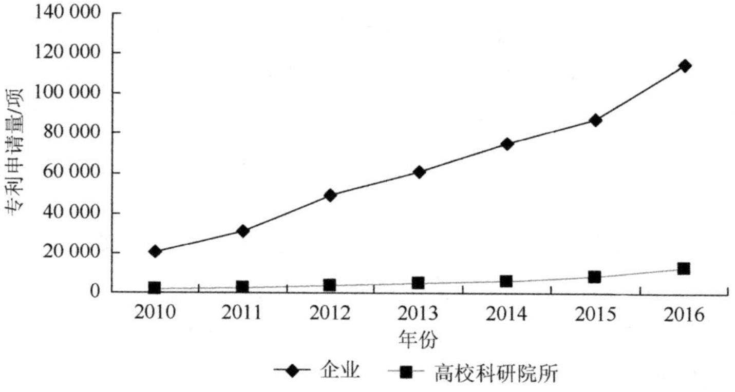

图 5.5　安徽省企业和高校科研院所创新主体的专利申请量

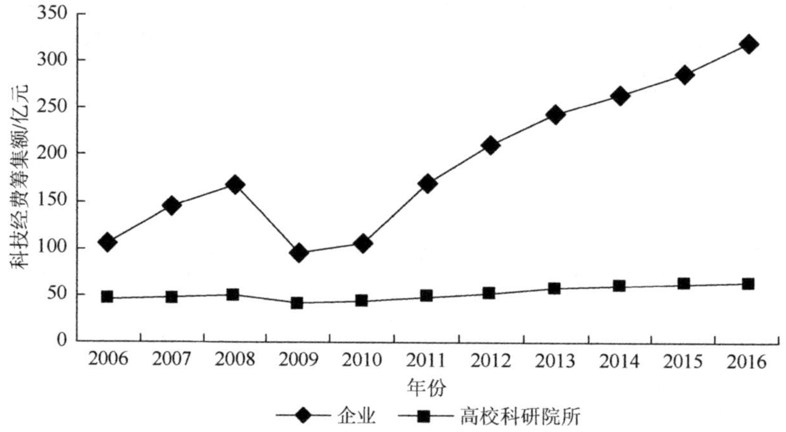

图 5.6　安徽省企业和高校科研院所创新主体的科技经费筹集额

级，微观创新主体演化水平的高低将直接影响宏观创新系统的演化水平。因此有必要提高高校科研院所的创新积极性，促进产学研合作的常态化、制度化，以提升其演化水平。一方面，增加政府投资，为高校科研院所提供更多的研发资金，并完善知识产权保护机制，建立健全人才培养机制，促使高校科研院所基础研究成果的涌现；另一方面，可引入市场机制，落实相关政策，引导金融机构、民间资本投资涌向高校科研院所，促使高校科研院所应用研究成果的商业化。

第二，重视制度厚积建设，建立具备安徽省特色的区域制度厚积。虽然安徽省已经进入了制度厚积阶段，但是创新制度的建设、创新氛围的培养还任重道远。应通过更多的创新政策，加强对高新区、产业园、科技园等创新基地和创新基金等的金融支持，建立具备安徽省特色的创新制度，培养创新氛围，同时为各创新主体之间的物质、信息和能量交换、互动提供相应的平台，培育具备安徽省特色的区域技术创新系统制度厚积阶段。

第三，注重多样化阶段建设，防止区域技术创新系统衰退。区域技术创新系统能否持续演化升级，从制度厚积到多样化阶段的过渡至关重要。因此，应高度重视制度厚积阶段的政策制定和机制匹配，既要促进创新制度化、规范化，又要防止锁定效应的产生和系统僵化的出现。一方面，政府部门要加强自身学习建设，全面了解系统锁定效应和僵化的形成机理，提前制定相关政策措施，促进创新主体的裂变，保障系统向多样化顺利过渡；另一方面，可通过引入新兴产业等创新主体，在系统僵化之前打破原有格局，促进系统的成功转型和演化升级。

第六章　基于混合治理的区域技术创新网络的协同演化机制研究

随着知识全球化和网络经济的深入发展，西方发达国家已经逐步进入知识经济和网络经济时代，发展中国家的部分地区也显现出知识经济和网络经济时代的特征。在知识经济和网络经济时代，区域经济发展方式已经发生了根本性的改变，资金、劳动力等自然资源生产要素已经不再被视为区域发展的核心资源，取而代之的是知识和技术，更加强调知识、技术的空间配置效率。企业、大学、科研院所等主体的创新行为在区域经济发展中发挥着重要的作用。

具体到中国发展的实践来看，中国区域层面的高新区、大学科技园、产业集群等载体不断发展，区域技术创新网络的节点不断增多，节点间的联系进一步增强，网络结构也日趋完善。区域经济的发展也呈现出新的奇迹，区域技术创新网络正不断形成和发展，如长三角区域、珠三角[①]等大型的区域技术创新网络的形成和发展，浙江温州、台州及北京中关村等具有专业特色的小型创新网络的日益成熟，不断促进中国各种创新网络的形成和发展，但由于中国区域技术创新网络的起步较晚，区域技术创新网络基本还处于一种比较松散的状态中，网络建设有形无实，尤其是对区域技术创新网络内部运行机制的设计较为欠缺，与发达国家区域技术创新网络相比，还存在较大差距。

纵观区域技术创新网络研究和发展实践，不论是区域技术创新网络理论发展的需要，还是区域经济发展的要求，都需要对区域技术创新网络的结构特征、协同演化状态及运行机制做进一步的深入研究。为此，本章以中国 30 个省级（不含西藏、香港、澳门、台湾）区域技术创新网络为研究对象，对区域技术创新网络的结构特征进行分析，并分析网络规模、网络开放性、网络结构洞和网络链接结构特征变量与创新效率之间的关系。随后，从技术创新过程的角度，对区域技术创新网络的系统结构进行解析，运用复合系统协同度模型对区域技术创新网络的协同演化状态进行测度，分析不同区域技术创新网络的演化状态的差异性，并建立评价标准对其进行评价。在此基础上，对区域技术创新网络协同演化的问题进行解析，结合协同学的思想对区域技术创新网络的协同机制进行构建，分析其治理机制，从而促进区域技术创新网络的协同演化。

---

① 珠三角是珠江三角洲的简称。

第一节　协同演化的理论基础与概念解析

协同的概念自被提出以来，就成为学术界的研究热点，并引起了学者的广泛关注，研究成果颇丰。对协同学的相关理论及研究文献进行梳理和分析，可以为本书提供扎实的理论支撑。

一、协同学理论

20 世纪 60 年代，德国物理学家哈肯通过对激光的研究发现，系统的演变进化是普遍的现象，后逐步发展为研究协同系统从无序到有序的演化规律的新兴综合性学科协同学。哈肯认为自然界中存在的各种复杂系统，都是由不同层级的子系统组成，各个子系统又由不同的要素组成。系统的演化是由其内部各个子系统通过彼此间的相互影响和作用来推动，而各个子系统的演化又是由各个要素之间的非线性作用来推动，通过这种相互关系，推动着复杂系统从无序到有序、从低级到高级不断演化（Haken，2001；陈劲和王方瑞，2005）。系统的演化过程，伴随着与周边环境之间进行物质、能量和信息的交换。

协同学的核心思想在于运用系统性的观点去处理复杂系统的概念和方法，剖析复杂系统内部的系统结构，研究系统中各个子系统之间的协同作用，实现系统由无序到有序、由低级到高级的不断演化，最终形成有序的结构。协同学理论认为任何复杂系统都可以被看作由三个层次组成：第一个是微观层面，主要反映复杂系统的内部要素组成；第二个是中观层面，主要反映复杂系统内部子系统的协同发展情况；第三个是整体层面，主要考虑复杂系统的整体发展问题。就区域技术创新网络而言，由 R&D 资金、R&D 人才等创新资源可以组成一种要素组合，由政府、企业、大学等创新主体可以组成另一种要素组合，在区域技术创新网络中有多种要素组合。要素与要素之间、各种组合之间都会产生非线性的作用，形成具有特定功能的子系统，子系统之间又会产生非线性相互作用，最后形成动态发展的宏观有序系统。

本书将借助协同学的序参量理论对区域技术创新网络各个子系统的序参量指标进行选取，运用复合系统协同度模型对其协同演化状态进行测度，后又借助序参量的思想，对区域技术创新网络的协同机制进行构建。

二、协同演化的概念

协同演化最早是由 Ehrlich 和 Raven 在 1964 年提出的生物学概念，该理论认为协同演化是自然界内普遍存在的一种现象，其内涵为两个或两个以上的物种彼此间建立起共生或竞争关系，随着物种的不断变化，这种相互依赖的关系使物种间的演化相互适应、相互影响。

目前，该理论尚处于发展阶段，至今没有形成成熟的理论体系，对于协同演化的内涵，学者从不同的角度对协同演化的内涵进行了界定。协同演化的核心思想在于一方的持续变化会对另一方产生影响，并最终形成新的状态，二者均能很好地适应。尽管学者对协同演化内涵进行界定的角度和表述存在一定的差异性，但仍具有一定的相似性和共同点，主要表现在以下几个方面：①协同演化是一个跨越较长历史时期的演变过程。②演化要素之间存在明显的联系，且不是并行发展的联系，而是互为双向或多向的因果联系。③演化要素之间必须形成相互反馈的机制。④协同演化应具有较强的“地理接近性”。由此可见，协同演化不仅要求各个主体具有相互作用的互动关系，还要求各主体之间必须具有相互影响性和地理接近性。

结合以上学者对协同演化内涵的界定，本书认为协同演化是自然界中普遍存在的现象，互动者之间的相互反馈和适应交织在一起，任何一个互动者适应性的改变会改变另一个互动者的演化轨迹。互动者适应性的不断变化，促使互动者之间始终处于不断演化之中，最终形成一个更为稳定、有序的状态。

三、协同演化的理论问题研究

由于协同演化有别于传统的演化模式，其更加强调互动要素之间的相互适应和影响，从而达到更加有序、稳定的系统状态。但有关协同演化理论的相关研究还处于起步阶段，特别是将协同演化理论应用到经济管理领域之中。学术界尚未形成较为成熟的分析框架，但值得庆幸的是少量学者已经开始尝试建立协同演化理论的分析框架。

在组织研究领域，学者 Lewin 和 Volberda（1999）最早提出了适用于组织研究的协同演化理论框架，为协同演化理论在组织研究中的应用奠定了基础。该框架认为组织的变异、选择和保持不是单独发生的，而是在与环境之间的不断交互作用中进行的。组织结构具有一定的层次性，由具有不同功能的层级组成，且任何一个层级的变化都会对其他的层级产生影响，同时会受到其他层级的影响。在此基础上，本书提出了企业、产业、环境协同演化分析框架（图 6.1）。

随后，学者通过对企业、产业及环境的协同演化进行研究，发现企业的战略选择和环境变化之间的相互关联是协同演化存在的基本前提，进而明确了企业的战略选择与环境之间存在协同演化，并提出了组织生态系统协同演化模型（图 6.2）。该模型更倾向于对协同演化概念本身的解释和分析。从模型上看，该理论模型认

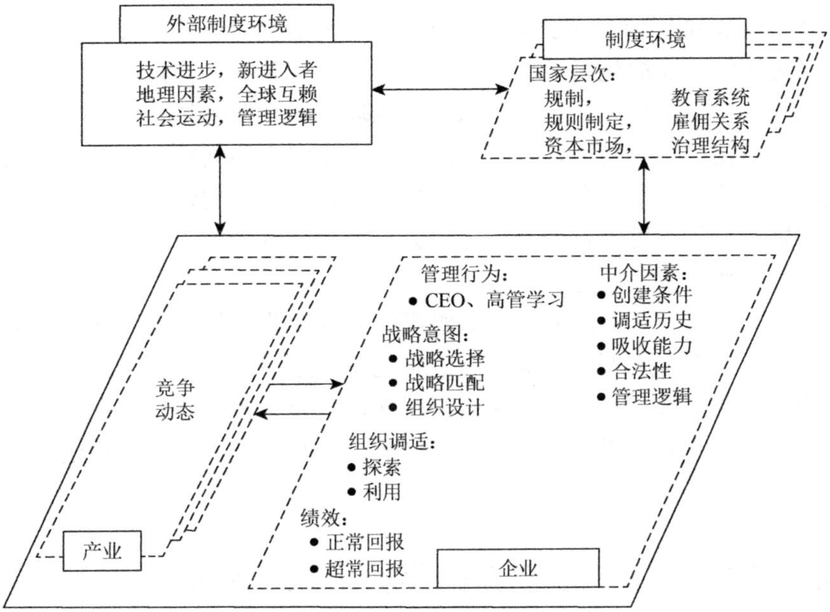

图 6.1　企业、产业、环境协同演化分析框架

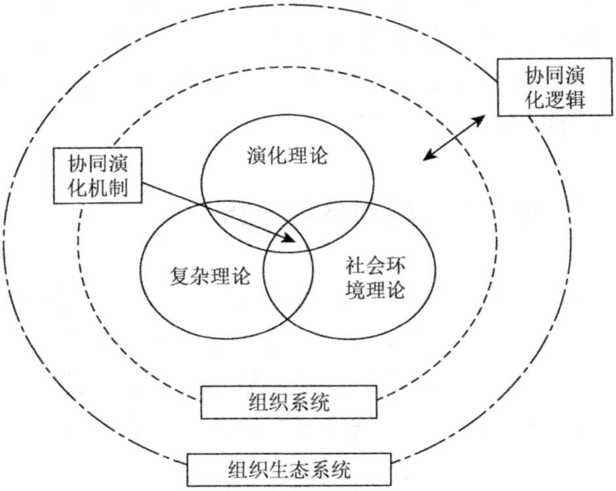

图 6.2　组织生态系统协同演化模型

为协同演化主要包括以下两个层面的内容：一是在宏观层面上，该模型更加注重和强调了组织与环境之间的协同演化关系；二是在微观和中观层面上，运用生态位理论来探究组织个体、组织间的协同演化机制。

此外，Madhok 和 Liu（2006）以跨国公司为案例，讨论了公司的竞争优势与环境选择之间的协同演化关系，并基于二者之间的关系，构建了竞争优势与环境选择的协同演化分析框架。该框架指出组织环境和企业的战略选择共同作用于宏观与微观的演化过程。同时，这两个层次的演化将会共同影响到跨国公司的因果模糊性和吸收能力，进而会影响到组织内的知识和技术的转移效率，从而影响跨国公司的知识与能力发展轨迹及总体知识存量和流量的管理效率，并使跨国公司最终形成异质性与竞争优势。

总体而言，学者从不同的角度对组织的协同演化框架进行了分析，虽然不同理论框架的侧重点有所不同，但是从逻辑上看，组织的协同演化具有明显的层次性，可分为宏观层次、中观层次和微观层次，甚至更多的层次，同时其协同演化过程由不同层级的要素相互推动、相互影响，最终形成一个更加稳定和有序的系统状态。

第二节　区域技术创新网络协同演化状态的实证研究

本节主要结合自组织理论对区域技术创新网络的自组织特征进行分析，在此基础上，从系统学的角度，对区域技术创新网络系统的系统结构进行解析，将其分为四个子系统；再构建区域技术创新网络协同演化的序参量模型，对区域技术创新网络协同演化状态进行评价，建立评价标准，对 30 个省级的区域技术创新网络的演化状态进行评价，对其差异性进行分析，并绘制区域技术创新网络协同演化状态分布图。

一、区域技术创新网络的自组织特征分析

自组织理论实际上是研究自组织现象、规律的学说，随着自组织思想在各国的自然科学界，包括社会科学界在内的迅速传播和深入探索，现已发展为以耗散结构理论和协同学为基本理论与思想内核，集复合系统理论、突变理论、混沌理论等众多思想精华的理论体系，其揭示了系统从无序到有序、由低级向高级的不断演化过程。

自组织理论反映复杂系统内若干要素如何自行协同达到宏观有序的状态，揭示了复杂系统的演化过程。该理论极富解释力，被学者广泛应用到经济管理领域中，为解决复杂的经济系统或企业组织发展中存在的问题提供了新的方法和视角。区域技术创新网络含有多个节点、关系链条及子网络体系，是一个复杂的网络系统。网络会有序地安排技术创新链的各个环节，通过建立各种联系而寻求各种创新机会，通过要素之间复杂的非线性作用，建立起高度自律的机制。当外部环境

的变化引起网络的涨落，网络形成自我演化的动力，不断推进区域技术创新网络向更高级的阶段演化。

自组织理论认为在没有外界作用和影响的情况下，系统可以依靠自身内部的相互作用趋于稳定，并具备开放性、非线性、非平衡性、涨落性等自组织特征。区域技术创新网络是在一定区域范围内由科研机构、企业、政府、金融机构等参与主体，通过一定的关系组成的、以促进技术由开发到传播和应用并最终实现商业化价值为主要功能的复杂网络。区域技术创新网络的形成过程不仅符合自组织系统成长理论，而且满足自组织系统典型的特征。其特征主要表现为以下四点。

（一）开放性

区域技术创新网络的开放性主要体现在各个创新主体寻求具有互补创新资源的合作者，新的创新主体不断加入创新网络中。随着某一项创新活动的中止或结束，各个创新主体之间创新资源的互补性消失，便有部分创新主体退出网络。由于网络中不断会有新的创新活动发生，新的创新主体会不断加入网络中来，正是因为不断有创新主体的退出和新创新主体的加入，保证了区域技术创新网络随时与外界保持了物质、信息、能量的交换。

（二）非线性

区域技术创新网络具有非线性特征，主要是因为多元的创新主体之间存在各种正式或非正式的关系，各个创新主体之间存在各种反馈环，网络中的反馈机制使创新主体之间的关系变得更加复杂，并形成非线性的结构特征。区域技术创新网络中各个主体之间的相互作用，促使其成为一个多层次、多要素、多目标的非线性结构。

（三）非平衡性

随着创新活动的发生，区域技术创新网络将会不断产生新的产出，实现价值增值，价值的产生也就意味着系统已经实现了功能的突破，不再是处于平衡态的系统结构。同时新功能或技术的产生将继续作用于区域技术创新网络，并打破区域技术创新网络形成的平衡态，使区域技术创新网络处于非平衡态中，从而不断产生新的创新活动。区域技术创新网络的非平衡性是系统趋于有序结构的必要条件。

（四）涨落性

区域技术创新网络的涨落性主要体现在以下几个方面：首先，企业作为区域技术创新网络中最为主要的创新主体，面临着激烈的市场竞争，企业通过创新资源的投入参与创新活动，不断保持自身的创新活力，增强创新动力，构成了区域技术创新网络的涨落；其次，市场、经济、社会等环境处于不断变化之中，导致区域技术创新网络的环境也处于时刻变化之中，环境的细微变化都会对网络产生一定的冲击，从而构成了区域技术创新网络中的另一种涨落。

总而言之，区域技术创新网络是一个远离平衡的开放系统，不断有技术流、资金流、物质流、信息流与外界环境进行交流，内部各个要素非线性的相互作用，促进系统达到新的平衡态，以技术的纵向发展为轨迹不断演化，具有显著的自组织特征。

二、区域技术创新网络协同演化状态的测度研究

本节结合以往的研究成果，创新性地借助复合系统协同度模型对区域技术创新网络的协同演化状态进行测度。首先，明确复杂系统构成，即结合研究的需要，从不同的研究视角将复杂系统划分成既符合其自身特征，又适合测评的若干子系统，再确定相应序参量及更详细的指标要素；其次，求取序参量的有序度进而确定子系统的有序度；最后，测算出整个系统的协同演化状态。为此，本书也将按照上述的研究步骤，对区域技术创新网络的系统结构进行解析，并结合序参量的定义对各个子系统的序参量进行选取，之后运用复合系统协同度模型对区域技术创新网络的协同演化状态进行测度。

（一）系统解析

从技术创新活动的过程来看，区域技术创新网络可以理解为各个节点为实现技术创新各个环节而建立各种互动关系的总和，从而实现网络的总体功能。可见，区域技术创新网络系统是由多个具有不同功能的子网络系统组成，具有明显的层次性。结合以往的研究成果，对区域技术创新网络的系统结构进行合理的解析，有助于把握区域技术创新网络的各项功能，是讨论各个子网络系统之间的协同演化和运行机制的重要前提与基础。区域技术创新网络的系统结构分析是创新研究的重要内容，诸多学者从不同的视角对区域技术创新网络的系统结构进行了研究。

1. Autio“二系统模型”

早在 1998 年，Yli-Renko 和 Autio 认为区域技术创新系统主要由知识生产与扩散子系统、知识应用与开发子系统构成。具体而言，知识生产与扩散子系统主要为区域技术创新系统提供知识和技术，同时负责技术在系统中的扩散，主要由

大学、科研机构、中介机构等创新主体来完成；而知识应用与开发子系统主要是对知识生产与扩散子系统中产生的技术进行应用及开发，实现技术向经济价值的转化，主要由企业、客户、竞争者、供应商及合作伙伴组成系统，并通过水平和垂直网络相互联系在一起。本书提出如图 6.3 所示的 Autio“二系统模型”。

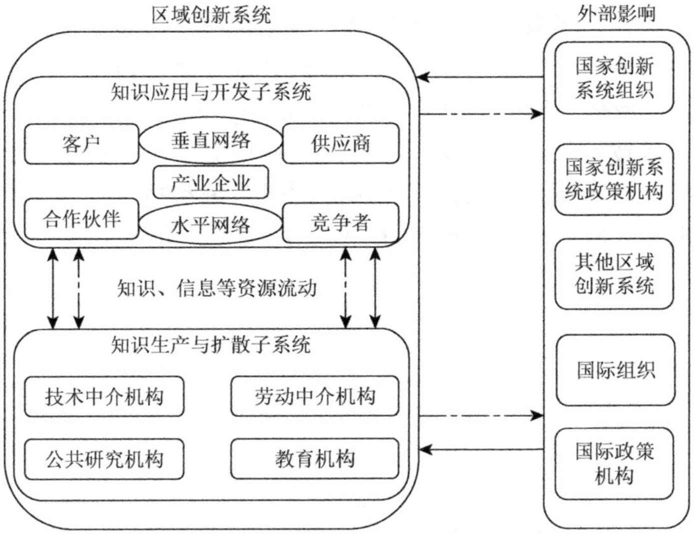

图 6.3　Autio“二系统模型”

该模型将区域技术创新系统分为知识生产与扩散子系统、知识应用与开发子系统，充分反映出区域技术创新系统的核心功能，但是却忽略了政策在区域技术创新过程中的重要作用。因此，应该在模型图中添加政策维度（Todtling and Trippl，2004），以便发挥政策主体在政策制定和调整中的自主权，充分发挥政策在区域技术创新过程中的重要作用。

2. Cooke 的区域技术创新系统结构研究

学者 Cooke 等（1998）对欧洲区域技术创新系统的集聚性、互动创新、制度性学习、联合治理等问题展开了深入的讨论，在此基础上，对区域技术创新网络的结构框架进行了构建。Cooke 将区域技术创新系统分为区域社会经济文化背景、知识应用与开发子系统、知识生产和扩散子系统等子系统。相比较 Yli-Renko 和 Autio 的 Autio“二系统模型”，Cooke 考虑到区域社会、经济、文化等政策背景对区域技术创新活动的影响。

从区域技术创新的过程来看，区域技术创新网络含有技术研发、吸收、扩散等多个环节，而各个环节又是含有多个因素的复杂系统。本书在 Yli-Renko 和 Autio 及

Cooke 等学者对区域技术创新系统结构研究的基础上，进一步分析区域技术创新网络的系统结构。从技术创新的过程来看，知识生产和扩散处于创新的不同阶段（林淼等，2001），将在时间上不连续的两个阶段放在一个系统中进行分析，难以准确把握区域技术创新网络不同阶段的演化。因此，本书从技术创新链的角度，将知识生产和扩散子系统划分为技术研发子系统和技术扩散子系统，同时将知识应用和开发子系统定义为技术应用子系统。诸多学者都认为政策在区域技术创新中起着十分重要的作用，在分析区域技术创新网络的系统结构时，应充分考虑到区域技术创新的政策维度（Todtling and Trippl，2004）。本书将政策支持纳入区域技术创新网络系统结构的分析框架中，在此基础上，形成了政策支持子系统、技术研发子系统、技术应用子系统和技术扩散子系统等四个子系统，并提出了区域技术创新网络的系统结构模型。具体如图 6.4 所示。

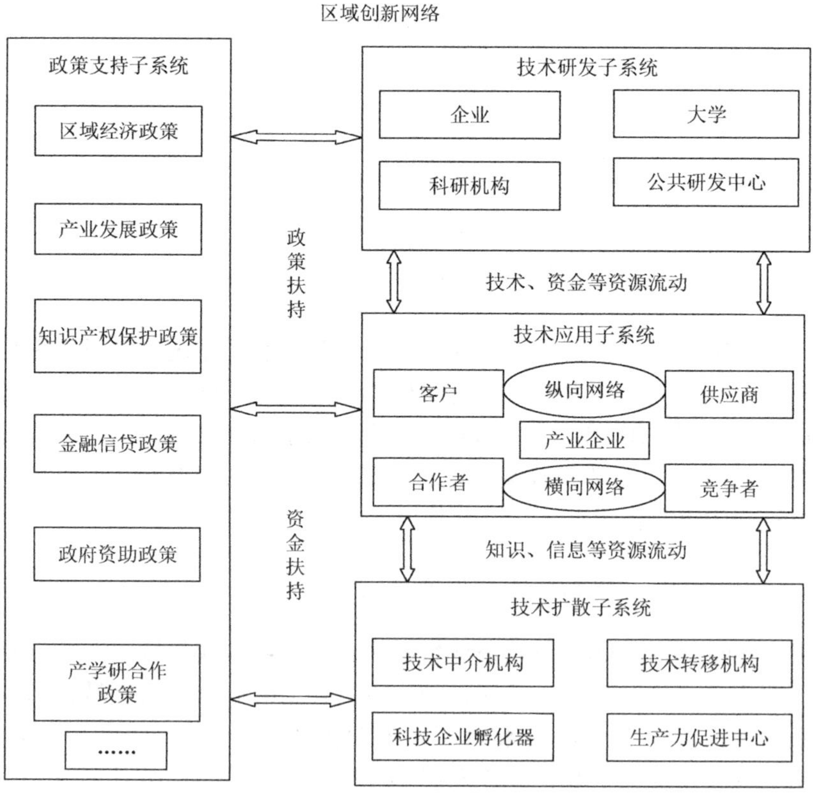

图 6.4　区域技术创新网络的系统结构模型

从图 6.4 看，区域技术创新网络的系统主要由政策支持子系统、技术研发子系统、技术应用子系统和技术扩散子系统组成，为进一步了解区域技术创新网络的系统结构和功能，本节分别对各个子系统的内涵进行界定，进而准确对其系统边界进行区分，也为序参量的选择奠定理论基础。

政策支持子系统主要包括从区域技术创新网络中的技术研发到产业化过程中所需要的经济、政策和法律环境及创新主体生产、生活所需要的物质文化环境。具体涉及区域经济政策、产业发展政策、金融信贷政策、产学研合作政策等。政策支持子系统建设是区域技术创新网络的重要依托，良好的创新环境有利于人才、技术、资本等创新资源的集聚，能够有效地保障区域技术创新网络的创新资源的供给。

技术研发子系统是由企业、高校、研究所等研究机构形成的合作创新网络，是区域技术创新网络的核心环节，负责网络的技术供给。从发展过程上看，以人力、资金、设备等研发资源投入为起点，以知识生产和专利产出为终点。技术研发子系统以不断满足市场需求为主线并不断变化，从而不断促进整个区域技术创新网络水平的提升。

技术应用子系统主要是对技术研发子系统所产生的具有实用价值的科技成果转化所进行的后续试验、开发、应用、推广直至形成新产品、新工艺、新材料，发展新产业等活动，是技术引进、改造、吸收，产品开发、产生经济价值的一系列过程，是技术系统中的重要组成部分，是技术能否实现商业化的实际运作环节。

技术扩散子系统是区域技术创新网络中极为重要的环节，直接关系到创新能否转化为商业价值，在技术的转移和转化环节发挥着无法替代的作用，参与了技术从产生到被市场淘汰的全过程。任何一项新技术的产生，如果没有在市场上进行应用和推广，其对经济的影响是微乎其微的，甚至不能为经济的发展带来任何作用。技术扩散子系统的存在可以加快新知识和技术在一定地域范围内的流动速度，使一项新技术在地域范围内产生更大的社会和经济效益。

从系统的发展过程来看，政策支持子系统是区域技术创新网络的重要依托，有效地保障了创新网络的有效供给，技术研发子系统负责网络系统的技术供给，技术扩散子系统决定了技术能否在更大的范围内产生经济效益和社会效益，技术应用子系统决定了技术能否被产业化，产生经济价值。可见，区域技术创新网络的发展实际上是由四个子系统相互关系、相互影响，不断推动系统目标被实现的系统过程。

（二）模型设定

通过对区域技术创新网络的系统结构模型进行分析，发现其是由政策支持子系统、技术研发子系统、技术应用子系统和技术扩散子系统等四个子系统共同组成，各子系统相互影响、相互关联，共同实现系统的总体功能。区域技术创新网络的发展过程，实质上是系统内部各子系统相互影响及发展的过程，主要表现为区域技术创新网络系统从低级到高级、从无序到有序的不断演化的系统过程。根据复合系统协同度模型的观点，区域技术创新网络的协同演化状态是指各子系统发展的协调程度（孟庆松和韩文秀，2000）。

协同学认为在复杂系统内的各个子系统中存在多个慢弛豫变量和快弛豫变量，其中，快弛豫变量的衰减速度较快，对系统从稳定向非稳定演化的作用不大；而慢弛豫变量的数量相对较少，衰减的速度较慢，对系统起主导作用，决定系统的演变方向和有序状态，是直接决定复杂系统演化的根本变量，又称为系统的序参量。因此，复杂系统的协同演化过程实质上是由各个子系统内的序参量的变化推动的，序参量决定了复杂的演化状态和方向。因此，通过建立子系统的序参量方程，可以对复杂系统的协同演化状态进行合理测度。诸多学者对复杂系统内的序参量进行了研究，并广泛采用复合系统协同度模型对其演化状态进行测度（刘志迎和谭敏，2012；洪嵩等，2014）。为此，本节也将借助复合系统协同度模型对区域技术创新网络系统的协同演化状态进行测度。其模型构建过程如下。

设区域技术创新网络系统内部子系统为$S_j, j\in[1,4]$，设子系统在发展过程中的序参量为$X_j=(X_{j1},X_{j2},\cdots,X_{jn}), n\geqslant 1, \beta_{ji}\leqslant X_{ji}\leqslant \alpha_{ji}, i\in[1,n]$。假设$X_{ji}$的取值越大，系统的有序度越高，反之则系统的有序度越低；假设$X_{jl+1},\cdots,X_{jm}$的取值越大，系统的有序度越低，反之则系统的有序度越高。

则子系统$S_j, j\in[1,4]$的序参量分量X_{ji}有序度的计算公式为

$$U_j(X_{ij})\begin{cases}\dfrac{(X_{ij}-\beta_{ij})}{(\alpha_{ij}-\beta_{ij})}\\[2ex]\dfrac{(\alpha_{ij}-X_{ij})}{(\alpha_{ij}-\beta_{ij})}\end{cases} \tag{6.1}$$

其中，α_{ij}和β_{ij}分别表示第j个子系统在第i个序参量的上限值与下限值。

由式（6.1）可知，$U_j(X_{ji})$值越大，X_{ij}对相应子系统有序的“贡献”越大。从总体来看，子系统的有序度可通过式（6.2）计算：

$$U_j(X_j)=\sqrt[n]{\prod_{i=1}^{n}U_j(X_{ji})} \tag{6.2}$$

由式（6.2）可知，$U_j(X_{ji})$的值越高，子系统的有序度越高，反之子系统的有序度越低。

假设在初始时刻 T_0，各子系统的有序度为$U_j^0(X_j)$，当整个复合系统发展演化到时刻T_1，各子系统的有序度为$U_j^1(X_j)$。则复合系统的协同演化水平为

$$LC_v = \sqrt[\theta_4]{\left|\prod_{j=1}^{4}[U_j^1(X_j) - U_j^0(X_j)]\right|} \tag{6.3}$$

式中θ满足以下条件：

$$\theta = \frac{\min\limits_j[U_j^1(X_j) - U_j^0(X_j)]}{\left|\min\limits_j[U_j^1(X_j) - U_j^0(X_j)]\right|} \tag{6.4}$$

由式（6.3）可知，$LC_v \in [-1,1]$，其取值越大，复合系统的协调发展的程度越高，反之则越低。若某一个子系统的有序度较高，而另一子系统的有序度较低或下降，则整个复合系统的协同演化水平将不高，此时，表现为$LC_v \in [-1,0]$。

（三）序参量选择及数据来源

1. 序参量选择及说明

目前，国内鲜有学者运用复合系统协同度模型对区域技术创新网络内部的协同演化状态及其差异性进行实证研究，这给本节序参量的选择带来了一定的难度。但序参量选择的科学性、有效性及适用性将直接影响对区域技术创新网络协同演化状态的测度及差异性的研究。学者运用复合系统协同度模型对其他经济系统进行了研究，认为在一个复杂系统的演化过程中，存在着无数个序参量，但并不是所有的序参量都对系统的演变起着主导作用，仅有极少的慢弛豫变量（序参量）决定了系统最终的状态和结构，其序参量的选择方法及原则为本节提供了方法论的基础。为此，本着序参量的选择充分代表各子系统的基本属性的原则，结合现有序参量的选择方法及序参量的内涵，兼顾数据的可获得性及科学性，本节对区域技术创新网络系统内各子系统的序参量进行了选择（表 6.1）。

表 6.1 区域技术创新网络系统内部各子系统的序参量选择

系统	子系统	序参量
区域技术创新网络系统	政策支持子系统（S_1）	OP_1：各地区科技活动经费中政府资金（万元）
		OP_2：各地区科技经费筹集中金融机构贷款（亿元）
		OP_3：各地区高等学校科技活动经费中来自政府资金（亿元）
		OP_4：高等学校科技活动经费中来自企业资金（万元）
	技术研发子系统（S_2）	OP_5：各地区外商直接投资（亿美元）
		OP_6：各地区 R&D 经费内部支出额（亿元）
		OP_7：各地区 R&D 人员全时当量（人·年）
		OP_8：各地区专利申请量（项）

续表

系统	子系统	序参量
区域技术创新网络系统	技术扩散子系统（S_3）	OP_9：各地区技术市场成交合同金额（亿元）
		OP_{10}：各地区技术市场成交合同数（项）
	技术应用子系统（S_4）	OP_{11}：各地区大中型工业企业技术购买经费（亿元）
		OP_{12}：各地区大中型工业企业技术改造吸收经费（亿元）
		OP_{13}：各地区大中型工业企业新产品开发经费（亿元）
		OP_{14}：各地区大中型工业企业新产品销售收入（亿元）

注：考虑到中国技术来源的多元性，选取了各地区外商直接投资（foreign direct investment，FDI）作为技术研发子系统的序参量

（1）政策支持子系统的序参量。政策支持子系统是区域技术创新体系建设的核心环节，对各子系统都有重要的指导和支撑作用。本节选取各地区科技活动经费中政府资金来反映各地区对技术创新活动的支持力度，选取各地区科技经费筹集中金融机构贷款来表征各地区金融信贷政策对创新活动的支持力度，选取各地区高等学校科技活动经费中来自政府资金来反映政府对高校研发活动的支持力度，选取高等学校科技活动经费中来自企业资金来反映区域产学研合作政策的实施效果。

（2）技术研发子系统的序参量。从纵向视角看，技术研发是区域技术创新网络构建的首要环节和基础，是指研究所、高校等科研机构投入人力、物力进行前期技术研究的过程，高校及研究所为技术研发子系统的研发主体，而国家及企业通过R&D经费的支出对研究机构的研发活动进行支持，各地区R&D经费内部支出额、各地区R&D人员全时当量可以直接反映技术研发子系统的人力、物力投入情况。考虑到中国技术来源的多元性，本节额外选取了各地区外商直接投资作为技术研发子系统的序参量，选取各地区专利申请量这一指标来衡量技术研发子系统的产出。

（3）技术扩散子系统的序参量。技术扩散子系统在技术的转移和转化环节发挥着无法替代的作用，参与了技术从产生到被市场淘汰的全过程。其不是技术的简单获取，而在于技术在企业之间的流动与扩散。全国技术市场成交合同数可以客观地反映技术市场利用率，合同金额则反映了全国技术市场的总体规模，为此，本节选取各地区技术市场成交合同金额和各地区技术市场成交合同数来表征技术扩散的情况。

（4）技术应用子系统的序参量。技术应用子系统是区域技术创新网络的重要组成部分，它是决定技术能否实现产业化的关键环节。技术应用子系统是技术改造、吸收，产品开发、产生经济价值的一系列过程，大中型企业是技术应用的主体，本节选取各地区大中型工业企业技术购买经费、技术改造吸收经费、新产品

开发经费来衡量技术应用子系统的投入情况，而选择各地区大中型工业企业新产品销售收入来表征技术应用子系统的产出情况。

2. 数据来源与处理

由于西藏地区多项指标数据缺失比较严重，本书无法对其进行研究。为此，本节选择了剔除西藏、香港、澳门、台湾以外的 30 个省级区域技术创新网络作为研究样本。书中的基础数据来源于 2009～2013 年各期《中国统计年鉴》《中国科技统计年鉴》《中国火炬统计年鉴》《中国对外贸易经济统计年鉴》及权威研究报告。在数据处理方面，为了避免量纲对研究结果的影响，在序参量确定之后，并对原始数据进行整理后，在此基础上，又对数据进行标准化处理。然后运用复合系统协同度模型对区域技术创新网络各子系统的有序度值和演化状态进行测度。

（四）实证结果分析

在确定区域技术创新网络系统内各子系统的序参量后，需对原始数据进行标准化处理，消除量纲对计算结果的影响，然后将处理过的数据代入式（6.1）测算序参量的有序度，将序参量的有序度代入式（6.2），即可得出各子系统的有序度。将各子系统的有序度值代入式（6.3），测算 30 个省级区域技术创新网络的协同演化水平。限于本书篇幅，本部分主要对区域技术创新网络内各个子系统序参量有序度、子系统有序度和区域技术创新网络的协同演化状态进行分析，下面列举了 2008～2012 年 30 个省级区域技术创新网络系统各子系统的有序度值，详见表 6.2～表 6.6。

表 6.2　2008～2012 年各区域政策支持子系统（S_1）序参量的有序度值

地区	OP_1	OP_2	OP_3	OP_4	地区	OP_1	OP_2	OP_3	OP_4
北京	0.6636	0.6111	0.4172	0.4172	河南	0.6117	0.4781	0.3589	0.3589
天津	0.6156	0.5808	0.2843	0.2843	湖北	0.6464	0.5008	0.3898	0.3898
河北	0.6529	0.5087	0.3340	0.3340	湖南	0.6175	0.6478	0.3926	0.3926
山西	0.6344	0.5938	0.3472	0.3472	广东	0.5726	0.4207	0.4438	0.4438
内蒙古	0.6668	0.2945	0.3400	0.3400	广西	0.5946	0.4389	0.4162	0.4162
辽宁	0.5969	0.4179	0.3812	0.3812	海南	0.6980	0.3539	0.3967	0.3967
吉林	0.6330	0.5618	0.3966	0.3966	重庆	0.6746	0.4861	0.3293	0.3293
黑龙江	0.5796	0.4035	0.3757	0.3757	四川	0.6657	0.4787	0.3967	0.3967
上海	0.5746	0.4383	0.3475	0.3475	贵州	0.6081	0.3410	0.4026	0.4026
江苏	0.6434	0.3284	0.3989	0.3989	云南	0.6565	0.7068	0.3886	0.3886
浙江	0.6281	0.2962	0.4138	0.4138	陕西	0.6679	0.6971	0.3347	0.3347
安徽	0.5576	0.3394	0.3983	0.3983	甘肃	0.6204	0.7081	0.3766	0.3766

续表

地区	OP_1	OP_2	OP_3	OP_4	地区	OP_1	OP_2	OP_3	OP_4
福建	0.6464	0.2753	0.4515	0.4515	青海	0.6729	0.4525	0.2837	0.2837
江西	0.7248	0.3557	0.4013	0.4013	宁夏	0.5513	0.3104	0.2973	0.2973
山东	0.5428	0.2868	0.3849	0.3849	新疆	0.6067	0.4165	0.3272	0.3272

表 6.3　2008～2012 年各区域技术研发子系统（S_2）序参量的有序度值

地区	OP_5	OP_6	OP_7	OP_8	地区	OP_5	OP_6	OP_7	OP_8
北京	0.4904	0.5507	0.5388	0.4964	河南	0.4507	0.5313	0.5945	0.4528
天津	0.5270	0.4731	0.4577	0.4156	湖北	0.4860	0.5300	0.5976	0.5068
河北	0.4365	0.4818	0.5884	0.4648	湖南	0.5003	0.5009	0.5343	0.4521
山西	0.5230	0.5195	0.8427	0.4732	广东	0.5734	0.5063	0.5017	0.5480
内蒙古	0.6257	0.5181	0.5453	0.4540	广西	0.7259	0.5128	0.6280	0.4546
辽宁	0.5658	0.5544	0.7195	0.5568	海南	0.6718	0.4701	0.5826	0.5110
吉林	0.5492	0.5500	0.6394	0.4946	重庆	0.4149	0.4871	0.5075	0.4817
黑龙江	0.4611	0.5992	0.6702	0.3511	四川	0.5162	0.5447	0.5533	0.5050
上海	0.4633	0.5219	0.6989	0.6576	贵州	0.3663	0.5521	0.5391	0.3804
江苏	0.5138	0.4915	0.5750	0.4696	云南	0.4627	0.4785	0.5465	0.4821
浙江	0.5347	0.4886	0.5678	0.4658	陕西	0.4495	0.5587	0.5843	0.4987
安徽	0.4348	0.4676	0.4609	0.4334	甘肃	0.6336	0.4828	0.5831	0.4061
福建	0.6856	0.4932	0.4708	0.4618	青海	0.7909	0.6154	0.7437	0.5403
江西	0.5247	0.5365	0.7020	0.4313	宁夏	0.4356	0.5085	0.6225	0.4955
山东	0.4996	0.4884	0.5037	0.4932	新疆	0.4480	0.5146	0.7058	0.5043

表 6.4　2008～2012 年各区域技术扩散子系统（S_3）序参量的有序度值

地区	OP_9	OP_{10}	地区	OP_9	OP_{10}
北京	0.4654	0.5634	河南	0.5064	0.6174
天津	0.4189	0.4748	湖北	0.3859	0.3765
河北	0.3714	0.8394	湖南	0.6336	0.5510
山西	0.4498	0.9039	广东	0.4540	0.6664
内蒙古	0.2820	0.6221	广西	0.4355	0.3756
辽宁	0.4140	0.6396	海南	0.5820	0.3489
吉林	0.5339	0.6403	重庆	0.5769	0.5011
黑龙江	0.3787	0.4448	四川	0.3776	0.5335
上海	0.6014	0.7566	贵州	0.4457	0.4927

续表

地区	OP_9	OP_{10}	地区	OP_9	OP_{10}
江苏	0.4824	0.4710	云南	0.2963	0.3390
浙江	0.4910	0.4377	陕西	0.3853	0.4152
安徽	0.4190	0.5897	甘肃	0.4333	0.4467
福建	0.4758	0.7230	青海	0.4704	0.4406
江西	0.4857	0.9148	宁夏	0.3588	0.6206
山东	0.5160	0.4701	新疆	0.5532	0.5286

表 6.5　2008～2012 年各区域技术应用子系统（S_4）序参量的有序度值

地区	OP_{11}	OP_{12}	OP_{13}	OP_{14}	地区	OP_{11}	OP_{12}	OP_{13}	OP_{14}
北京	0.6852	0.3849	0.4689	0.6115	河南	0.7412	0.5962	0.4925	0.5445
天津	0.7015	0.5263	0.4416	0.4867	湖北	0.4654	0.5664	0.4660	0.4666
河北	0.6582	0.4582	0.4421	0.4067	湖南	0.5880	0.5390	0.4711	0.4407
山西	0.5792	0.4490	0.4736	0.4795	广东	0.7697	0.5122	0.4465	0.5254
内蒙古	0.6466	0.2232	0.5335	0.5735	广西	0.6643	0.3614	0.4786	0.5628
辽宁	0.7136	0.4542	0.5572	0.5685	海南	0.4982	0.2987	0.4573	0.5606
吉林	0.6557	0.7418	0.4920	0.6376	重庆	0.7277	0.5344	0.4816	0.5209
黑龙江	0.6918	0.4943	0.6771	0.7562	四川	0.6830	0.5542	0.4438	0.7024
上海	0.7592	0.7848	0.5056	0.5636	贵州	0.7013	0.2620	0.4889	0.4964
江苏	0.5509	0.4809	0.4423	0.4445	云南	0.5536	0.3084	0.5409	0.4406
浙江	0.6617	0.4562	0.4878	0.5027	陕西	0.7115	0.2354	0.4663	0.5813
安徽	0.5887	0.4446	0.4862	0.4636	甘肃	0.6755	0.6268	0.4206	0.4515
福建	0.5179	0.6630	0.4951	0.5021	青海	0.6475	0.3146	0.3499	0.4541
江西	0.4897	0.4526	0.4736	0.4289	宁夏	0.6485	0.3337	0.4969	0.3955
山东	0.7616	0.6411	0.4516	0.4812	新疆	0.5483	0.4563	0.5044	0.5870

表 6.6　2012 年各区域技术创新网络的协同演化状态及各子系统有序度值

地区	政策支持子系统（S_1）	技术研发子系统（S_2）	技术扩散子系统（S_3）	技术应用子系统（S_4）	演化水平（LC_v）
北京	0.6518	0.6089	0.7913	0.6669	0.7514
天津	0.3037	0.4635	0.4413	0.3854	0.4098
河北	0.2713	0.4846	0.5131	0.2672	0.4568
山西	0.3273	0.5294	0.5787	0.3331	0.3878
内蒙古	0.2253	0.5274	0.3572	0.3077	0.3549

续表

地区	政策支持子系统（S_1）	技术研发子系统（S_2）	技术扩散子系统（S_3）	技术应用子系统（S_4）	演化水平（LC_v）
辽宁	0.2093	0.5811	0.4393	0.4048	0.5219
吉林	0.3445	0.5484	0.5099	0.5104	0.4172
黑龙江	0.2897	0.4792	0.4040	0.5345	0.4985
上海	0.5657	0.5667	0.6514	0.5051	0.6603
江苏	0.4550	0.5040	0.4744	0.4652	0.5574
浙江	0.4796	0.5066	0.4192	0.5942	0.6874
安徽	0.2384	0.4443	0.4580	0.3496	0.4074
福建	0.2612	0.5068	0.5418	0.4332	0.4057
江西	0.2999	0.5312	0.5706	0.2607	0.4321
山东	0.2284	0.4921	0.4858	0.4400	0.5914
河南	0.3101	0.4975	0.5208	0.4277	0.4569
湖北	0.3368	0.5248	0.3692	0.3150	0.5219
湖南	0.3311	0.4932	0.5609	0.3793	0.4927
广东	0.3418	0.5249	0.5433	0.4248	0.5698
广西	0.3332	0.5056	0.3690	0.3850	0.4798
海南	0.3014	0.5255	0.4226	0.2272	0.4324
重庆	0.3189	0.4638	0.4716	0.4267	0.4894
四川	0.3169	0.4967	0.4421	0.4179	0.6443
贵州	0.3544	0.4293	0.3320	0.2856	0.3680
云南	0.3204	0.4865	0.3139	0.2448	0.2598
陕西	0.3043	0.5106	0.3966	0.3213	0.4461
甘肃	0.3722	0.5000	0.4194	0.3627	0.2906
青海	0.2817	0.5880	0.4499	0.2470	0.5912
宁夏	0.2490	0.4420	0.4321	0.3300	0.4253
新疆	0.2483	0.5264	0.5397	0.3405	0.4003
平均值	0.3291	0.5096	0.4740	0.3865	0.4803

1. 各子系统序参量有序度分析

运用复合系统协同度模型对区域技术创新网络的协同演化状态进行测度。首先，需要对政策支持子系统、技术研发子系统、技术扩散子系统和技术应用子系统四个子系统的有序度进行测度，分析各个子系统序参量发展情况，有助于探究各子系统有序度值偏低的根源所在，从而通过对序参量的管理和控制，改善子系统的有序度。

从表 6.2 可以看出，各地区科技活动经费中政府资金这一序参量有序度较高，该序参量的有序度值基本上都处于 0.5 以上，这表明政府对区域企业创新的资助政策一直保持着较好的稳定性和连续性。相比较而言，其他几个方面的序参量的发展并不理想，这主要是因为政府经常会依据经济形势的变化，宏观调控经济政策，导致金融机构对企业贷款进行调整，影响企业与高校的合作创新行为。从总体上看，政策支持子系统内各个序参量之间发展水平的差异性较为显著，各个序参量有序度的均值差距较大，这也将会导致整个政策支持子系统有序度值偏低。从区域角度上看，各个区域间政策支持子系统序参量之间的发展也存在较大的差异性，就各地区科技经费筹集中金融机构贷款这一序参量而言，云南的有序度均值为 0.7068，而福建仅为 0.2753，其他序参量的有序度也呈现出较为显著的差异性，这也进一步加剧各区域政策支持子系统的有序度值的差异性。

从表 6.3 看，各地区 R&D 人员全时当量这一序参量的有序度值高于其他几个序参量，这表明各区域在人才的培养和使用方面取得了一定的成效，稳定的人力资源投入是实现创新产出的重要保障。从区域角度来看，技术研发子系统内各个序参量的发展并不均衡，地区间的差异较为明显，这将会导致各个区域技术研发子系统有序度值的差异性。

表 6.4 给出了 2008～2012 年技术扩散子系统内各地区技术市场成交合同金额和各地区技术市场成交合同数这两个序参量有序度的平均值。总体上而言，整体有序度值偏低，各地区技术扩散子系统的序参量仍存在较大的提升空间。具体到序参量而言，各地区技术市场成交合同数的有序度值要明显高于各地区技术市场成交合同金额，这是因为各个区域技术中介的服务能力发展较为平稳，导致每年的专利成交数量也较为平稳，但是专利成交的价格受市场波动的影响较为明显，导致专利成交的总金额变化幅度较大，造成各地区技术市场成交合同金额这一序参量的有序度值出现明显的波动。从各区域来看，区域间的差距也较为显著，如上海的技术扩散子系统两个序参量的有序度值分别为 0.6014、0.7566，而云南的仅为 0.2963 和 0.3390，这一差异将会影响到各个区域技术扩散子系统的有序度。

表 6.5 给出了 2008～2012 年技术应用子系统内各地区大中型工业企业技术购买经费、各地区大中型工业企业技术改造吸收经费、各地区大中型工业企业新产品开发经费、各地区大中型工业企业新产品销售收入等序参量有序度值。总体上而言，总体的有序度依然偏低，仍有较大的提升空间。就各个序参量而言，各地区大中型工业企业技术购买经费和大中型工业企业新产品销售收入的有序度值相对较高，而大中型工业企业技术改造吸收经费、大中型工业企业新产品开发经费的有序度值偏低，这也表明技术在商业化的过程中充满了不确定性。从区域的角度上看，不仅单个序参量的有序度值存在较大的差异性，区域间还存在着较为显著的差异性，这也导致了不同区域技术创新网络内的技术应用子系统之间存在显

著的差异性，甚至影响到区域技术创新网络的演化状态。

2. 各子系统有序度分析

从表 6.6 看，2012 年政策支持子系统、技术研发子系统、技术扩散子系统和技术应用子系统的有序度平均值分别为 0.3291、0.5096、0.4740 和 0.3865，整体的有序度依然偏低，尚有较大的发展空间。

就子系统的有序度而言，技术研发子系统的有序度值和技术扩散子系统的有序度值要高于其他两个子系统，表明近些年来，在创新型国家建设的战略目标指引下，区域技术创新主体不断加大创新投入，完善技术研发体系，使技术研发活动获得了一个快速而又平稳的发展。技术中介机构的数量在不断增加，其功能和能力在不断增强，在技术扩散中发挥着越来越重要的作用。政策支持子系统受到金融信贷等方面政策的有序度值偏低的影响，导致政策支持子系统的有序度值偏低，可见，完善区域技术创新政策体系，发挥政策在区域技术创新中的支持作用迫在眉睫。技术应用子系统有序度值较低主要是因为各地区大中型工业企业技术改造吸收经费和新产品开发经费这两个序参量的有序度值偏低。因此，序参量的变动会直接影响到各个子系统的有序度，恰好印证了区域技术创新网络系统及各子系统内部是一个自组织动态过程，序参量的不断自我演化，不断推动系统向宏观、有序的系统状态演化。

3. 各区域技术创新网络协同演化状态分析

图 6.5 反映了 30 个区域技术创新网络在 2009 年和 2012 年的协同演化状态。从图 6.5 中可以看出，绝大部分省级的区域技术创新网络的协同演化状态都出现了不同程度的提升。其协同演化状态均值从 2009 年的 0.2541 发展到 2012 年的 0.4803，实现年均 23.6%的增长。表明近些年来，在科技经济全球化的环境下，政府对区

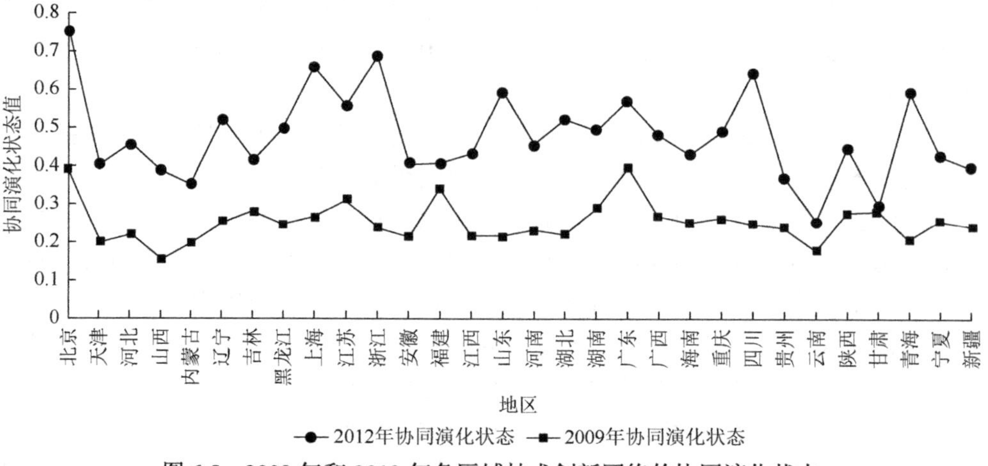

图 6.5　2009 年和 2012 年各区域技术创新网络的协同演化状态

域技术创新网络中各个要素之间的协同的重视，在统筹区域经济发展中，注重区域技术创新过程各个环节的衔接，在实现区域技术创新网络的协同发展上取得了一定的成效。同时相关研究表明，实现区域技术创新网络的协同发展，可以进一步优化网络结构，通过市场机制控制网络规模，以及各个创新主体之间的协同，可以实现跨学科、跨行业的深度合作交流和开放创新，有利于新的知识和技术在不同组织间的快速流动、扩散与融合，提升区域技术创新网络的创新效率。

从区域的角度来看，2009～2012 年各个区域技术创新网络都呈现出良好的发展状态，其协同演化状态值也出现不同程度的增长，但是绝大多数省级区域技术创新网络的协同演化状态仍不理想，仍有较大的提升空间。在不同的时期，30 个地区的区域技术创新网络的协同演化状态值都存在着极为显著的差异性。

从波动的趋势来看，2012 年各区域间的创新网络的协同演化状态波动较 2009 年更加明显。具体到 2009 年而言，除了北京、广东、福建以外，其余各地区的协同演化状态值均在 0.1～0.3 的范围内波动，相对较为平稳，区域差异性存在，但不显著。但到 2012 年，从图 6.5 和图 6.6 来看绝大多数地区的协同演化状

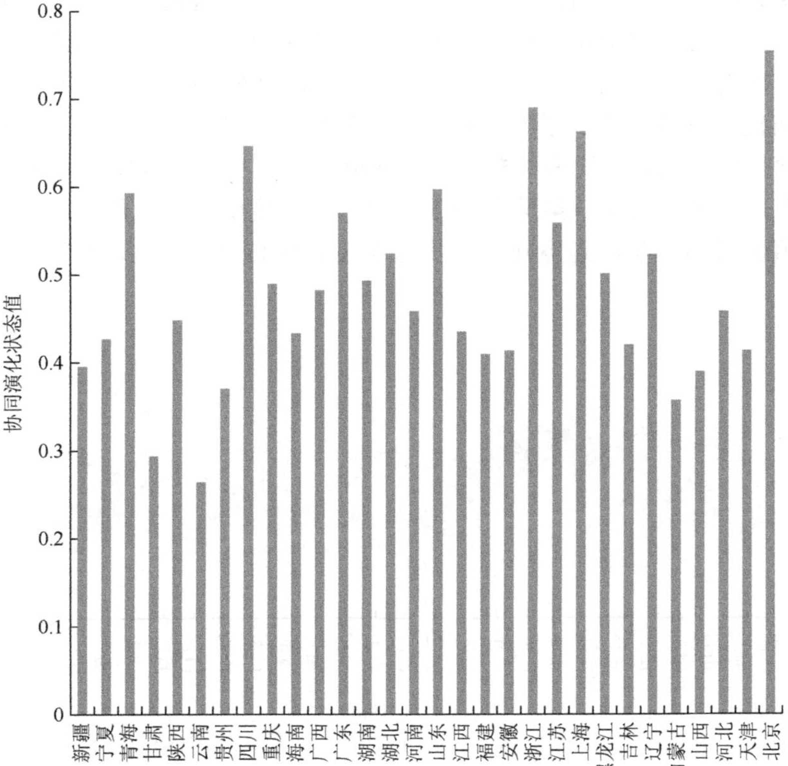

图 6.6　2012 年各区域技术创新网络的协同演化状态

态值在 0.2～0.8 这个范围内波动。可见，各个地区在推进区域技术创新网络协同发展方面所取得的成绩尚存在较大的差异性，这也符合区域技术创新网络的协同演化规律，其演化过程是分阶段进行的，且不同区域的创新网络不会在同一时间完成某个阶段的演化，只有等序参量推动各个子系统发展到一个特定的阶段，才推动区域技术创新网络系统向下一个阶段演化，同时伴随着系统功能的提升。

从各个子系统的有序度来看，2012 年各区域技术创新网络内部的绝大多数子系统有序度值都高于以往，这表明各个区域技术创新网络系统都在不同的演化阶段向前演进，进一步表明各省级的区域技术创新网络的发展态势良好。但单从有序度值来说，各个子系统的有序度值仍然偏低，还有进一步提升的空间。

从各区域技术创新网络协同演化状态与各个子系统的有序度值的关系上看（图 6.7），当区域技术创新网络系统内四个子系统的有序度值均偏高时，系统的协同演化状态值也会较高，而当其中任何一个或几个子系统的有序度值偏低时，将会影响到系统的协同演化状态水平的提升，这也恰好印证了复杂系统的演化过程具有极强的协同性。例如，北京的区域技术创新网络系统内部的四个子系统的有序度值均较高，分别达到 0.6518、0.6089、0.7913 和 0.6669，而其协同演化状态值也达到了 0.7514；而江西的技术研发子系统和技术扩散子系统的有序度值偏低，其值为 0.5312 和 0.5706，而其他两个子系统的有序度值为 0.2999 和 0.2607，可见，虽然有的子系统的有序度值较高，但受到其他子系统有序度值偏低的影响，其协同演化状态值仅为 0.4321。因此，不论从理论上看

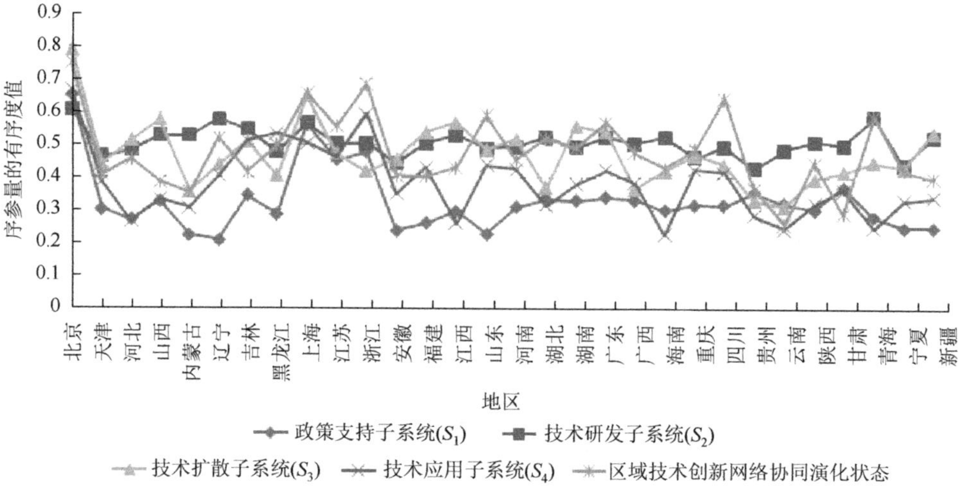

图 6.7　2012 年各区域技术创新网络演化状态及各子系统的有序度值

还是从实证研究结果来看，区域技术创新网络的协同演化水平呈现出了明显的"木桶现象"，即个别子系统的有序度将会决定整个区域技术创新网络的发展趋势。各个子系统的同步发展才能有效提升整个区域技术创新网络的协同演化水平，推动区域技术创新网络的演进。

三、区域技术创新网络协同演化状态评价

（一）区域技术创新网络协同演化状态的评价标准

为了方便研究各区域技术创新网络演化状态的差异性，本节参考以往学者的做法，按照其协同演化状态值的大小，依次将其划分为非常协同、基本协同、弱协同和不协同四种类别。详见表 6.7。

表 6.7　区域技术创新网络协同演化状态评价标准

协同演化状态值	$0.7 \leq LC_v \leq 1$	$0.5 \leq LC_v < 0.7$	$0.3 \leq LC_v < 0.5$	$0 \leq LC_v < 0.3$
协同演化水平	非常协同	基本协同	弱协同	不协同

其中，非常协同区域主要是指区域技术创新网络系统内政策支持子系统、技术研发子系统、技术扩散子系统、技术应用子系统等四个子系统发展均衡，区域技术创新各个环节的发展协调性非常好，其演化状态值在［0.7，1］；基本协同区域主要是指区域技术创新网络系统内四个子系统之间的发展协调性良好，区域技术创新的各个环节的发展协调性良好，其演化状态值在［0.5，0.7）；弱协同区域主要是指区域技术创新网络系统内四个子系统之间的发展协调性较弱，区域技术创新的各个环节的协调性较弱，其演化状态值在［0.3，0.5）；不协同区域主要是指区域技术创新网络系统内四个子系统之间的发展协调性较差，区域技术创新的各个环节的发展协调性较差，其演化状态值在［0，0.3）。

（二）区域技术创新网络协同演化状态评价

结合表 6.7 的评价标准，本节依据 30 个省级区域技术创新网络的协同演化状态值，将 30 个省级的区域技术创新网络分为非常协同、基本协同、弱协同、不协同等四种类别，并结合我国东部、中部和西部三大地区的划分，绘制我国区域技术创新网络的演化状态分布情况，具体详见表 6.8 和图 6.7。

表 6.8　我国区域技术创新网络的演化状态评价及分类

类别	名称	数目	东部地区	中部地区	西部地区	协同演化状态均值
第Ⅰ类	非常协同	1	北京	—	—	0.7514
第Ⅱ类	基本协同	9	浙江、上海、山东、广东、江苏、辽宁	湖北	四川、青海	0.5939
第Ⅲ类	弱协同	18	河北、海南、天津、福建	黑龙江、湖南、河南、江西、吉林、安徽、山西	重庆、陕西、宁夏、新疆、贵州、内蒙古、广西	0.4312
第Ⅳ类	不协同	2	—	—	甘肃、云南	0.2752

从表 6.8 可以看出，总体上而言，我国各省级区域技术创新网络的协同演化状态均值不高，区域技术创新的各个环节之间的发展水平不均衡，绝大部分地区都处于弱协同阶段。同时区域差异性较为显著，东部地区的区域技术创新网络的协同演化状态要好于中、西部地区。具体而言，区域技术创新网络的协同演化状态主要分为四种类型，其中，处于非常协同区域的仅有北京，在区域分布上属于东部地区。这也表明北京的区域技术创新网络系统内政策支持子系统、技术研发子系统、技术扩散子系统、技术应用子系统等四个子系统的发展较为均衡，区域技术创新各个环节的发展协调性非常好；处于基本协同区域的有浙江、上海、四川、山东、青海、广东、江苏、辽宁、湖北等九个省市，从区域分布上看，以东部地区为主，有少数的中、西部地区的省份。演化状态均值为 0.5939，表明该类的区域技术创新网络系统内四个子系统之间的发展协调性良好，区域技术创新的各个环节的发展协调性良好；处于弱协同区域的有黑龙江、湖南、重庆、广西、河南、河北、陕西、海南、江西、宁夏、吉林、天津、安徽、福建、新疆、山西、贵州、内蒙古等 18 个省区市，主要分布在中、西部地区，其演化状态均值为 0.4312，表明该类的区域技术创新网络系统内四个子系统之间的发展协调性较弱，区域技术创新的各个环节的发展协调性较弱；甘肃、云南两省处于不协同区域，属于西部地区，均值为 0.2752，表明两省的区域技术创新网络系统内四个子系统发展的差异性较为显著，区域技术创新的各个环节的发展协调性较差。

总体而言，我国东部、南部等沿海或沿江地区的区域技术创新网络的协同演化状态值较高，而东北部、西部等地区的协同演化状态值偏低。具体而言，区域技术创新网络协同演化状态较为理想的区域主要分布在沿海、沿江、东南部等政治和经济中心，如北京、上海、浙江、广东等处于东部地区的省市，主要是因为这一类地区的经济相对较为发达，市场活力较强，企业较为关注国内外市场需求的变化，以市场需求为导向进行技术研发，同时政府积极推进政策创新，构建以市场需求为导向的技术创新机制，实现了技术研发、扩散和应用等多个创新环节的协调发展。协同演化水平处于弱协同区域的较多，有新疆、广西、贵州等共 18 个地区，占据了我国一半以上的土地，主要分布在东北、中南、西南等地区，这些地区处于弱协同区域的主要原因是区域技术创新网络中出现了“短板”，某一个或几个子系统的有序度值偏低。不协同的地区主要有甘肃和云南两省，区域技术创新网络协同演化水平较低的原因较为复杂，但从系统学的角度上看，其主要问题主要集中于政策支持子系统、技术研发子系统、技术扩散子系统、技术应用子系统等四个子系统上。因此，区域技术创新网络协同演化水平较低的地区应构建区域技术创新网络的协同运行机制，稳步提升各个子系统的有序度，实现区域技术创新网络的协同发展，提升区域技术创新能力。

第三节　区域技术创新网络的协同演化及其治理机制

通过对区域技术创新网络的协同演化状态进行测度后，发现我国区域技术创新网络协同演化水平整体偏低，子系统发展不均衡，同时区域的差异性较为显著。本节主要结合以上的研究成果，对实现区域技术创新网络协同演化存在的主要问题进行分析，并结合协同学的思想，对区域技术创新网络的协同演化机制进行构建，从微观、中观、宏观三个层面对协同演化机制进行分析，之后从完善区域技术创新政策体系、构建产学研合作网络等角度出发，提出治理机制，以期促进区域技术创新网络的协同演化。

一、区域技术创新网络协同演化问题解析

20 世纪 90 年代以来，我国不断完善区域技术创新体系，高度重视区域技术创新网络的建设，加大对区域技术创新网络的投入，逐步完善区域性技术中介机构体系，在区域技术创新网络建设方面取得了一定的成效。但与发达国家相比，我国区域技术创新网络的发展还处于初级阶段，且发展很不平衡。本节通过对区域技术创新网络系统各子系统有序度及协同演化状态进行测度，发现以下几个方面的问题。

（一）区域技术创新各个环节协调性弱，尚未形成有效的协同机制

2012 年，我国区域技术创新网络系统内政策支持子系统、技术研发子系统、技术扩散子系统、技术应用子系统等四个子系统的有序度值分别为 0.3291、0.5096、0.4740 和 0.3865（表 6.6），各个子系统的有序度值不仅较低，还表现出极为显著

的差异性，这将对区域技术创新网络的协同演化产生明显的制约作用。具体而言，虽然各有序度值均不理想，但政策支持子系统和技术应用子系统两个子系统的问题较为突出。区域技术创新网络的创新过程涉及多个主体和多个环节，不同环节中各个主体承担着不同的角色，而创新活动的产生是不同行为主体共同作用的结果。但目前，我国区域技术创新网络的各个环节之间、各个行为主体之间存在相互脱节的现象，这已经阻碍了区域技术创新网络向更高级进行演化，主要表现在以下三个方面：第一，各个行为主体之间相互脱节，各级政府未能结合各自区域的特点，因地制宜，制定适合本区域技术创新的各项政策，尤其是省级区域未能在国家创新政策的大框架下，加强政策研究，实现创新政策对区域技术创新各个环节的支持作用，实现创新资源的优化配置。第二，技术中介机构未能发挥其创新服务的功能，导致大学和科研机构所创造出来的知识与企业创新要求不相适应的情况也较为普遍，创新成果的转移转化率较低，造成大量的创新资源浪费。第三，区域技术创新的各个环节之间出现脱节，尤其是技术研发、扩散与应用之间的协调程度较低，制约了区域技术创新网络的不断演化。

从运行模式来看，区域技术创新网络缺乏有效的要素整合机制，实现创新要素的协同发展。各主体之间缺乏有效的沟通、创新合作、利益分配、功能转换等机制，各主体需进一步明确在区域技术创新网络中的角色，实现主体创新行为的协同。同时各个子系统之间缺乏制度性的机制，实现区域技术创新政策支持、技术研发、技术扩散和技术应用的协同发展。可见，区域技术创新网络尚未形成有效的协同机制，来推进区域技术创新网络不断向更高级的阶段演化。

（二）政策运行的冲突与政策功能的冲突，导致区域政策支持体系薄弱

我国区域技术创新网络的政策支持子系统的有序度值较低，仅为 0.3291，严重制约了区域技术创新网络的协同发展，已成为区域技术创新网络发展中的薄弱环节。近些年来，为了推进区域技术创新网络建设，国家及各省级政府出台了大量的政策。但国家与省级的不同部门出台政策的目的存在较大的差异性，导致各部门对同一问题的政策考量不同，从而导致在具体措施和手段方面相互冲突。例如，早在 1999 年，我国就提出了要对企业经营者和技术骨干实施奖励。在《中华人民共和国促进科技成果转化法》《关于促进科技成果转化的若干规定》，以及各部门的政策中，关于科技人员的奖励也有相应的规定，但是这些举措在各区域的大部分国有企业里得不到很好的落实，严重影响着科技人员参与科技成果转化的积极性。可见，政策运行的冲突会导致政策效能的抵消。

在政策功能的冲突方面，主要表现在部门政策功能与区域技术创新体系整体的不适应性，各个创新主体之间出现相互剥离的现象。随着市场经济的不断深入，

技术创新的选择权已从政府向市场转变，但是很多科研项目仍然掌握在政府、高校和科研机构手中，导致企业在参与和决定研究计划时缺少参与权与话语权，造成科研项目与实际相脱节。为此，不同部门纷纷出台政策，在自己的框架体系下促进创新，并取得了积极的成效。从整体上看，将各个政策置于政策支持体系的统一框架下，使各个政策功能之间发生了冲突，本应有序循环的系统出现了障碍，导致创新政策难以发挥其在区域技术创新网络中的支持作用。

（三）网络创新效率偏低，阻碍区域技术创新网络的耦合与联动

与发达国家相比，我国区域技术创新网络的平均效率值偏低。除了创新资源投入、技术累积等方面的原因外，另外的原因就是创新资源的体制割裂及管理体系的条块分割严重降低了创新资源的配置效率。由于行政区划对区域技术创新体系的刚性约束，行政本位及区域的“多层次分割”问题，人为地隔断了创新的联系，使创新资源不能在区域层面实现优化组合，降低了创新效率。同时以中国科学院为主体的科研机构、大学、地方性的研究机构等均属于不同主体，自成体系，相对封闭，这导致创新资源的条状分割，地区内的研究机构缺乏区域性的协同创新网络，区域内难以实现资源的优化配置，以及提升区域技术创新效率。

从创新资源投入的角度上看，创新投入通过各种非线性的关系在区域技术创新网络中产生创新产出，当创新产出达到预期目标时，创新产出产生经济价值，会促进各个创新主体进一步增加对创新的投入，形成区域技术创新网络协同发展的良性循环。而资源配置的效率低下，必然会导致大量的创新资源重复浪费，使整个区域技术创新网络的有序循环难以为继，阻碍技术研发、扩散、应用等环节的协同发展，从而导致协同运行机制不畅，形成恶性循环，阻碍区域技术创新网络的耦合与联动。

总之，我国区域技术创新网络的建设起步较晚，还有许多问题亟待解决，本书从区域技术创新网络结构、创新效率及协同演化等角度对区域技术创新网络中存在的问题进行解析。但要实现区域技术创新网络的协同演化，还需要从系统学角度对区域技术创新网络进行整体思考，并结合协同学的相关理论，对区域技术创新网络的协同演化规律进行分析，从而实现对区域技术创新网络的协同机制的构建，促进区域技术创新网络的协同演化，实现各要素、主体及子系统之间的协同发展，减少网络系统内耗，提升区域技术创新能力。

二、区域技术创新网络的协同演化机制研究

通过对区域技术创新网络协同演化存在的问题进行解析，发现要实现区域技

术创新网络的协同演化，还有许多问题亟待解决。但尤为重要的是理清区域技术创新网络的协同演化规律，从协同学的角度对区域技术创新网络的协同演化机制进行总体性的设计，把握区域技术创新网络协同演化的各个层面，为实现区域技术创新网络的协同演化，提供理论和方法的指导。

（一）构建思路

区域技术创新网络是指在一定地域范围内，企业、大学、研究机构、中介机构等各个创新行为主体在交互作用与协同创新的过程中，彼此建立起各种相对稳定、能够促进创新的、正式和非正式关系的总和，是一个多主体的、开放的、动态的复杂性网络，由政策支持子系统、技术研发子系统、技术扩散子系统和技术应用子系统等四个子系统组成。

协同学认为复杂系统的协同演化实质上是系统由无序向有序、由低级向高级不断和反复发展的动态过程，序参量始终是复杂系统的持续驱动力，支配着新系统的行为，主宰着整个系统成长的进程与方向。为此，可通过序参量的选择及管理，对其运行机制进行完善，从而推进各个子系统的相互配合，实现协同发展。协同学将每个系统都看作由三个层面构成的复杂体系：第一个层面是有要素组成的层面，即微观层面；第二个层面是子系统层面，可以称为中观层面；第三个层面是系统整体层面，可以称为宏观层面（Lewin and Volberda，1999；Markard and Truffer，2008）。基于这一思想，本节从三个层面，加强区域技术创新网络内部四个子系统的序参量之间的协调，完善各子系统之间的运行机制，不断推进我国区域技术创新网络的协同发展，提高区域技术创新能力。

（二）机制分析

本章结合协同学的思想，从微观、中观、宏观三个层面对我国区域技术创新网络的协同运行机制进行分析，以期不断优化区域技术创新网络的协同演化状态，具体包括以下三个方面内容。

1. 微观层面：要素协同机制

要素协同机制要求将区域技术创新网络看作所有要素联系的系统，由各个创新主体对区域技术创新网络内部的要素进行组合，实现要素之间的相互作用和渗透，形成较为合理的关联结构，进而实现区域技术创新网络系统功能的效益最大化，主要分为纵向协同和横向协同。第一，纵向协同。主要是对来自政策支持子系统、技术研发子系统等不同子系统的要素进行优化配置，实现投入要素和创新内容的优化组合，使人才、资金、信息、技术等创新资源可以在企业、政府、高校等创新主体之间选择，技术创新、管理制度等也可以在各个创新主体之间选择，形成多种组合方案，最终形成最优的组合方案，进而可以实现自主创新主体的人才、资金等创新资源的协同，进而发挥企业的管理创新能力、高校和科研院所的技术研发能力、政府的制度创新能力，实现网络要素的纵向协同。第二，横向协同。横向要素的协同强调在单一要素上的拓展和互补。在区域技术创新的过程中，各个创新主体充分利用区域技术创新网络内部现存资源，实现要素在横向的协同。例如，科研机构在技术研发阶段的资金大部分来自政府，而在技术商业化的过程中，可能更需要企业资金的投入。

2. *中观层面：子系统协同机制*

从子系统内部演化的角度出发，通过提高子系统内各个序参量的有序度值，促进各子系统的协同发展，实现区域技术创新网络在中观层面的协同，进而推动系统的整体协同。主要包括以下内容：第一，政策支持子系统。建立畅通的信息沟通机制，加强各个政策制定主体之间的有效沟通和反馈，降低政策支持子系统的内耗，提高政策的协同性。第二，技术研发子系统。技术研发子系统中含有企业、大学、科研院所等创新主体，且各属于不同的管理系统，在促进技术研发子系统协同机制设计上，要在利益一致的基础上，通过建立区域性协同创新网络，开创具有多伙伴关系、分工协作、风险共担、利益共享等特点的网络式合作创新模式，这种结构松散和虚拟的合作方式，可以赋予区域技术创新网络更强的灵活性和适应性。第三，技术扩散子系统。技术扩散主要依靠技术转移示范机构、生产力促进中心等中介机构完成，地区通过建立区域性的技术中介平台，提升技术中介的综合服务能力，大力发展技术交易市场，加快技术推广速度，使技术在更大范围内产生经济效益和社会效益。第四，技术应用子系统。发挥大中型企业在技术应用子系统中的作用，利用市场机制，统筹技术引进、技术改造、技术购买、技术应用开发等各个环节的资金及人力投入，加快科技成果转化，建立良好的市场环境，促进新产品的销售，实现技术应用子系统内部的协同演化。

3. *宏观层面：系统整体协同机制*

区域技术创新网络系统主要由政策支持子系统、技术研发子系统、技术扩散子系统和技术应用子系统等四个子系统组成，从功能延续的角度上看，技术的产生到产生商业价值是一系列动态的发展过程。具体而言，可以通过以下途径实现四个子系统的协同演化。首先，政策支持子系统应当根据我国区域技术创新网络的发展现状，适时调整区域技术创新体系，重点在于金融贷款、产学研合作等方面的政策，为其他三个子系统的发展提供保障；其次，通过技术扩散子系统实现技术研发子系统与技术应用子系统的无缝衔接，即产学研协同合作，通过联合科技攻关、共建研究中心、建立科技园区、设立产学研合作专项基金等模式，促进三个系统之间的协同发展；最后，技术吸收和转化可以实现技术的经济价值，进而反哺技术研发子系统，实现整个区域技术创新网络系统内部的联动，形成协同运行的区域技术创新网络机制。

（三）模型构建

结合上文对区域技术创新网络的协同演化机制的构建思路等进行分析，本节从微观、中观和宏观三个层面对区域技术创新网络的协同机制模型进行构建（图 6.8）。区域技术创新网络的协同机制由内到外，层层递进、相互影响，不断推进区域技术创新网络的协同演化。在微观层面，通过对创新要素的纵向和横向整合，实现要素的协同。在中观层面，对区域技术创新网络系统内四个子系统的协同进行分析，实现子系统内部的协同发展，推进各个子系统有序度的提升，逐步缩小各子系统之间的差异，消除差异性带来的结构性负面影响，为实现区域技术创新网络的整体协同演化奠定基础。在宏观层面，通过实现各个子系统之间的协同发展，不断完善区域技术创新网络的协同运行机制，实现各个子系统之间的

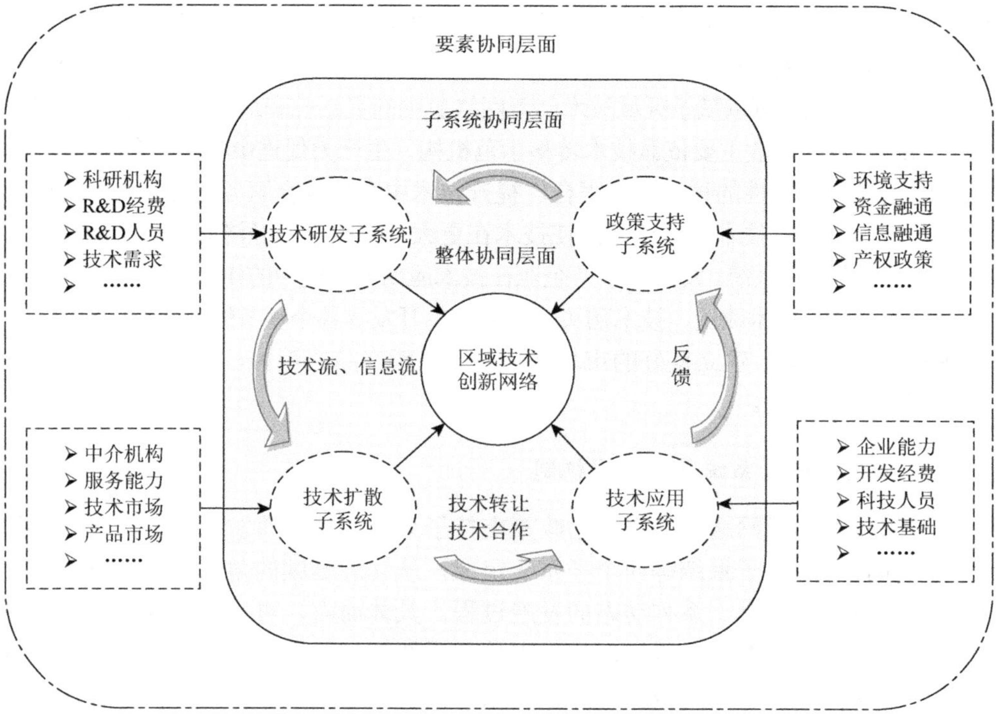

图 6.8　区域技术创新网络协同机制构建

相互制约、相互促进。通过系统资源整合相互耦合，形成正负反馈环，实现系统内各子系统及序参量不断反复演变的“自组织”动态系统。在随机涨落和非线性作用下，系统会具有较强的适应性，较大的内聚力、吸引力和灵活应变力，形成区域技术创新网络内外的良性循环，向系统的“吸引子”——系统演化目标演进，从而使区域技术创新网络形成宏观有序的结构，实现区域技术创新能力的显著提升。

三、区域技术创新网络协同演化的治理机制

（一）完善区域技术创新政策体系

从研究结果来看，我国区域技术创新网络演化水平偏低的主要原因在于各个子系统之间发展的差异性较为显著，尤其是政策支持子系统和技术应用子系统，区域技术创新政策对创新的各个环节具有一定的统筹作用。因此，应不断完善我国区域技术创新政策体系，主要包括以下几个方面的内容。

首先，完善政府职能，政府应统筹区域技术创新网络协同发展。政府是区域技术创新网络中的创新主体之一，既是区域技术创新活动规则的制定者，又是创新活动的直接参与者，在区域技术创新活动的各个环节都发挥着举足轻重的作用。政府对网络中其他创新主体的行为具有引导作用。因此，政府可以通过合适的制度性安排，统筹区域技术创新网络中各个子系统的协同发展。

其次，完善鼓励高校、研究所等科研机构的创新向企业流动的政策体系，建立开放的创新网络。通过鼓励科技人员走进企业，实现知识和技术在区域技术创新网络中的扩散与流动。研究所也是区域技术创新网络中的重要节点，对塑造区域技术创新网络文化环境具有促进作用，可以培育出具有冒险精神和勇于创新的企业家。

最后，建立企业创新激励机制。政府应加强对企业技术研发与应用的投入，尤其是对技术吸收和新产品开发方面的经费投入；建立技术、知识和人才循环流动的机制，加快技术创新成果的扩散和转化，实现经济价值；还应加大对教育的投入力度，重视大学、研究所等科研机构的发展，实现区域技术创新网络中多创新主体的协同发展。

（二）构建产学研合作网络

从研究结果看，技术应用子系统的有序度值偏低，阻碍了区域技术创新网络的协同演化。因此，可以通过构建产学研合作网络，加快科技成果转化，提升技

术应用子系统的有序度。具体包括以下几个方面的工作。

首先，各个区域应制定并出台产学研合作政策，引导区域技术创新网络中各个主体积极参与到产学研合作的工作上来，为区域产学研工作指明方向，明确工作的重点，统筹产学研各项工作的顺利开展。

其次，构建产学研合作网络。产学研合作网络作为一种新型的战略合作模式，其主要目的在于集成创新资源，鼓励企业、高校、研究所等创新主体之间的强强联合、优势互补，共同组建区域性的产学研合作网络，提升区域技术创新网络的自主创新能力，实现区域经济的跨越式发展。

再次，实施产学研合作网络示范工程。各个区域围绕各自的产业结构和特色，继续大力推进产学研合作，创建产学研示范市、示范县，实施产学研合作产业化基地等合作网络示范工程。在重要的产业和关键的技术上，积极开展科技攻关项目，加强企业、大学等创新主体的交流合作，并探索产学研合作的新机制。

最后，搭建产学研合作服务平台。鼓励设立产学研合作网络中的各个中介机构，包括项目招标、成果转化、专利评估中心、生产力促进中心、知识产权中心、技术转移示范机构等各类服务机构。完善产学研合作市场体系，通过现代化的信息手段，建立无形的产学研合作市场，降低项目合作研发的成本。建立健全企业与大学、研究所等创新主体之间的沟通机制，加强信息公开，进一步促进区域产学研合作。

（三）优化区域技术创新网络结构

区域技术创新网络结构与创新绩效之间存在显著的关系，同时区域技术创新网络结构对协同运行机制的正常发挥具有一定的作用。因此，优化区域技术创新网络结构特征，是区域技术创新网络协同机制得以运行的重要前提。首先，针对整个区域技术创新网络，需要从投入—产出的视角，科学地把握区域技术创新网络的产出效应及网络组织运行的过程，应充分利用市场的力量，优化区域技术创新网络的规模，建立科学的分配机制，实现人力、资金、信息等创新资源的合理流动，进一步提升创新网络的效率。其次，进一步完善企业、高校、研究所、政府等创新主体之间的关系，形成协同创新的机制，实现区域技术创新网络知识溢出和资源共享。最后，从区域技术创新网络的自身出发，建立完善的学习共享、利益分配及治理机制，形成一个良性循环的投入产出网络，优化区域技术创新网络结构，保障区域技术创新网络协同机制得以运行，提升区域技术创新网络绩效。

（四）搭建协同创新网络平台

区域协同创新网络平台的建设主要包括科技、信息与中介、资源共享等方面的平台建设。区域协同创新网络平台是网络要素聚集的载体和联系的桥梁与纽带，主要包括区域协同创新网络的硬件设施和服务，充分运用信息、网络等现代技术，系统性地优化科技基础条件资源，促进创新资源的优化配置，并通过增加资金、人才等创新资源投入，以及提升政策、经济和市场信息等公共服务的能力，对协同创新主体交流学习产生促进作用，有助于加强创新主体间的合作交流和协同创新。区域协同创新网络平台的建设主要包括以下几个方面。

第一，科技创新平台。区域科技创新平台是由区域各级政府、企业、高校等节点所组成的跨区域、跨部门的协同创新网络服务体系，以改变以往分散、封闭、垄断的资源聚集和创新模式，形成由各创新主体之间进行资源联动的网络，引导创新主体之间的合作与协同创新。

第二，信息与中介平台。区域技术创新网络的协同运行需要诸多要素信息，创新主体能力存在一定的差异性，不同创新主体对信息的吸取能力不同，导致信息的不对称，从而产生道德风险和逆向选择，对协同运行机制产生不利影响。因此，可以建立区域性的信息和中介服务平台，加速信息和技术的传播，完善包括专利评估中心、技术中介、孵化器等的中介服务体系，大力发展专利咨询与代理中心、律师事务所等提供服务咨询的组织和机构。

第三，资源共享平台。资源是区域技术创新过程中重要的投入要素，尤其是大型的科学仪器和设备，大学、研究所等科研机构拥有大部分的科学仪器和设备，但科研活动难以保证仪器和设备的充分使用。因此，为避免创新资源的闲置和浪费，可考虑建立资源共享平台，提高科学仪器和设备的利用率，降低创新风险和成本，激发企业创新意愿。

总之，在科技日新月异的今天，区域技术创新能力已成为区域经济获取竞争优势的决定性因素之一。我国区域技术创新网络的演进历程同样表明，它作为我国技术进步的有力手段之一，亟待我们认识和厘清区域技术创新网络的内容、特征与演化规律，建构适合区域经济发展的创新网络协同运行机制，降低体系内耗，赋予区域技术创新网络新的功能，实现体系内各子系统协同发展，不断提升我国区域技术创新能力。

第七章　科技企业孵化器孵化效率及其治理机制研究

在一定的创新环境支撑下，区域内创新主体（政府、企业、高校和科研院所）与创新要素（土地、人才、信息、文化及制度等）通过相互作用，逐步形成区域技术创新网络。但是，如果仅仅通过市场自发去形成区域技术创新网络，则需要很高的时间成本和社会成本。而科技企业孵化器作为创新主体和创新要素彼此之间互动的一个有效平台，为构建区域技术创新网络提供了新的有效途径。科技企业孵化器在培育创新主体和创新要素、促进创新资源的黏接等方面起着非常重要的作用。正是基于这些重要的作用，科技企业孵化器成为催生区域技术创新网络形成的重要载体。因此，我们认为在区域技术创新网络及其混合治理机制研究中，有必要对中国科技企业孵化器进行较为深入的分析与探讨。在本书的第七、第八、第九章中，我们将对中国科技企业孵化器的效率、绩效及其外部性展开全面深入的研究，以期揭示科技企业孵化器这一重要的区域技术创新系统要素的发展规律。

随着中国科技企业孵化器在数量上和规模上的急剧膨胀，科技企业孵化器的孵化效率问题引起了政府部门和学者越来越多的关注。在本章中，我们重点从微观在孵企业层面、中观科技企业孵化器层面及宏观区域层面分别探讨影响孵化器效率的因素，以期为中国科技企业孵化器绩效的提升提出合理的治理机制。

第一节　科技企业孵化器功能维度分析

尽管企业孵化器在全世界范围内得到广泛的发展，但这一概念自诞生以来就出现了一个无法解决的问题——企业孵化器的功能定位或孵化目标。目前学术界对孵化器尚未有一个明确的定义，导致孵化器出现了“模糊效应”，即随便圈一块场地，入驻一些企业便可称为孵化器。这也与孵化器的成立目的相关，由于各个国家和地区的实际情况不同，孵化器的成立初衷也有所差异。在对企业孵化器的孵化效率进行评价之前，需要首先了解孵化器的目标。本节综合国内外学者的一些提法，将科技企业孵化器的功能划分为五个维度。

一、在孵企业创业维度

新创企业对于经济的发展有着不可替代的作用，这些企业通常是当地经济、就业及创新的重要来源（Peña，2004；Colombo and Delmastro，2002；Siegel et al.，2003；Phan et al.，2005）。但是，这些年轻的中小企业往往规模过小、管理经验缺乏、资金紧缺等，导致失败的风险很高（Peña，2004；Colombo and Delmastro，2002；Bøllingtoft and Ulhøi，2005；Hackett and Dilts，2004）。鉴于此，作为解决上述问题的重要政策工具，企业孵化器被很多国家和地区加以采纳，用以提高新创企业的存活率（Rice，2002；Scillitoe and Chakrabarti，2010；Schwartz and Hornych，2010；Grimaldi and Grandi，2005）。因此，尽管企业孵化器的发展呈现多样化的趋势，但是存在一个普遍适用的目标：孵化新创企业、提高新创企业的存活率（Allen and Rahman，1985），这也是孵化器一词产生的初衷。国内外很多著名的机构也明确规定了孵化器的这一功能。例如，美国企业孵化器协会、英国企业孵化中心、欧盟及中国的科技部都将促进新创企业的存活与发展作为孵化器的一项基本功能。同时，很多企业孵化器兼有帮助企业家创业的功能，尤其在大学科技园内这一功能更加明显（Peña，2004；Hackett and Dilts，2004；Rice，2002）。这里，将帮助企业家创业及培养企业家都归到孵化器功能中“在孵企业创业”这一维度。

二、技术转移与创新维度

促进科技成果的转移、转化和商业化是企业孵化器普遍被认可的重要目标之一，对于科技企业孵化器和大学科技园尤其如此（Grimaldi and Grandi，2005）。Phillips（2002）归纳了科技企业孵化器最重要的三个功能，即促进当地经济发展和增加就业，推动研究成果的商业化及技术转移。Mian（1996）认为科技企业孵化器就是把各种知识、人才聚集起来加速技术成果商业化的工具。

随着知识经济的到来，越来越多的国家倾向于利用企业孵化器来推动新创企业的技术创新，美国从 1980 年就开始推动企业孵化器与技术创新相结合，目前已卓有成效。在中国，发展科技企业孵化器的主要目的就是推动在孵企业的技术创新、促进技术扩散。科技部 2018 年颁布的《科技企业孵化器管理办法》中第二条写道：“科技企业孵化器（含众创空间等，以下简称孵化器）是以促进科技成果转化，培育科技企业和企业家精神为宗旨，提供物理空间、共享设施和专业化服务的科技创业服务机构，是国家创新体系的重要组成部分、创新创业人才的培养基地、大众创新创业的支撑平台。”

三、孵化器盈利维度

随着时间的推移，不同类型的私立孵化器相继出现，同时，为了实现可持续发展，众多公立性质的企业孵化器也渐渐开始关注孵化器盈利能力，因此，获取盈利也成为企业孵化器的重要目标。赵黎明（2012）认为，在坚持追求社会效益的前提下，适度追求盈利将成为今后企业孵化器运营的重要内容。

另外，获取盈利是中国科技企业孵化器良性运作的前提。孙大海等（2009）对我国科技企业孵化器进行研究时发现，当前国内孵化器普遍存在财务运作不佳的状况，多数孵化器资金过大但利用效率低下。钟卫东等（2008）认为科技企业孵化器的非营利特征并不意味着孵化器不能营利，他认为只有当孵化器拥有强大的营利能力后，才有能力吸引更多优秀人才、可以为更多初创企业提供更为优质的服务，进而创造更大的社会效益。因此，孵化器在拥有营利能力与实现社会效益之间不仅是相互兼容的，而且是相互促进的。所以说，提高孵化器的经济营利性，保证其能良性运作，才能从根本上保障其非营利性的实现。

四、区域就业维度

如前所述，科技企业孵化器作为政府政策的重要工具，负有振兴区域经济的责任，同时，政府会考虑孵化器对当地的社会影响，这是政府职能的一部分。增加就业机会，促进区域稳定，这是企业孵化器社会责任的一部分。

作为政府角色的延伸，科技企业孵化器“天生”具有这一功能。科技企业孵化器作为一种特殊的社会经济组织，其公益性和非营利性的特征，使其相关利益群体尤其是政府尤为关注其社会功能的维度。

五、区域经济维度

在过去的二十余年，世界各国政府纷纷实施各种经济发展项目，通过推动新创企业的发展来振兴当地经济，而企业孵化器则是其中应用最普遍的项目之一。事实上，世界上最早的孵化器就是在经济低迷的大背景下出现的。因此，企业孵化器在世界范围内的发展离不开政府的作用。同时，与一般的独立性企业不同的是，大多数企业孵化器都或多或少地带有一些政府色彩，是当地政治系统当中重要的一部分（Phan et al.，2005）。因此，大部分企业孵化器都是由政府资助的、具有一定的公立性质的“政策工具”（Aernoudt，2004；Aerts et al.，2007；Hackett and Dilts，2004），而这一情况在中国尤其明显。

在国内，科技企业孵化器是政府意志的体现，这种意志使孵化器及其在孵企业获得了特殊的生存和发展机遇；作为政府重要的政策工具，科技企业孵化器在中国获得了大量政府投资，政府并不要求这种制度性投资在短期内有多少直接的回报。根据科技部的统计，2006 年中国科技企业孵化器的资金主要来源于孵化器的政府拨款、自有资金和银行贷款，其中前两项之和占到资金总额的 67%，银行贷款占到 21.5%。

第二节　科技企业孵化器效率测度及其形态聚类分析

随着科技企业孵化器在中国的快速发展，尤其是数量和规模的急剧膨胀，政府和学界都非常重视科技企业孵化器的运行效率问题，并且有过很多讨论，目前国内对企业孵化器效率评价的研究很多，但这类研究没有联系孵化器本身的孵化目标。效率，即预定目标的达成情况，如果一个企业孵化器的目标都无法被明确的话，其效率又如何测度？但是，企业孵化器的特殊情况导致每家孵化器的目标都有所差异，一个企业孵化器甚至有多重目标。因此，本书综合孵化器五个常见的孵化目标，在每个目标的维度上分别测出每家孵化器的效率，由此来研究其实际的孵化行为到底偏向哪一方面的目标。

一、模型构建

上文列出了五种最常见的孵化器的孵化目标，即孵化新创企业、振兴区域经济、促进科技成果转化、增加区域就业及获取盈利。基于此，本节构建了五个功能维度来衡量孵化器的孵化目标，即在孵企业创业维度（SUR）、技术转移与创新维度（INNO）、孵化器盈利维度（PRO）、区域就业维度（JOB）和区域经济维度（ECO），见图 7.1。在孵企业创业维度是指科技企业孵化器在提升新创企业存活率方面的功能，这也是科技企业孵化器最基本的功能。技术转移与创新维度是指孵化器在技术创新方面的功能作用，这也是科技企业孵化器较传统企业孵化器而言最重要的功能，创新功能主要包括两个方面：一是创造和培育创新主体；二是推动在孵企业实现技术创新，二者统一于企业孵化器孵化企业的过程之中。孵化器盈利维度指的是科技企业孵化器能够实现自收自支甚至盈利，它影响企业孵化器能否正常、持续运作。区域就业维度是指企业孵化器所承担的某些社会职能，主要体现在增加社会就业等方面。区域经济维度是地方政府特别强调的功能维度，作为政府重要的政策工具，很多企业孵化器成立的初衷就是增加地方财政收入、振兴区域经济。

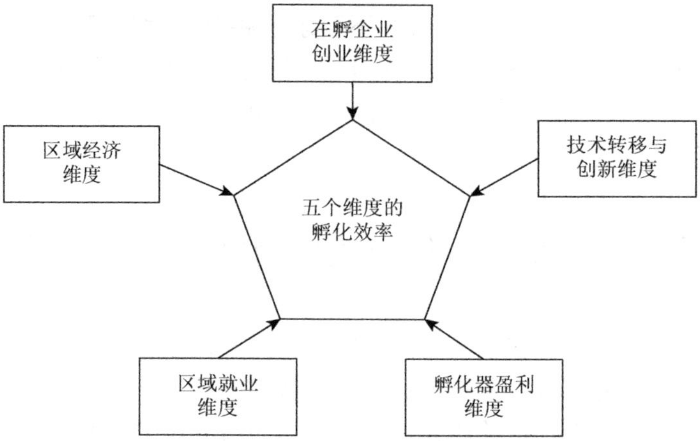

图 7.1　科技企业孵化器效率测度的模型构建

二、方法和数据

（一）研究方法——随机前沿分析方法

技术效率是相对于生产可能性边界而言的，生产可能性边界指的是在一定的投入要素下所能达到的最大产出，不同的要素投入对应不同的最大产出，所有这些最大产出所形成的曲线便是生产可能性边界。但是，并不是所有决策单元都可以达到最大产出，技术效率便是用来衡量要素在等量投入条件下，单位实际达到最大产出的距离，距离越大，则技术效率越低。本书将各个国家级科技企业孵化器看作投入一定人力和财力等进行生产的决策单元，这些资源的投入总量及合理利用决定了一个决策单元的孵化活动的最大产出。如果一个企业孵化器的实际产出与潜在产出相一致，我们就认为这个孵化器的孵化活动技术是有效的，否则技术无效。

目前评测决策单元技术效率的方法主要有参数法和非参数法两大类。非参数法以数据包络分析（data envelopment analysis，DEA）方法为代表，该方法采用线性规划技术，无须设定函数形式，从而避免了主观设定函数的影响，且在处理多投入、多产出的效率度量上具有优势。但 DEA 也由于设定了确定边界并且不考虑测量误差的存在而具有不足之处（朱有为和徐康宁，2006）。参数法以随机前沿分析（stochastic frontier analysis，SFA）方法为代表。SFA 采用计量方法对前沿生产函数进行估计，有更为坚实的经济理论基础。通过估计生产函数对生产过程进行描述，使技术效率估计得到控制，并且 SFA 方法不仅可以测算每个个体的技术效率，而且可以定量分析各种相关因素对个体效率差异的具体影响。本章研究旨在解决两个基本问题：第一，科技企业孵化器在每个维度的实际效率；第二，如果没有效率，那么非效率程度又依赖于哪些因素？SFA 方法正好符合本章的研究意旨，可以有效地解决上述问题。因此本节选用 SFA 方法测算中国国家级科技企业孵化器在各个孵化目标维度的效率情况。现有文献中 SFA 方法已被应用到国家层次及企业层次创新效率的评测当中。

根据 Kumbhakar 和 Lovell（2000）的总结，随机前沿模型的一般形式如式（7.1）所示：

$$y_{it} = f(x_{it},t)(v_{it} - \mu_{it}) \tag{7.1}$$

其中，y_{it}表示企业孵化器 i 在时期 t 的实际产出；f（）表示生产可能性边界上的确定前沿产出，即具有完全效率时的最大产出；x 表示一组投入向量；t 表示时间趋势，其中 $i = 1, 2, \cdots, n$；$t = 1, \cdots, T$。误差项（v_{it}–u_{it}）为复合结构，第一部分 v_{it} 表示随机扰动的影响；第二部分 u_{it} 为技术非效率项，表示个体冲击的影响。根据 Battese 和 Coelli（1992）的设定，u_{it} 服从非负断尾正态分布，且有式（7.2）。

技术效率 TE 定义为实际产出期望与前沿面产出期望的比值，即

$$\mathrm{TE}_{it} = \frac{E[f(x_{it})\exp(v_{it} - u_{it})]}{E[f(x_{it})\exp(v_{it})|u_{it} = 0]} = \exp(-u_{it}) \tag{7.2}$$

显然，$u_{it} = 0$ 时，$\mathrm{TE}_{it} = 1$，表示决策单元位于前沿面上，技术有效；当 $u_{it} > 0$ 时，$\mathrm{TE}_{it} < 1$，表示决策单元位于前沿面下方，技术无效。将式（7.1）两边取对数，可得对数形式的随机前沿模型，如式（7.3）所示：

$$\ln y_{it} = \ln f(x_{it},t) + v_{it} - u_{it} \tag{7.3}$$

Battese 和 Coelli（1995）设定了方差参数来检验复合扰动项中技术无效项所占的比例，r 介于 0 和 1 之间，若 $r = 0$ 被接受，则表明实际产出与最大产出之间的距离均来自不可控的纯随机因素，此时无须使用 SFA 技术，直接运用最小二乘法方法即可。

为了进一步解释个体间的技术效率差异，Battese 和 Coelli（1995）在上述模型的基础上引入了技术非效率函数，如式（7.4）所示：

$$u_{it} = \delta_0 + z_{it}\delta + w_{it} \tag{7.4}$$

其中，z_{it} 表示影响技术非效率的因素，为常数项，为影响因素的系数向量。若系数为负，说明其对技术效率有正的影响；反之，则有负的影响。w_{it} 表示随机误差项。

在具体选择生产函数时，较为常用的有柯布–道格拉斯生产函数和超越对数两种形式。前者虽然形式简单，但假定技术中性和产出弹性固定；后者放宽了这些假设，且在形式上更加灵活，能更好地避免由函数形式的误设而带来的估计偏差。本书分析采用柯布–道格拉斯生产函数。

（二）实证数据——国家级科技企业孵化器

随着科技企业孵化器数量的迅速增长，政府开始考虑企业孵化器的质量问题。对此，从 20 世纪后期开始，科技部颁布了一系列的考核指标，达到要求的科技企业孵化器即可被认定为“国家级科技企业孵化器”，从而能够享受更多的资源和政策优惠。进入 21 世纪，国家级科技企业孵化器的发展逐步形成规模，总体而言国家级科技企业孵化器的数量一直在逐步增长，2007 年，中国国家级科技企业孵化器的数量已经有 197 家；到 2012 年，这一数量已经达到 435 家。科技部对国家级科技企业孵化器有着严格的规定，因此可以说国家级科技企业孵化器比地方级具有更高的质量，总体而言具有一定的示范效果。由于国家级科技企业孵化器的数量每年都有少量的变化，但是仍然有 189 家科技企业孵化器一直保持着“国家级”的称号，因此本节的研究样本主要是 2008～2012 年 189 家国家级科技企业孵化器。数据主要来源于 2008～2012 年《中国火炬统计年鉴》和《中国统计年鉴》。

本章从科技企业孵化器的五项孵化功能维度（在孵企业创业维度、技术转移与创新维度、孵化器盈利维度、区域就业维度、区域经济维度）出发，建立科技企业孵化器的投入产出指标。根据传统的企业投入—产出效率分析方法，对科技企业孵化器的投入指标主要从人、财、物三方面进行考虑，选取的指标主要是孵化器管理人员数量、孵化基金数量和孵化场地面积。对于产出指标，不同的功能维度对应不同的产出指标：在孵企业创业产出用当年毕业企业数来表示，技术转移与创新产出用在孵企业获得的知识产权数来表征，孵化器盈利产出则用企业孵化器当年收入来度量，区域就业产出用在孵企业就业数和孵化器就业数的加总来表示，区域经济产出用当年毕业企业收入来测量（张娇和殷群，2010）。

三、实证结果分析

（一）基于功能维度的孵化效率分析

表 7.1 是对中国国家级科技企业孵化器五个功能维度效率值的测量结果，模型 7-1～模型 7-5 分别表示各个功能维度的投入—产出关系和评价效率值。其中，投入—产出关系可以在一定程度上反映科技企业孵化器的实际孵化行为。由模型 7-4 和模型 7-3 可知，孵化器管理人员的投入对区域就业产出和孵化器盈利产出产生积极的影响，而对其他功能，如在孵企业创业产出、技术创新产出及区域

经济产出的影响不大。在孵化基金投入方面，模型 7-1、模型 7-3 和模型 7-5 显示孵化基金的投入对促进在孵企业创业产出、孵化器盈利产出和区域经济产出产生积极的影响，而对技术创新产出和区域就业产出的影响不显著。在基础设施，即孵化场地面积的投入方面，可以看出其对企业孵化器五个功能维度产出都有着显著性的积极作用，从某种程度上可以说，孵化器基础设施投入的利用程度较高，对孵化器的五个功能维度产出都产生了积极的影响。

表 7.1　中国国家级科技企业孵化器五个功能维度的随机前沿分析

指标	模型 7-1（SUR）	模型 7-2（INNO）	模型 7-3（PRO）	模型 7-4（JOB）	模型 7-5（ECO）
常数项	−0.838（0.675）	0.358（0.853）	2.834（0.930）***	1.558（0.464）***	6.412（0.972）***
孵化器管理人员	0.072（0.094）	0.127（0.124）	0.901（0.132）***	0.216（0.069）***	0.076（0.138）
孵化基金	0.068（0.042）*	0.051（0.054）	0.175（0.062）***	0.018（0.031）	0.148（0.062）***
孵化场地面积	0.115（0.083）***	0.328（0.079）***	0.238（0.087）***	0.534（0.045）***	0.374（0.090）***
log	−309.642	−387.740	−416.397	−226.423	−419.472
γ	0.493（0.289）**	0.749（0.084）***	0.714（0.085）***	0.575（0.107）***	0.666（0.121）***
平均效率	0.650	0.485	0.471	0.685	0.483

注：括号内为标准差；$N=945$

*、**、***分别表示变量在10%、5%、1%的水平上显著

表 7.1 中的最后一行是各个功能维度的投入—产出效率。由表 7.1 可以看出，国家级科技企业孵化器的各个功能维度的效率有一定的差异性，其中在孵企业创业维度和区域就业维度的效率值要明显高于其他三个维度的效率值，分别达到了 0.650 和 0.685。

图 7.2 是 2008～2012 年国家级科技企业孵化器五个功能维度效率值。与表 7.1 中的结果相一致的是，国家级科技企业孵化器在促进孵化新创企业成长和增加区域就业两个方面的效率值明显高于其他维度。就促进孵化新创企业成长方面，国家级科技企业孵化器的效率值逐年上升，由 2008 年 0.57 上升到 2012 年的 0.75。同时，国家级科技企业孵化器在获取盈利方面的效率值也呈现上升趋势，表明越来越多的科技企业孵化器开始关注盈利以取得可持续发展。虽然科技企业孵化器在增加区域就业方面的效率值有升有降，但总体呈现上升趋势，由 2008 年 0.58 上升到 2012 年的 0.73；与此相对的是，国家级科技企业孵化器在振兴区域经济方面的效率值反而在下降，这可能与孵化器的规模扩张过快有关。最后，在促进技术转移与创新方面，企业孵化器的效率值总体呈下降趋势。

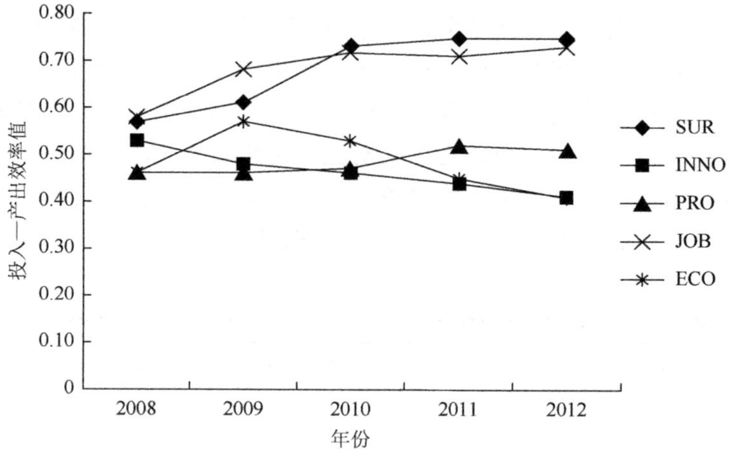

图 7.2　2008～2012 年国家级科技企业孵化器五个功能维度效率值

（二）基于效率类型的孵化行为分析

为了进一步研究科技企业孵化器在每个维度效率的实现情况，即实际孵化行为，本章根据 SFA 方法计算出的 2012 年每家国家级科技企业孵化器在各个维度上的效率值进行聚类分析。下面以五个功能维度为变量，运用 SPSS16.0 进行 K 均值聚类分析，同时进行了层次聚类分析，结果显示聚为 6 类较为合理，快速聚类法的最终聚类中心表如表 7.2 所示。

表 7.2　最终聚类中心表

分类	聚类					
	1	2	3	4	5	6
SUR	0.2494	0.7288	0.8010	0.2810	0.2011	0.1735
INNO	0.2106	0.1490	0.9890	0.6043	0.0977	0.1378
PRO	0.7461	0.1145	0.0720	0.1280	0.0885	0.0877
JOB	0.3024	0.3321	0.8055	0.2637	0.1831	0.2483
ECO	0.2417	0.1509	0.9530	0.1296	0.0873	0.7873

为了更为直接地显示聚类结果，本节将聚类结果用如下雷达图（图 7.3）进行表示。由图 7.3 可知，根据每个维度的相对效率值，可将中国国家级科技企业孵化器划分为六种类型：盈利导向型、创业导向型、普遍高效型、创新导向型、普遍低效型和经济导向型。

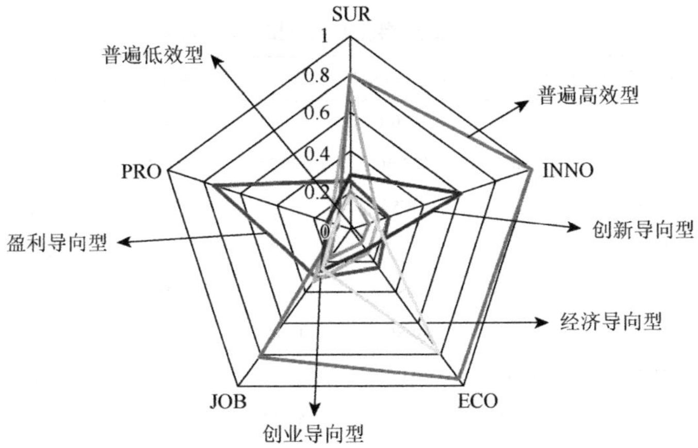

图 7.3　基于国家级科技企业孵化器孵化行为的类型划分

盈利导向型的企业孵化器的特点是盈利维度的效率值显著高于其他四个功能维度的效率值，即盈利维度的效率值达到了 0.74，而其他四个功能维度的效率值只有 0.24、0.21、0.24 和 0.30。数据显示，共有 23 家国家级科技企业孵化器属于盈利导向型孵化器，实际结果也显示，其中的大多数企业孵化器属于私立孵化器性质，因而更加注重获取盈利方面的功能。第二种类型的孵化器称为创业导向型，该类型中的企业孵化器更加擅长孵化高新技术，即在创业维度的效率值（0.72）显著高于其他功能维度的效率值。第三种类型称为普遍高效型，由图 7.3 可知，该类型企业孵化器在四个功能维度都具有较高的效率值，尽管在盈利维度的效率值很低（0.07）。由聚类结果可知，只有两家国家级科技企业孵化器属于该类型，即浙江的湖州科技创业服务中心和江苏的常州钟楼高新技术创业服务中心。这两家企业孵化器都属于公立性质，因此在盈利维度的效率值有所偏低。第四种类型的企业孵化器更加偏重于促进科技成果转移转化，称为创新导向型。该类型企业孵化器的创新维度效率值（0.60）相较于其他功能维度的效率值普遍偏高。第五种类型称为普遍低效型的企业孵化器，即在五个功能维度上的效率值都较低。普遍低效型的企业孵化器数量最多，反映了国家级科技企业孵化器整体上的效率值仍然较低，尽管孵化器在数量和规模上发展较快。最后一种类型称为经济导向型，该类型的企业孵化器在振兴区域经济方面更加高效（0.78），同时其他功能维度的效率值普遍较低。

为了进一步分析这六种类型的科技企业孵化器之间的差异性，本节简单地做了一个单因素方差分析，以找出哪些原因导致企业孵化器在某一功能维度的效率值较高。运用 SPSS16.0 进行 ANOVA（analysis of variance，方差分析），其结果如表 7.3 所示。

表 7.3　企业孵化器类型的 ANOVA

维度	盈利导向型	创业导向型	普遍高效型	创新导向型	普遍低效型	经济导向型	*F* 值
毕业企业数	55.70	213.67	91.00	65.38	76.23	56.17	0.000（13.90）
知识产权数	65.50	51.00	112.50	209.25	48.98	51.83	0.000（29.03）
毕业企业收入	11.88	6.71	18.59	10.17	8.24	39.29	0.000（31.91）
孵化器总收入	62.15	9.40	2.09	8.07	8.04	8.82	0.000（45.73）
就业增加数	2754.80	3918.71	2118.00	1497.54	2318.14	1881.17	0.070（2.06）
孵化年限	11.00	15.85	9.50	11.58	12.81	11.00	0.010（3.10）
创业导师	10.76	8.59	9.00	9.98	9.38	17.67	0.183（1.52）
风险投资	59.41	443.85	—	51.31	51.36	36.09	0.000（7.41）
$QUAL_1$	96%	92%	90%	90%	92%	91%	0.653（0.66）
$QUAL_2$	25%	43%	—	33%	48%	37%	0.030（2.40）

通过单因素方差分析，我们发现了一个有趣的结果：产出越高，则企业孵化器在该功能维度的效率值就越高。表 7.3 显示，创业导向型的企业孵化器毕业企业数（213.67）显著高于其他类型的企业孵化器；创新导向型的企业孵化器知识产权数（209.25）显著高于其他类型的企业孵化器；经济导向型的企业孵化器毕业企业收入最高（39.29），对当地财政税收的影响最大；盈利导向型的企业孵化器的孵化器总收入最高（62.15）；而就业增加数的结果并不显著，因此并不存在“社会导向型”的企业孵化器。单因素方差分析只是简单地对各种类型的企业孵化器之间的差异性做简单的定量分析，为了进一步分析每个功能维度的效率影响因素，在下文中我们分别从不同层面研究孵化器效率的影响因素。

第三节　危机管理视角下孵化器效率影响因素研究

根据 Rice（2002）从合作生产（co-production）的视角分析企业孵化器的观点，孵化器与在孵企业的关系也属于合作生产关系，即孵化器绩效的好坏不是仅取决于孵化器，而是由孵化器和在孵企业共同影响的。换言之，如果在孵企业本身竞争力不足，而无论孵化器有多么优秀的管理团队和齐全的基础设施，其最终的孵化器绩效也不会好。因此，在分析整个孵化器的绩效时，应注意企业本身的影响也至关重要。

本节的研究将转向企业层面，但是企业自成一个系统，因此存在多种内部因素会导致新创企业失败，尽管企业处于孵化器这样一个受保护的环境之中。有关企业绩效的影响因素分析已经有很多的研究，如企业战略（竞争战略、政策战略、业务战略等）对其绩效的影响；创业者特征，如学历、管理经验、前期创业经历、家庭背景等对企业绩效的影响（Peña，2004）；企业的组织机构、企业所在的行业、企业的生命周期等对绩效的影响研究（陈劲等，2008）。显而易见，这些传统的影响因素都是建立在企业稳定运作的基础之上，能够对孵化器的绩效产生重要影响，并且这些影响因素在一定程度上可以被孵化器的服务所弥补。

然而，当企业内部突然爆发具有负面影响的危机事件时，可能会直接导致企业倒闭，这种情况也就谈不上孵化器的绩效了，反而会进一步对企业所在的孵化器产生消极影响。例如，著名的三鹿奶粉事件。从危机管理（crisis management）的视角对孵化器内部企业的层面进行分析，尤其在食品安全问题日益突出的中国具有重要意义。

一、理论与模型

危机指的是会对企业带来潜在的负向影响并且会对企业、员工、产品或服务、声誉等造成损害的事件（Caldiero et al.，2009），从而会进一步损害孵化器的绩效。而产品伤害危机是指关于企业某个产品或服务有缺陷或者对消费者有损害的，并被媒体广泛宣传的事件。产品伤害危机是企业危机事件当中较为普遍的一种，对企业可能是一种灾难，如何最大限度地减轻这种危机事件的伤害是企业面临的一个重要风险管理问题。

产品伤害危机爆发时，企业的最主要任务是构建自己的危机框架，即企业从自身的立场出发去定义危机事件，做出对自己有利的危机诠释，从而引导媒体和公众的关注焦点。危机框架主要包括三个方面：一是框架内容，包括确认危机的责任归属、危机的范围及损害程度、危机类型的划分，以及在危机发生后所展现的“人性化”关怀。二是框架载体，即企业声明（corporate statement），多数情况下在危机爆发后企业都会做出相应的声明，报告企业对事件的认知及采取的举措。企业声明主要有口头声明（如召开新闻发布会）和书面声明（企业官网、权威媒体）两种形式。三是框架推动，即企业运用一定的方式和手段将危机框架扩散到媒体。企业除了可以直接在官方网站和纸质媒体发布信息之外，还可以通过提供资讯津贴（information subsidies）将企业的危机框架植入媒体的议程构建之中，从而做出对自身有利的决策。Griffin 和 Dunwoody（1995）认为，资讯津贴指的是通过控制他人获取和使用特定信息的难易程度，对他人行为施加影响的行为意向。资讯津贴对危机企业至关重要，企业可以借此将自己的危机框架通过新闻媒体进行推送，增加对自己有利报道的同时，减少负面报道。因此，发布声明是企业“推销”自己危机框架的行为，起到了资讯津贴的作用。

新闻媒体引用企业声明是评价企业声明发挥资讯津贴功能的主要指标，即新闻引用越多，则企业声明的资讯津贴功能就越强。新闻引用主要有两种形式：全文引用和部分引用（Caldiero et al.，2009）。全文引用完全包含了企业的危机框架，信息更加全面，因此更加有利于企业；部分引用虽然并不完全包括危机框架，但是也通过媒体进行了信息的宣传和推广，提示公众企业的认知和态度。企业声明的发布内容和形式会对其资讯津贴功能产生重要影响（Deeds et al.，2000），属性主要包括三个方面：发布及时性、发布渠道和发布长度。由图 7.4 可以看出，企业声明的发布及时性、发布渠道和发布长度都能够对新闻引用（全文引用和部分引用）产生影响，新闻引用越高，表示其资讯津贴功能就越强。本节的研究问题是企业声明的哪些属性能够充分发挥其资讯津贴功能，孵化器内外部企业在发挥资讯津贴的功能上是否有明显的差异性？

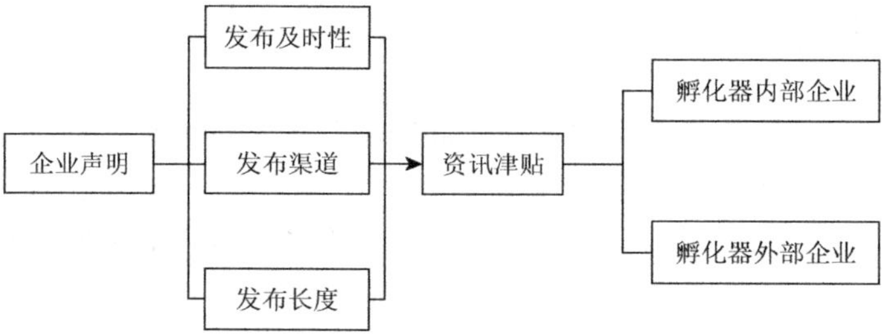

图 7.4　微观在孵企业层面的影响分析

二、变量与数据

在企业产品伤害危机处理方面，危机事件的界定主要依据三个标准：显著地破坏了企业的日常经营、社会环境和声誉；在全国媒体上进行了曝光；引发了公众的信息需求。据此，我们共收集了 2005～2012 年共 92 项企业危机声明。发布声明的主体是设立在中国境内的企业（包括外资企业），其中大部分企业或总部或分部或生产基地都处于地方政府建立的高新区或开发区内。数据的收集主要采用百度高级新闻搜索功能。作为中国主要的新闻搜索引擎，百度公司与各个权威的媒体单位都建立了合作关系，能够搜索和转化经过授权的新闻报道。

资讯津贴主要用全文引用、部分引用和引用总量（全文引用和部分引用之和）三个指标表示，依照 Caldiero 等（2009）的方法，本节中新闻引用的数据均是企业声明发布后 72 小时内的报道量。声明的发布及时性主要用危机爆发的时间到声明发布的时间的小时数来衡量，如危机爆发时间是 2013 年 5 月 1 日上午 10 点，企业在 5 月 2 日的上午 8 点正式发布声明，那么该声明的发布及时性就是 10 小时。企业一般通过三个渠道来发布声明，即官方网站、电子邮件及混合渠道。企业声明发布的长度用全文的字数来表示。

三、实证结果分析

为了找出资讯津贴功能较强(即新闻引用数量较高的)的声明都有哪些特征，本节主要采用单因素方差分析的方法。首先，将全文引用和部分引用作为排序变量，将所有的样本按照降序排列，选择前25个企业声明作为资讯津贴功能较强的标杆。如表7.4所示，分别找出在全文引用和部分引用方面排名前25的企业声明（重复的企业声明已经剔除）在企业声明属性上与排名靠后的企业声明是否有显著差异性。表7.4显示，组1和组2中的发布及时性的均值分别为43.68小时与47.52小时，都显著地小于组3的158.14小时，说明声明的发布及时性与新闻引用成正比，即声明发布得越及时，其资讯津贴功能就越强。在声明发布长度方面，组1中企业声明发布长度平均为386个字，显著地低于组3的543个字的发布长度，由此可见，发布长度与新闻引用成反比，发布长度越短，则全文引用的概率就越高。在发布渠道方面，组1中44.0%和组2中有超过半数（56.0%）的企业选择混合渠道发布声明，而组3中只有21.4%的企业选取混合渠道。综合以上信息，企业要想充分发挥企业声明的资讯津贴功能，应当在产品危机爆发的48小时内及时发布声明，运用混合渠道进行多方面的发布，同时声明长度控制在400个字左右。

表7.4 企业声明分组的ANOVA

变量	组1：以全文引用排序的前25个声明		组2：以部分引用排序的前25个声明		组3：其他56个声明	
	均值	标准差	均值	标准差	均值	标准差
发布及时性	43.68^{b}	41.41	47.52^{b}	71.96	158.14^{b}	235.81
发布长度	386^{b}	178	432	216	543^{b}	268
发布渠道	频数	百分比	频数	百分比	频数	百分比
官方网站	10	40.0%	7	28.0%	22	39.3%
电子邮件	4	16.0%	4	16.0%	22	39.3%
混合渠道	11	44.0%	14	56.0%	12	21.4%

以b为上标的变量在5%的水平上存在显著差异

由表7.5可以看出，孵化器内部企业全文引用数量要显著地高于外部企业（$p=0.009$），即孵化器内部企业的企业声明的资讯津贴功能要比外部企业发挥得更好。而部分引用方面两者之间并没有显著的差异性。在企业声明的属性方面，孵化器内外部企业在声明的发布长度方面并没有明显的差异性，但是孵化器内部企业发布及时性（77.19 小时）显著地高于孵化器外部企业（184 小时）。在声明的发布渠道方面，孵化器内部企业更多地注重通过官方网站发布，而外部企业更多地通过电子邮件发布，孵化器内部企业中有 29.5%的企业和孵化器外部企业中有 22.2%的企业选择混合渠道发布声明。总的来说，孵化器内部企业中声明发布的资讯津贴功能要优于孵化器外部企业，尤其是在声明的发布及时性方面有很强的优势性。造成这一差异可能与企业所在的孵化器有关，因为一些孵化器也提供风险管理相关的咨询和服务，能够对没有危机处理经验的新创企业提供很好的指导；也可能是产品危机处理能力强的企业倾向于进入孵化器，这类企业遇到危机时能够快速地做出反应，明显具有更强的生存能力，这对孵化器绩效也能产生良好的促进作用。

表 7.5　孵化器内外部企业新闻引用与声明发布的 ANOVA

变量	孵化器内部企业		孵化器外部企业	
	均值	标准差	均值	标准差
全文引用	82[a]	92.73	40[a]	73.18
部分引用	449	284.39	497	290.22
发布及时性	77.19[c]	122.24	184.00[c]	268.92
发布长度	450	228.18	374	205.90
发布渠道	频数	百分比	频数	百分比
官方网站	33	37.5%	6	33.3%
电子邮件	29	33.0%	8	44.4%
混合渠道	26	29.5%	2	22.2%

以 a 为上标的变量在 10%的水平上存在显著差异；以 c 为上标的变量在 1%的水平上存在显著差异

第四节　战略小生境视角下孵化器效率影响因素研究

作为整个孵化系统宏观或者微观的管理者，孵化器管理者的管理行为会对孵化器绩效产生重要的影响。关于孵化器管理者对孵化效率的影响，事实上已经有一部分文献进行过研究，但多数是从孵化器管理者的特征及其所提供的服务这一视角进行研究，并且关于孵化器管理者如何整合孵化器内外部的资源来推动孵化行为，少有文献进行研究。本节从战略小生境管理（strategic niche managemet，SNM）这一视角出发，将小生境这一理论引入孵化器的概念中，探究孵化器管理者在多大程度上扮演了 SNM 中小生境管理者这一角色，或者说孵化器管理者对孵化器内部资源的整合是否达到了预期的效果。

一、理论与模型

小生境是一个比较广泛的概念，在现实中会以多种形式出现，如前文提到的新能源汽车试点城市，但是小生境的一个最重要的功能就是为“脆弱的”新技术提供一个区别于主流体制的局部环境，以保护新技术免受主流市场中的压力，使新技术在小生境特殊的保护下得以缓慢发展并逐渐成熟，并且在成熟后会突破小生境慢慢渗透到主流市场中。小生境对新技术的保护可以以多种形式实现，而为新技术提供各种低于市场价格的服务支持就是一个很好的保护形式。从这一点可以看出，科技企业孵化器算是一个典型的小生境系统，为保护“高失败率”的高新技术企业而建立的一个区域性的环境。在该环境中，孵化器为高新技术企业提供各种廉价的场地、租金、公共设施、管理咨询、技术服务、网络化服务等，使高新技术企业避免在成立之初就受到主流市场中其他成熟企业的竞争压力，使高新技术企业得以存活，并且在成熟之后需要离开孵化器的保护，进入主流市场中进行公平竞争。因而，科技企业孵化器是扮演着小生境的功能的，或者说孵化器是小生境漫长发展过程的一个重要阶段。

显而易见，孵化器管理者扮演了小生境管理者这一角色。本节中的孵化器管理者指的是孵化器当中的全职员工，对内与在孵企业建立联系，为其提供各种直接的服务，对外与政府、高校、科研院所及中介机构建立联系来间接提供孵化服务，因此孵化器管理者处于整个孵化器网络的中心位置，协调并控制着整个孵化器资源。根据 SNM 理论，小生境的成熟主要依赖于三个进程的推动，即期望、网络和学习的构建，而小生境管理者对这三方面的构建能够加速推动小生境的发展。在科技企业孵化器当中，孵化器管理者在多大程度上扮演了小生境管理者的角色呢？根据 SNM 理论，小生境三个内部进程对小生境的发展有着积极的作用。因此本节构建如下模型（图 7.5），即孵化器管理者在期望（expectations）、网络（networks）和学习（learning）的构建上会对孵化器五个功能维度的效率产生积极影响。

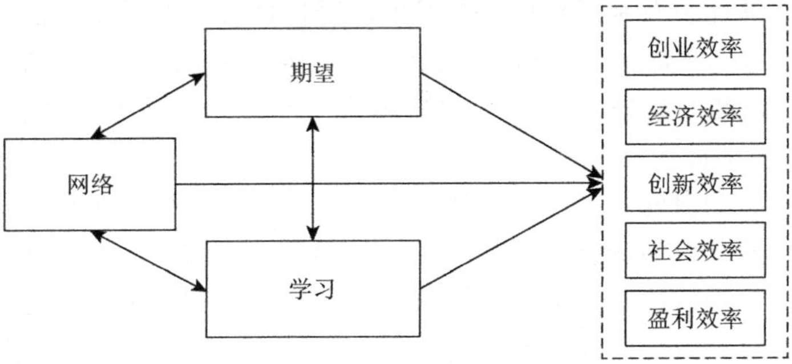

图 7.5　中观科技企业孵化器层面的影响分析

二、变量与数据

模型（图 7.5）中的因变量是在第六章中计算出的科技企业孵化器五个功能维度的效率值。

自变量主要包括期望、网络和学习三个方面。

第一，期望反映了小生境网络中的各个行动者对新技术的期望，期望越高，各个行动者对其投入的资源就越多。因此，对于孵化器及当中的新创企业，孵化器每年所接受到的各种投资可以在一定程度上衡量各个行动者的期望，投入越多，表示期望越高。本章用平均每家在孵企业所接受到的累计服务平台投资额和风险投资额来表示政府、高校、科研院所、企业、中介机构、个人等各个行动者对企业孵化器的期望值。

第二，随着知识经济的到来，网络的作用越来越受到各方的重视。孵化器管理者对网络的构建主要表现在两个方面：一方面是孵化器的内部网络，包括孵化器与在孵企业之间的网络及在孵企业之间的网络；另一方面是孵化器的外部网络，包括孵化器和在孵企业与诸如政府、高校、企业、中介机构等组成的网络。这里，内部网络用企业孵化器中在孵企业数表示，因为一个区域中企业数越多，则企业间相互联系、产生网络的概率就越大（Hu，2007）。而孵化器管理者对外部网络的构建程度用孵化器是否与高校及科研院所建立联系来表征（是 = 1；否 = 0）。一方面，国家级科技企业孵化器必然会与各级政府建立或多或少的联系，因此与政府的联系不加考虑；另一方面，孵化器的外部网络还包括孵化器和在孵企业与孵化器外部的企业、中介机构及个人之间的联系，但由于数据的缺失性，这部分联系并未考虑。

第三，学习对新技术的成熟至关重要，只有对新技术及相关系统进行充分了解，才能更好地支持新技术的发展。孵化器管理者对孵化器环境内学习效应的构建主要体现在其所提供的服务上，各种类型的服务能够帮助新创企业获取更多的知识和信息，从而更有利于新技术的发展。孵化器管理者对在孵企业所提供的服务大致可以分为两种类型，即管理服务和技术服务（Scillitoe and Chakrabarti，2005，2010），由于数据的缺失性，这里的管理服务和技术服务都用虚拟变量来表示（1 = 提供；0 = 不提供）。

除了因变量和自变量之外，本节在模型中加入了两个控制变量，这些变量在一定程度上可能会对因变量产生影响。Bruneel 等（2012）认为相较于早期的企业孵化器，新成立的孵化器有更好的绩效。前文也阐述了国家级科技企业孵化器随着时间的推移逐渐成熟，因此本节引入孵化年限这一变量，孵化年限为从成立时间到 2014 年。孵化器管理者的素质也可能会对孵化效率产生影响，高素质的管理人员能够提供更加有效的服务，这里分别用孵化器管理者中大专以上学历人员所占比重和在孵企业人员中大专以上学历人员所占比重来表示。实证分析部分将采用多元线性回归方法，并采用逐步回归的方法，以检验孵化器管理者的哪种构建比较成功。

三、实证结果分析

表 7.6～表 7.10 分别表示创业效率、创新效率、经济效率、社会效率和盈利效率的回归结果，其中，模型 7-6 为对控制变量的回归结果，模型 7-7 中加入了期望变量，模型 7-8 中加入了网络变量，模型 7-9 中加入了学习变量。

表 7.6　创业效率回归结果（$N=945$）

指标	模型 7-6	模型 7-7	模型 7-8	模型 7-9
常数项	0.505（0.760）***	0.632（0.839）	0.981（0.828）	1.012（0.783）
控制变量				
孵化年限	−0.958（0.081）***	−0.818（0.077）***	−0.762（0.077）***	−0.750（0.072）***
管理人员素质	0.087（0.144）	0.045（0.133）	0.105（0.132）	0.059（0.124）
期望				
服务平台投资		0.025（0.030）	0.011（0.030）	0.012（0.028）
风险投资		0.319（0.040）***	0.364（0.042）***	0.303（0.040）***
网络				
内部网络			−0.239（0.070）***	−0.185（0.067）***
外部网络			−0.160（0.071）***	−0.128（0.067）**
学习				
管理服务				0.498（0.071）***
技术服务				0.084（0.125）
调整后的 R^2	0.12	0.15	0.20	0.20

注：括号内为标准差

、*分别表示变量在5%、1%的水平上显著

表 7.7　创新效率回归结果（$N=945$）

指标	模型 7-10	模型 7-11	模型 7-12	模型 7-13
常数项	0.589（0.560）**	0.732（0.629）**	0.811（0.748）*	0.965（0.823）***
控制变量				
孵化年限	−0.872（0.078）*	−0.728（0.071）**	−0.682（0.065）**	−0.780（0.069）***
管理人员素质	0.078（0.104）	0.052（0.113）	0.095（0.223）	0.049（0.154）

续表

指标	模型 7-10	模型 7-11	模型 7-12	模型 7-13
期望				
服务平台投资		0.035（0.041）	0.038（0.041）	0.032（0.054）
风险投资		0.258（0.051）*	0.294（0.039）**	0.313（0.040）*
网络				
内部网络			–0.189（0.068）***	–0.205（0.059）***
外部网络			0.178（0.069）***	0.189（0.056）**
学习				
管理服务				0.568（0.069）**
技术服务				0.079（0.145）*
调整后的 R^2	0.13	0.15	0.18	0.20

注：括号内为标准差

*、**、***分别表示变量在 10%、5%、1%的水平上显著

表 7.8　经济效率回归结果分析（$N=945$）

指标	模型 7-14	模型 7-15	模型 7-16	模型 7-17
常数项	0.785（0.721）***	0.654（0.781）***	0.871（0.741）***	0.912（0.673）***
控制变量				
孵化年限	–0.748（0.069）***	–0.758（0.072）***	–0.852（0.074）***	–0.762（0.081）***
管理人员素质	0.075（0.132）	0.065（0.141）	0.0855（0.112）	0.087（0.104）
期望				
服务平台投资		0.031（0.026）*	0.041（0.025）**	0.052（0.021）**
风险投资		0.429（0.036）***	0.544（0.051）***	0.563（0.042）***
网络				
内部网络			–0.287（0.064）*	–0.174（0.065）**
外部网络			–0.174（0.063）	–0.137（0.078）
学习				
管理服务				0.571（0.069）**
技术服务				0.078（0.165）
调整后的 R^2	0.15	0.19	0.19	0.20

注：括号内为标准差

*、**、***分别表示变量在10%、5%、1%的水平上显著

表 7.9　社会效率回归结果分析（$N=945$）

指标	模型 7-18	模型 7-19	模型 7-20	模型 7-21
常数项	0.565（0.645）**	0.782（0.569）**	0.891（0.678）***	0.872（0.683）***
控制变量				
孵化年限	−0.898（0.075）***	−0.856（0.075）***	−0.763（0.054）***	−0.756（0.042）***
管理人员素质	0.078（0.156）	0.078（0.114）	0.145（0.121）	0.089（0.141）
期望				
服务平台投资		0.455（0.023）	0.074（0.019）	0.045（0.018）
风险投资		0.321（0.014）	0.544（0.045）*	0.873（0.041）
网络				
内部网络			−0.259（0.048）*	−0.175（0.056）*
外部网络			−0.178（0.048）	−0.119（0.047）
学习				
管理服务				0.050（0.079）
技术服务				0.046（0.045）
调整后的 R^2	0.06	0.07	0.07	0.08

注：括号内为标准差

*、**、***分别表示变量在10%、5%、1%的水平上显著

表 7.10　盈利效率回归结果分析（$N=945$）

指标	模型 7-22	模型 7-23	模型 7-24	模型 7-25
常数项	0.685（0.768）***	0.674（0.871）	0.874（0.814）	1.001（0.983）
控制变量				
孵化年限	−0.878（0.061）***	−0.881（0.064）***	−0.734（0.065）***	−0.787（0.064）***
管理人员素质	0.075（0.163）	0.041（0.125）	0.136（0.156）	0.025（0.164）
期望				
服务平台投资		0.035（0.074）*	0.054（0.025）*	0.027（0.036）*
风险投资		0.519（0.041）**	0.454（0.036）***	0.387（0.064）***
网络				
内部网络			0.278（0.034）***	0.154（0.084）***
外部网络			0.198（0.065）**	0.134（0.034）**
学习				
管理服务				0.858（0.069）***
技术服务				0.074（0.164）
调整后的 R^2	0.16	0.17	0.19	0.21

注：括号内为标准差

*、**、***分别表示变量在10%、5%、1%的水平上显著

由表 7.6 可以看出，孵化器管理者对期望的构建对创业效率有着不同的影响，其中风险投资对在孵企业创业效率有着显著的积极影响，而服务平台投资的影响并不显著。这可能与资源的使用效率有关，风险投资一般来自外部投资者，较为关注投资回报，因而投资的对象都是经过严格筛选后绩效较好的企业；而服务平台投资多来自企业孵化器的资金，多属于不求回报的公共投资性质，因而对新创企业的存活和发展的影响并不如风险投资那么显著。网络的作用显示了孵化器管理者对网络的构建是比较失败的：内部网络和外部网络对在孵企业创业效率反而产生了显著的负影响。对于内部网络，可能与选取的指标相关，区域中企业的数量越多，表示产生网络的可能性就越大，但并不意味着一定会发挥网络的作用。事实上，中国很多企业选择入驻孵化器的最重要原因之一就是可以享受廉价的租金、设施和优惠的政策，因而很少能够主动地与孵化器内其他企业进行交流和联系，从而导致内部网络效应发生变质。在外部网络方面，孵化器与大学的联系越紧密，其孵化新创企业的效率反而越低。这与大学—孵化器联系的特征相关，据统计，60%以上从大学流出的科技成果都不成熟，仅仅是一个模型而已（Thursby et al.，2001；Thursby and Thursby，2002），并且大学在对孵化器进行技术转化以后就不管不顾，导致相关后续服务不到位，使很多新创企业由于技术无法得到解决而失败。孵化器中学习对在孵企业创业效率产生了一定的积极影响，其中管理服务在 1%的显著性水平上对在孵企业创业效率有着正向影响，但是技术服务的影响并不显著。这也与大多数学者的研究相一致。科技企业孵化器中的企业都是高新技术企业，都是建立在一种或几种特定的技术之上的，这些企业最缺乏的就是管理上的知识（Bruneel et al.，2012），如何更好地把自身的新技术更好、更快地变成产品并推向市场，从而实现商业化，成为在孵企业管理者亟待解决的难题。因而孵化器管理者所提供的相关管理服务能够很好地帮助在孵企业的管理者；另外，由于本身能力的限制，孵化器管理者很难对孵化器内所有的企业提供对口的技术服务。

创业是指高新技术企业的存活率，而创新关注的是企业孵化器创新能力的提高，相关系数显示两者有一定的正相关性，即在孵企业技术创新能力对其存活和发展有着正向的影响。关于企业孵化器管理者对期望构建的影响表明风险投资显著地提高了在孵企业的技术创新能力，而服务平台投资的影响并不显著。基于此，我们可以假设风险投资提升了在孵企业的技术创新能力，从而进一步促进了在孵企业的存活和发展，即企业技术创新能力成为风险投资和企业绩效的中介变量，鉴于该主题已经超出本章的研究范围，因此这里不再赘述。与网络对在孵企业创业效率的影响不同的是，外部网络，即与大学的联系有利于企业孵化器创新效率的提升。在外部网络方面，孵化器与大学的联系越紧密，孵化器获取的知识产权数量越多，这也与常识相一致，毕竟科技企业孵化器知识产权申请有一部分来自大学和科研院所。孵化器中学习的影响并没有显著性的改变，管理服务对创新效率产生了一定的积极影响，但是技术服务的影响显著性较低（表 7.7）。

表 7.8 是针对科技企业孵化器在振兴区域经济方面的效率分析，逐步回归的结果显示，孵化器管理者在期望构建方面的影响力最大（$R^2 = 0.19–0.15 = 0.04$），其中风险投资和服务平台投资对孵化器经济效率都有着显著的正向影响。这里，振兴区域经济用的是毕业企业收入来表示毕业企业对当地经济的贡献，因此服务平台投资和风险投资对企业存活与发展都比较重要。网络对孵化器促进经济效率仍然有着部分的影响，其中内部网络对经济效率有着显著的负向影响，这与前述研究相一致。但是外部网络，即与大学的联系并没有提高孵化器对经济效率的贡献程度，事实上，大学转移过来的新技术具有高风险，使新技术难以成功，导致该项新技术转化为实际生产力仍然较难，这也是科技成果转移转化的问题所在。孵化器中学习对创业效率产生了一定的积极影响，其中管理服务在 5%的显著性水平上对经济效率有着正向影响，但是技术服务的影响并不显著。

表 7.9 是孵化器管理者对增加区域就业方面效率的影响，但是实证结果显示各个模型拟合度较低（最大的 R^2 只有 0.08），并且多数变量的结果并不显著，因此本节对这一模型不加讨论。

由表 7.10 可以看出，孵化器管理者对期望的构建对孵化器盈利效率有着不同的影响，其中风险投资和服务平台投资对孵化器盈利效率都有着显著的正向影响。同样，内部网络和外部网络对盈利效率有着正向影响，即孵化器内部企业越多、与大学联系越紧密，孵化器的盈利效率就越高。管理服务对孵化器盈利效率仍然是正向影响，但是技术服务的影响仍然不显著。表明管理服务有助于提高孵化器的盈利效率。

有趣的是，在研究孵化效率的影响因素时，作为控制变量的孵化年限对各个效率有显著的负向影响，表示中国孵化器成立的时间越短，其各方面的效率值越高，反映了中国科技企业孵化器正在朝着好的方向演化。另外，管理人员素质，即孵化器中大专以上学历人员所占比重并没有带来孵化器效率的提升，这与国家级科技企业孵化器的特殊性有关，科技部有明确规定，认定国家级科技企业孵化器应具备“管理人员中具有大专以上学历的占 90%以上”的条件，从而导致各个国家级孵化器中管理人员素质没有显示出差异性。

第五节 Jacobs 外部性视角下孵化器效率影响因素研究

上文中孵化器管理者的影响因素分析结果显示，孵化器管理者的影响只解释了部分原因。根据知识外溢理论，企业孵化器很可能会受到来自所在地区特征的影响。对此，我们将科技企业孵化器按照传统的地域划分方法划分为东部、中部和西部地区的企业孵化器，结果显示，在五个功能维度的效率值上，东部地区的效率值都大于中部地区，而中部地区的效率值都大于西部地区（图 7.6）。因此，本节认为城市外部性会大大地影响科技企业孵化器的效率。

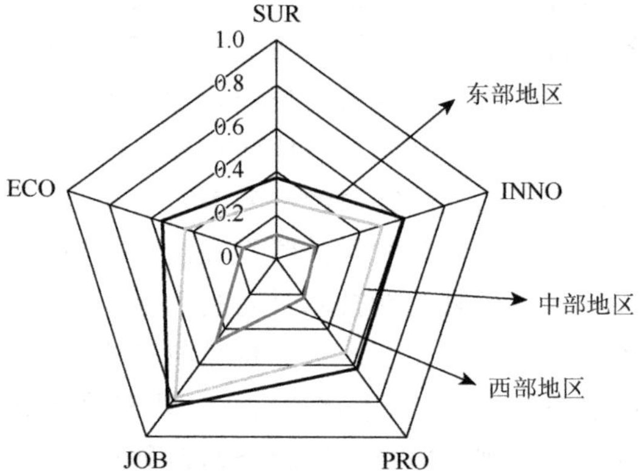

图 7.6　科技企业孵化器效率的区域分布

一、理论与模型

关于 MAR（Marshall-Arrow-Romer）外部性和 Jacobs 外部性之间的分歧，很多学者进行了实证检验，本章基于 Jacobs 外部性的观点，即不同产业之间的知识溢出更加有利，探究城市外部性对企业孵化器效率的影响。根据 Hu（2007）的观点，大城市能够为企业提供稳定的市场和充足的资源，同时，大城市的产业结构和创新行为也更加多样化，从而为差异化的知识碰撞提供了空间。因此，这种差异化所带来的知识溢出能够对当地的孵化器产生重要影响。现实当中，科技企业孵化器的发展必然都会带有一定的地域性，所在城市的发展与企业孵化器的发展是密切相关的。不同的城市其资源禀赋的不同会对相应的企业孵化器产生不同的影响，本节着重分析企业孵化器所在城市的经济资源、教育资源及对外开放程度对孵化效率的影响，如图 7.7 所示。

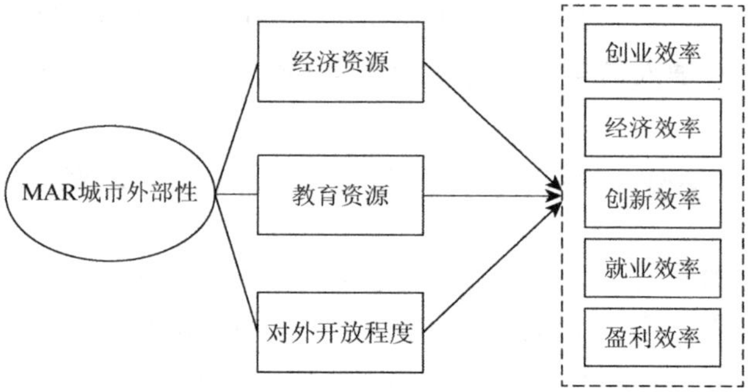

图 7.7　宏观区域层面的影响分析

二、变量与数据

对于因变量，仍然是企业孵化器五个功能维度的效率值，所在城市的经济资源、教育资源和对外开放程度则是自变量。经济资源用所在城市的地区生产总值来表示，一个城市的经济越发达，其所提供的资源就越多，劳动力市场就越丰富，相关配套设施就越齐全，因而越有利于当地孵化器的发展（Hu，2007）。教育资源用所在城市所拥有的高校的数量（UNI）这一指标来表示。高校数量越多，与孵化器发生联系的可能性就越大，越有利于高校最新知识的流入（Hu，2007）。对外开放程度用外商直接投资（FDI）这一指标表示。外商直接投资是研究知识溢出常用的指标，一般认为，外商直接投资能够带来资金流量的同时，通过知识溢出能够带来先进的管理经验和技术手段。

三、实证结果分析

表 7.11 中的模型 7-26～模型 7-30 分别表示创业效率、经济效率、创新效率、就业效率和盈利效率的回归结果。

表 7.11　城市外部性对孵化效率的影响（$N = 945$）

指标	模型 7-26	模型 7-27	模型 7-28	模型 7-29	模型 7-30
常数项	0.976（0.478）**	0.772（0.841）	6.730（0.993）***	1.554（0.367）***	2.633（0.868）***
微观在孵企业层面					
企业竞争力	0.222（0.016）***	0.339（0.080）***	0.359（0.100）***	0.511（0.041）***	0.295（0.087）***
中观科技企业孵化器层面					
孵化年限	0.103（0.076）	0.072（0.120）	0.077（0.144）	0.204（0.067）***	0.876（0.132）***
管理人员素质	0.014（0.014）	0.004（0.051）	0.118（0.060）**	0.030（0.030）	0.120（0.053）**
服务平台投资	1.008（0.939）	13.825（9.150）*	15.015（22.202）	−2.096（1.670）	36.105（15.18）**
风险投资	0.056（0.151）	−0.954（0.799）	−0.101（0.768）	−1.422（0.505）***	−0.123（1.078）
内部网络	−0.073（0.033）**	−0.167（0.121）*	−0.150（0.230）	0.471（0.213）**	−0.097（0.157）
外部网络	0.279（0.232）	−0.180（0.880）	−0.528（1.094）	−0.641（0.795）	−1.147（1.933）
管理服务	−0.066（0.075）	−0.167（0.233）	−0.307（0.406）	−0.653（0.245）***	−0.216（0.627）
技术服务	0.082（0.113）	−0.360（0.504）	−0.554（1.273）	−0.290（0.235）*	−1.981（1.057）**
宏观区域层面					
经济资源	0.137（0.069）**	−0.300（0.273）	−0.239（0.277）	−0.156（0.169）	0.329（0.426）
教育资源	−0.091（0.063）*	−0.305（0.272）*	0.618（0.961）*	−0.033（0.136）	−0.007（0.535）
对外开放程度资源	0.997（0.000）***	0.775（0.107）***	0.667（0.302）**	0.703（0.071）***	0.859（0.037）***
调整后的 R^2	0.26	0.37	0.39	0.46	0.50

注：括号内为标准差

*、**、***分别表示变量在10%、5%、1%的水平上显著

由模型 7-26 可以看出，所在城市对企业孵化器的创业效率产生较强的外部性，其中城市的经济规模对当地科技企业孵化器的创业效率有着显著的正向影响，即所在城市的地区生产总值越高、企业孵化器在孵化新企业方面的效率就越高。另外，对外开放程度对创业效率有显著的正向影响，但是教育资源却有着显著的负向影响。这在某种程度上与第六章的研究结果相似，主要原因是高校产生的新技术具有高风险性，且高校很少参与后续的技术转移与转化工作，导致新创企业很难吸收、利用新技术。这从一定程度上反映了外资企业对科技企业孵化器的知识溢出反而比当地高校更为成功。

模型 7-27 中，城市的教育资源对经济效率的影响仍然为负，表示一个城市高校数量越多，对应的企业孵化器经济效率反而越低。这是可以理解的，经济效率反映了毕业企业的收入，而高校的新技术不利于新创企业的存活与发展，从而导致毕业企业收入的减少，进一步导致当地财政收入的降低。对外开放程度对企业孵化器的经济效率有着显著的正向影响，表示所在城市获取的外商直接投资越多，对应的科技企业孵化器毕业企业收入就越多。值得注意的是，所在城市的经济资源并没有显示出对经济效率的正向影响，这可能与科技企业孵化器的产值占当地地区生产总值的比重仍然较低有关。

模型 7-28 中，教育资源对创新效率有着显著的正向影响，反映了所在城市的高校数量越多，科技企业孵化器在获取知识产权方面的效率就越高。这也与国家的政策导向相符合，现在越来越多的科技企业孵化器与高校和科研院所都建立了相关联系，高校的科研产出也越来越多地流入到企业孵化器中去实现商业化。同样，对外开放程度与创新效率也有着显著的正向关系。

模型 7-29 和模型 7-30 中城市的经济资源与教育资源对就业效率和盈利效率的影响都不显著，但对外开放程度除外。纵观五个模型，可以看出城市外部性对当地科技企业孵化器孵化效率的影响并不显著，但外商直接投资除外。与外商直接投资形成鲜明对比的是，当地高校对除了创新效率以外的其他四个孵化效率都产生了负向影响，这在一定程度上说明了外资企业比当地高校对科技企业孵化器的知识溢出更为有利。

第六节　科技企业孵化器孵化效率的治理机制分析

如前文所述，我们首先勾画了科技企业孵化器的五个功能维度，即在孵企业创业维度、技术转移与创新维度、孵化器盈利维度、区域就业维度及区域经济维度，同时利用数据测算了我国科技企业孵化器各个维度的效率值。更为重要的是，我们分别从微观在孵企业层面、中观科技企业孵化器层面和宏观区域层面探讨了影响科技企业孵化器效率的因素，从而得出了一些具有理论和实践参考价值的结论。在本节中，我们将根据这些结论对科技企业孵化器孵化效率的治理机制进行分析。

一、建立合理的危机应对框架

通过对比和分析孵化器内外部企业声明的资讯津贴功能，发现孵化器内部企业声明的资讯津贴功能要比外部企业发挥得更好，主要表现为：孵化器内部企业发布企业声明的及时性显著高于孵化器外部企业；在企业声明的发布渠道方面，孵化器内部企业更多地注重通过官方网站发布，而外部企业更多地通过电子邮件发布；但是孵化器内外部企业在声明的发布长度方面并没有明显的差异性。从中可以看出科技企业孵化器可以为在孵企业或新创企业提供风险管理相关的一些咨询和服务，能够对没有危机处理经验的新创企业提供很好的指导。

科技企业孵化器不仅通过提供场地、共享设施和孵化服务来提高新创型高新技术企业的存活率，而且需要在新创企业遭遇危机事件时为其提供合理、有效的危机应对框架，这主要包括三个方面：第一，及时发布企业声明（48 小时内）；第二，通过官方网站和电子邮件的混合渠道发布企业声明；第三，有效地控制企业声明的长度（400 个字左右）。科技企业孵化器通过企业声明三种属性的有效匹配将能够最大限度地发挥资讯津贴功能，从而有效地处理危机事件。

二、发挥孵化器管理者统筹协调的作用

在第四节中，我们基于 SNM 的视角深入探讨了孵化器管理者在孵化在孵企业或新创企业过程中所起到的重要作用，具体表现为三个方面——期望、网络和学习的构建，小生境管理者通过对这三方面的构建能够加速推动小生境的发展。根据实证分析的结果，孵化器管理者处于整个孵化器网络的中心位置，协调并控制着整个孵化器资源。因此，为提高科技企业孵化器的效率，应该充分发挥孵化器管理者的统筹协调能力，主要包括以下几个方面的内容。

第一，建立严格的项目筛选机制，提高外界行动者对在孵项目的投资期望。孵化器管理者首先应该在孵化项目和创业团队的选择上建立严格的筛选机制，选择具有发展前景和市场潜力的新项目，从而提高外界各个行动者对新项目的期望，期望越高，各个行动者对其投入的资源就越多。此外，从孵化器投入资金的来源来看，风险投资对创业效率有着显著的积极影响，而服务平台投资的影响并不显著。因此，孵化器管理者应当指导和协助新创企业对来自政府、高校和科研院所等投入的公共资金的使用，更多地将公共资金投入到自身核心竞争力的建设上去。

第二，搭建孵化器内外部合作网络。科技企业孵化器本身就是一个区域性的网络集合，该网络内部包括众多的社会行动者，如孵化器管理者、企业家、员工、政府、高校、科研院所、金融机构、投融资公司及中介服务机构等，孵化器网络将在孵企业与内外部相关利益体紧密联系起来，为新创企业的成长提供各种服务和资源。从实证结果来看，孵化器搭建的外部网络对除了创新效率以外的其他孵化效率具有负向作用，表现出坏网络（bad networks）的作用。孵化器外部网络包括创新型企业、企业家、高等教育机构、政府机构等行动者，这些组织可以带来新的创新知识和创意。然而，“坏网络”这一发现表明了中国科技企业孵化器与外部合作的困境。一个典型的原因是，从外部获取的新技术具有高风险性和不确定性。例如，中国新创企业的新技术多数来源于大学发明，而这些技术可能仅仅是一个概念证明。此外，大学将技术发明转让给企业后，很少参与具体的技术转移和转化工作，使新创企业很难吸收和利用这些新技术。因此，孵化器应加强与外部合作，如大学和科研机构。最有效的方式是通过定期的会议和讨论来加强彼此之间的沟通合作。

第三，加强对在孵企业的孵化服务，发挥管理者专业能力。对于孵化器管理者来说，管理者的支持能够有效地帮助在孵企业吸收和消化从外部获取的知识。本节的实证研究结果为中国孵化器管理层给新创企业提供具体的支持机制和新的见解。具体来说，中国孵化器管理层可能具有较强的专业能力来为在孵企业提供市场营销方面的服务，尤其在帮助在孵企业学习消费者偏好等方面。但是，中国孵化器管理层也应该清醒地认识到他们在技术支持方面，尤其在多元化孵化器（diversified business incubators，DBIs）中能够直接给在孵企业提供技术援助的能力是有限的。在此情境下，中国孵化器管理层也需要意识到专业化战略有利于管理层有针对性地提供某一具体技术领域的技术支持，从而更好地促进在孵企业成长。

三、充分发挥城市正外部性优势

科技企业孵化器的发展必然带有一定的地域性，所在城市的发展与企业孵化器的发展是密切相关的。不同的城市其资源禀赋的不同会对相应的企业孵化器产生不同的影响。因此，科技企业孵化器应当合理选择地理区位，充分利用城市正外部性优势，具体包括以下几个方面。

第一，充分发挥地区经济发展带来的正外部性优势。一个城市的经济越发达，所提供的资源就越多，劳动力市场就越丰富，相关配套设施就越齐全，因而更有利于当地孵化器的发展。此外，经济发达地区的产业结构和创新行为也更加多样化，从而为差异化的知识碰撞提供了空间，这种差异化所带来的知识溢出亦能够对当地的孵化器产生重要影响。因此，一方面，科技企业孵化器应当结合自身的发展特点和区域资源特征，合理选择地理区位；另一方面，各地区政府应该积极促进产业结构升级，构造多元化和多样化的产业结构，为科技企业孵化器的发展提供更多的细分市场。

第二，构建鼓励高校、研究所等科研机构的创新向企业流动的整合体系，完善产学研合作网络。实证结果表明，地区教育资源对科技企业孵化器效率的提升有着显著的负向影响。这在某种程度上与第六章的研究结果相似，主要原因是高校产生的新技术具有高风险性，且高校很少参与后续的技术转移与转化工作，导致新创企业很难吸收、利用新技术。因此，通过鼓励高校和科研机构的科技研究人员走出实验室，走进企业，实现知识和技术在企业中能够得以吸收与利用。

第三，进一步提高地区的开放程度，促进知识流动和溢出。对外开放不仅能够给地区带来资金流量，也可以通过知识溢出带来先进的管理经验和技术手段。因此，对于政府来说，可以通过合适的制度性安排和政策制定，吸引外商投资，提高地区的开放程度；对于企业来说，应当加强与外资企业的合作，积极搭建合作和联盟网络，实现优势互补，将外资企业纳入区域技术创新系统中来，提升区域技术创新网络的自主创新能力，实现区域经济的跨越式发展。

第八章 科技企业孵化器区域依存关系对孵化器绩效的影响与治理研究

过去20多年，世界各地企业孵化器发展迅速，尤其是发展中国家，如中国、巴西和土耳其等。相比于西方发达国家，中国科技企业孵化器行业兴起较晚，发展时间较短，但演化历程具有一定的特征。截至2015年底，中国科技企业孵化器数量达到2536家，众创空间数量达到2345家，共计4881家，占全球总数近一半，成为全球孵化器数量最多的国家。2016年我国拥有科技企业孵化器数量3259家，2014～2016年的增长量相当于过去20多年的总和。但是，我国科技企业孵化器近15年，尤其是近10年来在数量上的疯狂增长引起了业界专家和学者的担忧。

一些业内人士和学者认为尽管中国科技企业孵化器目前看似处于繁荣发展阶段，但是实则存在大量的泡沫，中国孵化器行业将遭遇寒冬，中小型孵化器或将大面积倒闭。基于近10年来我国科技企业孵化器在数量上疯狂增长和近几年孵化器平均绩效逐渐下降的现实，我们不禁提出这样的问题：中国科技企业孵化器在数量上的快速增长是否有利于促进科技型中小企业的成长和提升孵化器的绩效？

从理论上来看，纵观国内外学者在企业孵化器绩效影响因素方面的研究，这些研究虽然让我们对影响孵化器绩效的因素有了全面深入的认识和了解，但是这些文献在研究孵化器绩效时将区域孵化器彼此之间看成相互独立的个体，对孵化器之间的关系研究相对匮乏，尤其区域内孵化器之间的关系对个体孵化器绩效的影响机制研究亟待加强。为此，本章把组织生态理论引入企业孵化器绩效影响因素的研究中来，将科技企业孵化器看成是一个组织社区，基于组织生态理论和密度依赖理论，提出区域内孵化器社区之间存在着依存关系（interdependence），并深入探讨随着区域孵化器数量的不断增长，区域内孵化器社区间的依存关系对个体孵化器绩效的影响，以期解决“中国科技企业孵化器在数量上的不断增长是否有利于培育科技型中小企业和促进自身增长”这样的现实问题。

第一节 科技企业孵化器区域依存关系分析

一、科技企业孵化器依存关系的提出

通过对现有孵化器绩效影响因素相关研究的梳理和总结，我们发现学者对影

响孵化器绩效的因素做了大量的研究，这些研究大体可以分为两部分：第一，一部分学者研究了孵化器内部因素对其绩效的影响。例如，孵化器内部在孵企业的互动网络、孵化器与在孵企业的关系网络，以及孵化器管理层提供的各类支持和服务（Scillitoe and Chakrabarti，2010；Chan and Lau，2005；Begerk and Norrman，2008）。第二，另一些学者聚焦于孵化器外部资源条件对其发展的影响。例如，孵化器与外部高等院校之间的联系强度和知识流动（Rothaermel and Thursby，2005a）、地区经济发展水平、政府资助、风险投资及地区的金融服务等（Aernoudt，2004；Grimaldi and Grandi，2005；von Zedtwitz and Grimaldi，2006；Chandra and Fealey，2009）。这些研究虽然使我们对影响孵化器绩效的因素有了全面的认识和了解，也为下文变量的选取提供了坚实的理论基础，但是这些研究还存在着不足之处。具体来说，这些文献在研究孵化器时将区域内孵化器彼此之间看成相互独立的个体，但是从组织生态的视角来看，当区域内存在着大量的孵化器时，孵化器之间的关系会影响到个体孵化器的发展。例如，Porter（1998）的研究表明区域内一个产业集群社区会影响到区域内另一个产业集群社区的生产率。Saxenian 和 Hsu（2001）发现中国台湾新竹科技园区与美国硅谷的联系（通过人员和信息的流动）会促进新竹科技园区的持续发展。Zhang 等（2009）以中国国家级技术开发区为研究对象，发现省域内的开发区之间具有相互合作和竞争的关系，这种关系直接影响了个体开发区的增长与发展。从组织生态的角度来说，如果区域内的组织会彼此影响到对方的成长和衰亡，则这类组织会被视为具有依存关系。Barnett 和 Carroll（1987）认为组织间的依存关系可以存在于组织社区内（即内部包含多种相互联系的组织群体），如产业园区、企业孵化器、科技园和产业集群等。Tallman 和 Phene（2007）的研究表明区域内产业集群内的知识流动和溢出与产业集群间的知识流动及溢出没有显著的差别。该研究进一步说明了组织社区的边界是开放的、可渗透的，且不会阻碍知识和信息在组织社区之间的流动。基于这些观点，我们有理由认为存在于同一区域的孵化器社区（incubator community）之间存在着依存关系，且这种依存关系会通过影响个体孵化器的知识获取能力，从而影响到孵化器的发展和成长。

根据组织生态学的概念，组织彼此之间会影响到对双方的命运，则组织间具有依存关系（Barnett and Carroll，1987）。具体来说，如果组织之间相互产生负向影响，一方的成长会抑制另一方的发展，则二者为竞争关系；如果组织之间相互产生正向影响，一方的出现与成长会促进对方的成长和发展，则二者为互惠合作（mutualism）关系。Hannan 和 Freeman（1977）认为处于同一区域内的同类种群之间必然是相互依存的关系，随着密度的变化，种群内个体之间的关系会逐渐从合作向竞争转变。Astley（1985）基于种群进化的演替模型（succession model），强调了在演替过程中种群间会产生互惠合作和竞争的关系。Zhang 等（2009）采用中国 53 个国家技术开发区的面板数据，发现同一省域内国家技术开发区之间存在着合作和竞争的关系，同时随着技术开发区数量的增加，它们之间的关系会逐渐从互惠合作关系向竞争关系转变。

基于以上分析，我们提出区域内大量科技企业孵化器的存在会引起彼此间依存关系的产生。此外，结合组织生态学中依存关系的概念，在本书中我们认为科技企业孵化器社区之间的依存关系存在两种基本形式——互惠合作关系和竞争关系，在本章中我们将具体探讨孵化器情境下互惠合作与竞争关系的具体内涵。

二、科技企业孵化器互惠合作关系分析

根据 Barnett 和 Carroll（1987）的观点，组织之间的互惠关系可以是直接互惠（direct mutualism）关系，也可以是扩散互惠（diffuse mutualism）关系。直接互惠关系比较常见，主要指的是资源和能力互补的组织之间通过合作来实现共赢。尽管扩散互惠关系讨论较少，但是当具有相似特点和功能的组织种群通过集体行为提高该类组织的合法性（legitimacy）时（Hannan and Freeman，1987），那么这类组织之间就会产生扩散互惠关系。在这里我们有必要对组织的合法性进行简单说明，首先如果市场中出现了新的组织形式，且该组织的数量较少，那么这类组织的存活率会较低，主要是因为组织缺乏合法性，外界不承认这类组织的存在，所以这类组织很难与外界环境建立联系（Hannan and Freeman，1988），从而获取外界知识、资源和信息的机会就会很少。此时，在组织成长和发展的初期阶段建立组织的合法性与受到外界承认对组织的生存及发展至关重要。随着这类组织的发展和组织规模的扩大与数量的增长，组织的合法性逐渐提高，主要包括两种维度的合法性——认知合法性（cognitive legitimacy）和社会政治分法性（sociopolitical legitimacy），前者指的是这类组织通过对相关知识和信息的扩散，使大众逐渐熟悉和了解这类组织，使大众产生一种这类组织存在的理所当然性的认知；后者指的是主要利益相关者、公众和政府官员在现有法律与规范下接受这类组织并赋予其一定的权益。因此，同类组织之间的扩散互惠关系使组织获得合法性，对其发展至关重要。

与之相似，根据 Hawley（1950）的观点，组织之间的互惠关系有两种形式，即共生（commensalism）和合作（symbiosis）。前者指的是同类组织之间基于补充相似性而形成的正向依存关系，这与扩散互惠关系的含义是一致的；而后者强调的是基于组织之间的功能差异互补而形成的正向依存关系，这与直接互惠关系的含义是一致的。这种互惠关系对组织的成长是非常重要的，因为这种关系构建了具有该类组织特性的互动网络。例如，很多行业的中间制造商不仅与上下游的供

应商和分销商保持直接互惠关系，还通过行业协会或委员会与同类的制造商保持扩散互惠关系。

在科技企业孵化器背景下，孵化器这类组织具有相似的特点和功能，它们共同的目标是培育和促进科技型中小企业的成长与发展，它们对外界资源，包括自然资源、产业资源及制度资源有着共同的追求和需求，因此我们将科技企业孵化器社区视为同种类型的组织种群。因此，根据 Hawley（1950）及 Barnett 和 Carroll（1987）的观点，本书所述的区域内孵化器的互惠合作关系主要指扩散互惠关系，即彼此的出现能够提升整个组织种群的合法性，提高个体组织的资源获取能力。

三、科技企业孵化器竞争关系分析

任何组织能够得以生存都必须依赖外部环境所提供的资源，组织生态学利用生态位（niche）的概念来描述某一种群生存的特定资源空间，它主要是指为支持一个种群生存和发展的资源集合。由于不同种群的生存和发展对资源的需求可能完全重合、部分重合或者完全不重合，不同种群之间会产生不同程度的资源争夺和竞争，产生生态位重叠（niche overlap），即多个种群竞争相同资源集合的状态。由于生态位内具有的资源量是有限的，能够支持的种群数量是有限的，当生态位种群数量超过其承载能力后，不同种群之间及种群内的组织间为了谋求自身发展从而产生资源争夺，并试图改变自身对资源的占用状态，进而产生竞争关系。简而言之，种群间的竞争关系只有在它们的生态位有重叠关系时才会发生。

与互惠合作关系相似，组织种群之间的竞争关系可以是直接竞争（direct competition），也可以是扩散竞争（diffuse competition）（Hannan and Freeman，1988）。直接竞争指的是组织之间对外界环境资源的需求具有高度的重合性，即生态位完全或高度重叠，二者之间表现出零和竞争（zero-sum competition），一方资源的增长必然导致另一方资源的减少，竞争双方表现为此消彼长的关系，且彼此之间明确知道竞争对手是谁。与之相对应，扩散竞争发生在多个组织之间，外界环境资源具有有限性，多个组织对资源的需求具有部分重合性，即组织种群生态位部分重叠，因此组织之间会产生竞争，但是彼此之间并不能明确知道谁是直接竞争对手（Barnett and Carroll，1987），且这种竞争并非零和竞争，一方的成长可能会抑制竞争对手的发展，或者仅有一方的发展会负向影响于另一方的成长。

在中国科技企业孵化器背景下，尽管科技企业孵化器具有相同的特点与功能，属于同一类型的组织种群。但是，中国科技企业孵化器存在的类型不同，如综合型孵化器与专业化孵化器（specialized business incubators，SBIs）共存，不同类型的孵化器内部在孵企业所属的技术领域有所差异，业务类型并不完全重合，因此区域内各种孵化器仅在部分技术领域，如共性技术、基础资源及管理人才等方面存在竞争，即科技企业孵化器的生态位存在着部分重叠，彼此之间并不完全明确知道谁是直接竞争对手。因此，根据 Barnett 和 Carroll（1987）的观点，在本书中我们所指的科技企业孵化器之间的竞争关系主要指扩散竞争。

第二节　科技企业孵化器依存关系对其绩效的影响机理分析

根据组织生态学的概念，在某一特定区域内积聚的同类组织通过依存关系紧密联系在一起，这种依存关系表现为两种基本形式：互惠合作关系和竞争关系（Freeman and Audia，2006）。这一理论的理论基石是 Hannan（1986）首先提出的密度依赖理论，该理论强调组织种群的密度变化反映出两种过程：合法化过程和竞争过程。具体来说，新的组织形式的密度在区域内增加将会提高组织的合法性，促进组织的存活和成长；而当组织密度持续增加，达到较高水平后，组织之间较强的竞争关系将会阻碍和抑制组织的成长与发展（Hannan，1986；Hannan and Freeman，1989）。综合考虑这两个过程，Hannan（1986）预测区域组织密度与个体组织的成长呈现一种倒“U”形关系。后来 Hannan 和 Freeman（1987，1988）以美国工会 1836～1985 年的密度变化数据验证了合法化过程与竞争过程的存在；Carroll 和 Hannan（1988）以美国报纸业的数据证明了密度依赖模型。

据此，我们以中国国家级科技企业孵化器为研究对象，利用区域孵化器密度这一维度来衡量孵化器间的依存关系，具体探讨由区域孵化器密度变化所产生的区域内孵化器依存关系的变化（互惠合作关系与竞争关系）对个体孵化器绩效的影响机理与逻辑。

一、互惠合作关系对孵化器绩效的影响机理分析

在科技孵化器情境下，区域孵化器密度的初始增加，使彼此间形成扩散互惠关系，这将有助于提升科技企业孵化器在区域内的合法性，提高个体孵化器的资源获取能力，从而促进孵化器绩效的增长和在孵企业的成长。具体来说，主要体现在以下几个方面。

第一，区域孵化器密度的增加，有利于科技企业孵化器相关的知识和信息的扩散。一方面，科技企业孵化器相关的知识和信息向外界扩散，提高了外界对孵

化器这类组织的认知合法性（cognitive legitimation）（Aldrich and Fiol，1994；Hannan and Freeman，1989），使外界环境逐渐了解和熟悉这类组织的功能、形式与运营模式等，从而使公众认可这类组织存在的理所当然性及必要性，并最终参与到这类组织的活动中，从而为孵化器这类组织的成长和发展带来较多的外界信息与资源。另一方面，区域孵化器密度的增加，有利于区域内孵化器之间知识的扩散和流动，增加个体孵化器的学习渠道和机会，并推动其建立密集的互动网络（Aldrich and Ruef，2006）。首先，区域内孵化器数量的增加意味着区域内知识存量的增加，个体孵化器和内部在孵企业获得关键性互补资源和信息的机会与渠道就会增加；此外，区域孵化器密度的增加有利于孵化器在区域内建立密集的互动网络，促进孵化器之间频繁密切的互动和交流，这将有助于孵化器形成集体行为（collective action），如孵化器协会或委员会，这最终在一定程度上能够促进区域内孵化器的稳定发展并抑制竞争。Aldrich 和 Ruef（2006）认为这种行业协会或者其他形式的集体行为在新组织获得合法性过程中扮演十分重要的角色，如 20 世纪七八十年代，大量的葡萄酒生产者和他们所形成的葡萄酒研究所协会主导了加利福尼亚州葡萄酒产业的发展，但是当加利福尼亚农场葡萄酒生产商的密度逐渐增加，合法性逐渐提高时，他们单独成立了自己的协会，保障了农场葡萄酒生产商的利益，从而促进自身的发展。

第二，区域孵化器密度的增加，有助于提升科技企业孵化器的社会政治合法性（sociopolitical legitimation）（Aldrich and Fiol，1994）。在孵化器情境下，社会政治合法性主要强调政府、大众和外界的相关利益者在现行法律与规则下，承认科技企业孵化器存在的合理性和正确性，这将有利于孵化器在该区域内提升其在市场中的接受度和形象，比较容易与外部组织和机构建立联系，从而获取外部环境的相关资源、知识与信息，如获得政府资助、与金融机构建立业务联系等。比较著名的案例是美国 1935 年通过的《瓦格纳法案》，赋予了联邦劳动关系委员会特殊的地位，对美国联邦劳动关系委员会来说，获得联邦政府的许可是其长期争取合法性的结果，联邦劳动关系委员会获得社会政治合法性，极大地促进了美国联邦劳动关系委员会的快速发展（Hannan and Freeman，1987）。

第三，区域孵化器密度的增加，有利于科技企业孵化器之间形成互惠合作关系，这将有助于吸引外部组织和利益相关者的注意与关注，并且他们逐渐加入该区域内，从而为该区域内科技企业孵化器的发展提供各类资源（Zhang et al.，2009）。Romannelli 和 Khessina（2005）认为对于创业者和风险投资者来说，相比于区域实际的资源状况，他们自身对该区域吸引力的感知对他们做出投资决策的影响更大，特别需要强调的是，组织社区是反映一个地区产业身份或特征最主要也是最显而易见的表现形式，通过观察该区域内相关组织社区的发展情况，投资者和潜在的创业者能够主观感知该地区相关产业可持续发展的能力。在中国科技企业孵化器情境下，如果区域孵化器密度逐渐增加，这会提高外界相关利益者、投资者和创业者的主观认知，即该地区适合科技型新创企业的发展和创新活动，或者该地区具有良好的创新和技术发展环境与氛围。因此，一些重要的外部利益相关者，如潜在的创业者、技术型人才、创业导师、金融服务机构和风险投资者等会逐渐进入该区域，参与地区的创新和技术的发展，这当然会给孵化器的发展带来大量的资源。此外，Romannelli 和 Khessina（2005）进一步分析认为区域内大量相关组织的出现能够吸引外部投资者的注意力，主要原因是当风险投资者与区域内的某组织产生互动和合作关系时，这也会增加区域内的其他组织与该风险投资者的合作概率，因为区域内的集聚会减少外界投资者的搜索成本。基于以上分析，我们提出本章的第一个假设。

假设 8.1：区域孵化器密度的初始增加，孵化器间形成互惠合作关系，这将会正向促进区域内个体孵化器绩效的增长。

二、竞争关系对孵化器绩效的影响机理分析

根据组织生态理论，组织之间的竞争关系主要源于这类组织对外界有限的资源有着共同的需求（Hannan and Freeman，1989），即组织种群之间存在着生态位的重叠，由于生态位内具有的资源量是有限的，能够支持的种群数量是有限的，当生态位种群数量超过其承载能力后，不同种群之间及种群内的组织间为了谋求自身发展从而产生资源争夺，并试图改变自身对资源的占用状态，进而产生竞争关系。Aldrich 和 Ruef（2006）认为当组织种群密度超过环境承载力时，将会对个体组织的发展产生一些负向影响，主要体现在以下几个方面：第一，外界投资者在区域强竞争环境下不愿意提供大量的资金投入，外界潜在的中介服务机构、客户和供应商相对减少，区域内组织种群从外界获取资源的难度增加；第二，行业现有的资源基本捆绑在现存组织中，使新进入的组织获取资源的难度比过去大得多；第三，组织边界可能变得非常脆弱，因为激烈的竞争使组织很难留住有价值的员工，以及保持组织现有的位置。因此，激烈的竞争将会降低组织的资源获取能力，抑制组织进一步的发展和成长。

在中国科技企业孵化器情境下，区域孵化器密度快速、持续地增加加剧了孵化器对资源的竞争。第一，区域内孵化器数量迅猛地增长，以及其所提供的孵化空间和工位远远超过了孵化项目的需求。统计数据表明中国有相当一部分科技企业孵化器的入驻率不足 40%，大量的工位处于闲置状态，因此孵化器之间对孵化项目和创业项目资源有着激烈的竞争，尤其是具有前景和潜在市场价值的项目。第二，对政府补助和科技计划项目的竞争。政府补助和科技计划项目属于制度资

源，政府为鼓励和促进科技企业孵化器行业的发展，专门设立相关的政府补助和科技计划项目。但是，这类资源是相当有限的，且政府政策是理性的，政府补助和科技计划项目支持会向表现较好的科技企业孵化器倾斜，因此区域内较多数量的孵化器必然会对制度资源产生激烈的竞争。第三，中国科技企业孵化器多属于综合型创新服务中心，且这类孵化器所提供的服务具有高度同质化的特点，因此对环境的资源需求有着高度的重合性，即生态位高度重叠，这在一定程度上也会加剧区域内孵化器对外部环境资源的竞争，如紧缺的专业性技术人才、创业导师、自然基础资源及共性技术等。

综上所述，随着区域孵化器密度的持续增加，孵化器之间的竞争关系逐渐占据主导地位，个体孵化器从外部环境获取资源的能力下降，区域孵化器间互惠合作关系对孵化器绩效的正向影响将会逐渐减弱，并最终负向影响于孵化器的成长。因此，我们提出本章的第二个假设。

假设 8.2：随着孵化器密度持续增加，孵化器间的竞争关系逐渐占据主导地位，区域孵化器密度对孵化器绩效的正向影响将会逐渐减弱，并最终抑制个体孵化器的成长。

三、组织生态视角下中国国家级科技企业孵化器演化分析

在本小节中，我们具体以中国国家级科技企业孵化器为例，对其 2007～2015 年的相关发展数据进行描述性分析，并运用组织生态理论对其发展演化中的现象进行解释和分析。2007～2015 年中国国家级科技孵化器行业演化发展过程中的一些特点非常适合用来进行组织间依存关系的研究。具体来说，第一，2007 年是国家级科技企业孵化器的发展初期，这将有利于我们从国家级科技企业孵化器这一组织形式形成的初期，即密度较低时，分析组织的合法性和科技企业孵化器间的互惠合作关系；第二，2007～2015 年是国家级科技企业孵化器数量快速增长的阶段，因此这将有利于我们分析孵化器组织社区间依存关系的演化；第三，中国国家级科技企业孵化器在中国东、中、西部地区的分布不均衡，且各地区增长速度呈现显著的差异，这将有利于我们分析国家级科技企业孵化器依存关系的区域异质性。因此，在本节中我们选取中国国家级科技企业孵化器作为案例研究的对象，同时是本书实证研究的对象。

（一）基本发展情况分析

1. 国家级科技企业孵化器数量变化分析

随着中国科技企业孵化器数量的迅速增长，政府开始考虑孵化器的质量和效

率问题。为了更好地规范和促进中国科技企业孵化器的发展，科技部 2018 年颁布的《科技企业孵化器管理办法》中第六条明确规定了申请国家级科技企业孵化器应具备的条件。例如，“孵化器在孵企业中已申请专利的企业占在孵企业总数比例不低于 50%或拥有有效知识产权的企业占比不低于 30%”“孵化器累计毕业企业应达到 20 家以上”；等等。只有符合这些条件的科技企业孵化器才有资格申请“国家级”称号。

获得“国家级”称号的科技企业孵化器将会享受较多的政府资金补助、项目支持、政策优惠，以及获得其他资源，并具有良好的公众形象，从而更容易与外界建立联系。但是，“国家级”称号并不是永久性的，国务院科技主管部门于 2013 年制定的《国家级科技企业孵化器评价指标体系孵化器评价指标体系（试行）》中明确规定：“连续两次评价结果不合格的国家级孵化器，取消其国家级资格。被取消国家级资格的孵化器，两年内不得重新申报国家级科技企业孵化器。”

综上所述，中国国家级科技企业孵化器比地方科技企业孵化器具有更高的质量，同时它们遵循着统一的认定和评价标准，并且具有一定的示范作用，因此本章主要以国家级科技企业孵化器为研究对象。此外，根据官方的统计数据和文件，《科技企业孵化器（高新技术创业服务中心）认定和管理办法》是在 2006 年出台的，即官方从 2007 年开始公布初期国家级科技企业孵化器的名单和数据，2007 年之前科技企业孵化器统称为高新技术创业服务中心，当时并没有统一、明确的评价和认定标准，因此对于 2007 年之前的数据我们不予考虑。本节将依据 2007 年的官方统计数据（《中国火炬统计年鉴》）开始分析我国国家级科技企业孵化器的发展情况。图 8.1 表明了 2007～2016 年国家级科技企业孵化器数量与增长率变化情况，从中可以看出越来越多的科技企业孵化器获得了“国家级”称号，2007～2016 年增长率

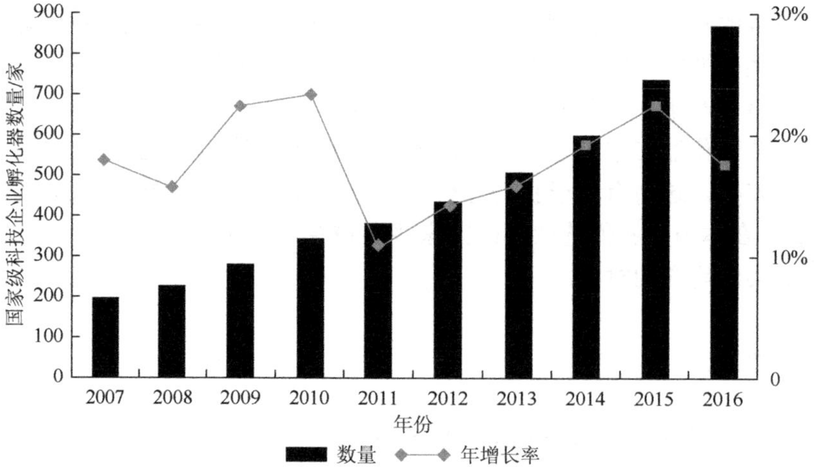

图 8.1　2007～2016 年国家级科技企业孵化器数量与增长率变化

平均值达到了17.9%，国家级科技企业孵化器数量从发展初期到2016年数量上的快速增长为我们研究区域内孵化器间的依存关系提供了良好的情境。

2. 国家级科技企业孵化器绩效分析

第一，我们从国家级孵化器的收入情况来看。从图8.2可以看出，国家级科技企业孵化器的总收入从2007年的19.5亿元增长到2015年的121.7亿元，增加了5.24倍，年均增长率达到25.7%。但是当我们考虑国家级科技企业孵化器数量的增长因素后，即计算每个孵化器的平均年收入时，从图8.2中我们会发现一些有趣的现象：①2009～2013年国家级科技企业孵化器在数量上保持着较高的增长率，随着各地区孵化器密度逐渐增加，其合法性得以提升，区域内科技企业孵化器之间表现出互惠合作关系，孵化器能够比较容易地从外界获取资源，从而2009～2013年国家级科技企业孵化器平均收入总体上呈现上升趋势；②但是，随着国家级科技企业孵化器数量的进一步快速增长，孵化器之间的竞争关系开始加剧，且外界环境有价值的资源逐渐减少，从而2014年和2015年国家级科技企业孵化器平均收入开始减少。

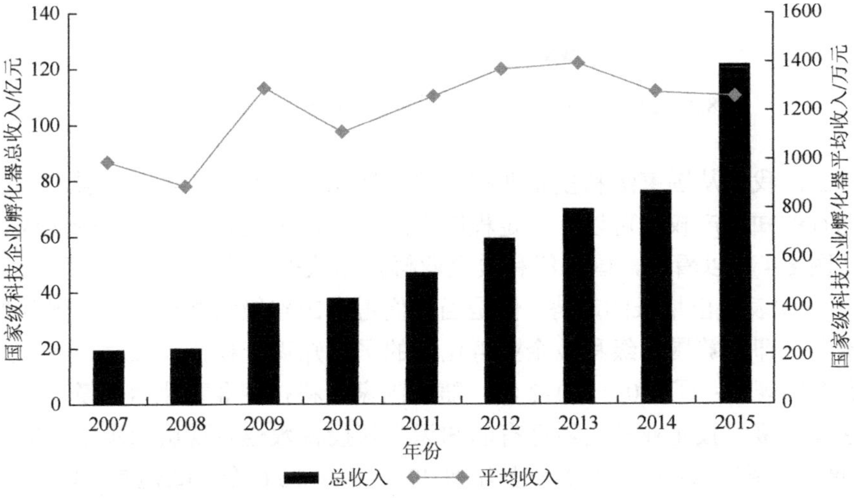

图8.2　2007～2015年国家级科技企业孵化器收入情况

第二，我们从国家级科技企业孵化器内部在孵企业的毕业情况来看。从图8.3可以看出，国家级科技企业孵化器的毕业企业数从2007年的2000多家增长到2015年的6500家左右，增加了2.25倍，年平均增长率达到15.87%。但是当我们考虑国家级科技企业孵化器数量的增长因素后，即计算国家级科技企业孵化器的平均毕业企业数时，我们会发现一些有趣的现象：①2007～2010年，在国家级科技企业孵化器发展初期，即区域孵化器密度较低时，随着其数量的增长，孵化器的合法性逐渐提升，彼此间表现出互惠合作关系，国家级科技企业孵化器平均毕业企业数也表现出稳步增长的态势，到了 2010 年，平均每家国家级科技企业孵化器的毕业企业数为 11 个左右；②但是，随着国家级科技企业孵化器数量的持续增加，孵化器间的竞争关系逐渐占据主导地位，从 2010 年开始国家级科技企业孵化器的平均毕业数逐年下降，到 2015 年平均毕业企业数约为 8 个。

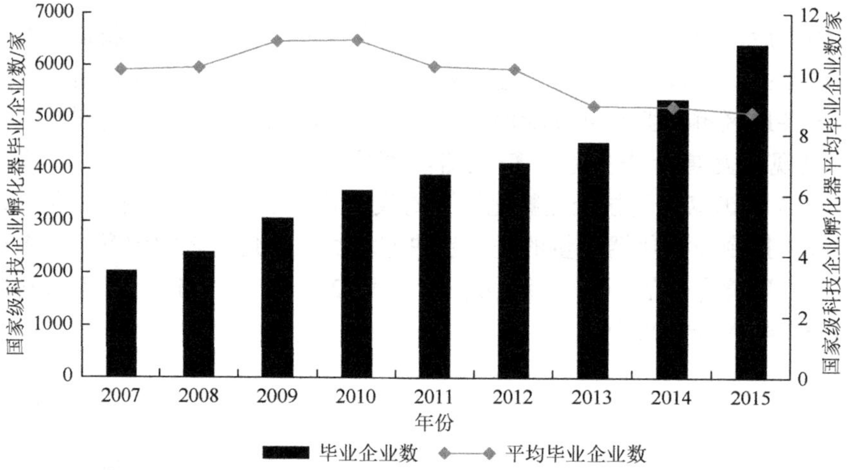

图 8.3　2007～2015 年国家级科技企业孵化器毕业企业数情况

第三，我们从国家级科技企业孵化器的知识产权授权数情况来看。孵化器内企业拥有的知识产权数可以在一定程度上反映出该孵化器培育新创企业成长的效果。从图 8.4 可以看出，国家级科技企业孵化器获得批准的知识产权数从 2008～2014 年总体表现出增长的趋势。但是当我们考虑国家级科技企业孵化器数量的增长因素后，即计算国家级科技企业孵化器的平均知识产权授权数时，我们发现了一些有趣的现象：①2008～2012 年，随着国家级科技企业孵化器数量的增长，平均每家国家级科技企业孵化器拥有的知识产权授权数也表现出稳步增长的态势，从 2008 年每家平均拥有 52.9 个上升到 2012 年的 76.6 个；②但是，随着 2013～2014 年国家级科技企业孵化器数量进一步持续增长，区域内孵化器之间的竞争关系加剧，其平均每家国家级科技企业孵化器拥有的知识产权授权数逐渐减少，到 2014 年平均知识产权授权数降为 60.1 个。

综上所述，我们分别分析了 2007～2015 年国家级科技企业孵化器的数量和绩效的变化情况。具体来说，2007～2015 年国家级科技企业孵化器数量每年增长显著，越来越多的孵化器被授予“国家级”称号，同时国家级科技企业孵化器的总体绩效（收入、毕业企业数和知识产权授权数）基本呈现出稳步增长的态势。但是，当我们

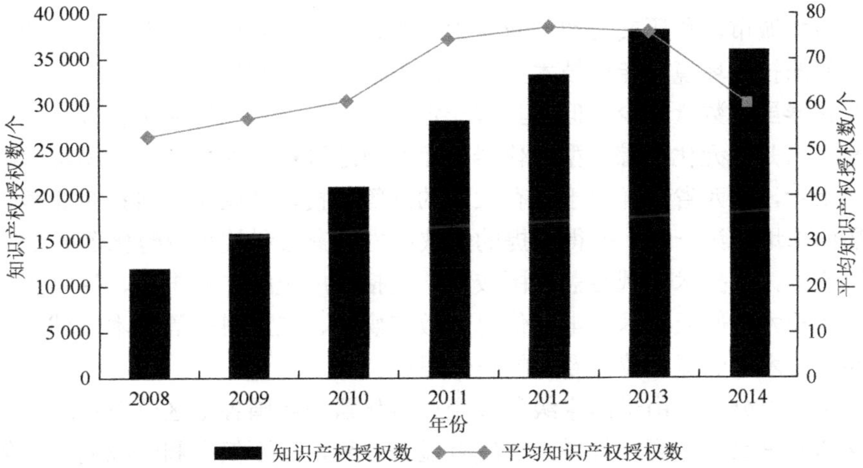

图 8.4　2008～2014 年国家级科技企业孵化器知识产权授权数情况

考虑每年每家国家级科技企业孵化器的平均绩效（包括平均收入、平均毕业企业数及平均知识产权授权数）时，呈现的基本趋势是：在国家级科技企业孵化器发展的初期阶段，随着其数量的逐渐增加，其平均绩效也逐渐提高，但是随着其数量的持续增加，国家级科技企业孵化器的平均绩效开始呈现下降的趋势，从组织生态的角度来说，这是符合种群发展趋势的。简言之，中国国家级科技企业孵化器的发展历程符合组织种群的演化规律，也十分适合用来研究组织种群间的依存关系。

（二）地理空间分布情况分析

如前所述，2007～2015 年越来越多的科技企业孵化器被授予“国家级”称号，其在数量上表现出较高的增长幅度，但是从地理空间的分布情况来看，国家级科技企业孵化器在我国各地区分布并不均衡，并表现出一定的地理集聚现象。具体来说，由于东部沿海地区经济比较发达，聚集了较多的技术资源，并且当地政府的支持力度较大，其国家级科技企业孵化器的数量和增长速度远优于中部与西部地区。例如，江苏省作为我国第一个创新型试点省份，当地政府为提高自主创新能力，重点扶持科技型中小企业的发展，促进科技企业孵化器行业的兴起，使江苏省国家级科技企业孵化器的数量远多于其他省区市。此外，东部地区的山东、广东、辽宁、浙江、北京等地区也集聚了大量的国家级科技企业孵化器。从中部地区来看，湖北省由于聚集了大量的高等院校，为科技企业孵化器的发展提供了大量的智力型劳动人才，从而催生大批孵化器的产生。其次是安徽省，安徽省大多数国家级科技企业孵化器聚集在其省会城市合肥，主要是由于合肥是我国著名的科教城市，科研实力和创新能力较强，为科技企业孵化器的成长和发展提供了良好的技术环境与专业技术型人才。与东部地区相比，西部地区国家级科技企业孵化器虽然数量较少，但是具有一定的特点，即我国国家级科技企业孵化器的 75%左右是多元化或综合型孵化器，而西部地区接近 65%为专业型孵化器。从数量上来看，陕西省同样由于具有大量的高等院校，其国家级科技企业孵化器数量位居西部地区第一位。值得一提的是陕西省国家级科技企业孵化器的 75%为专业型孵化器，且技术领域涵盖范围较广，包括集成电路、光电子、生物医药、软件、航空技术、航天技术、电子信息、数字媒体、农业科技等技术领域，能够为各类高新技术企业提供较为专业的孵化服务。

基于以上分析，由于国家级科技企业孵化器在我国各地区分布不均衡，各地区孵化器密度水平不同，且增长速度有显著差异，这不仅有利于我们从整体分析国家级科技企业孵化器间的依存关系及其对个体孵化器绩效的影响，而且我们可以从区域的角度出发，探讨各区域间孵化器依存关系对个体孵化器绩效影响的差异性。

第三节　科技企业孵化器区域依存关系对其绩效影响的实证研究

一、研究方法

（一）模型构建

在组织生态研究中，冈珀茨模型（Gompertz model）是学者常用的研究模型。该模型最初由冈珀茨提出用来描述动物种群生长的演化规律。在组织生态早期研究中，冈珀茨模型被学者用来研究组织种群消亡率（Hannan and Freeman，1987；Barnett and Carroll，1987；Carroll and Hannan，1988）。后来到 20 世纪 90 年代，在组织生态研究中该模型被学者拓展到组织增长率及组织绩效的研究中（Barron et al.，1994；Baum and Mezias，1992；Sorenson and Audia，2000；Zhang et al.，2009）。基于此，借鉴组织生态文献中学者对组织生存、成长和绩效增长的研究，我们将冈珀茨模型引入科技企业孵化器绩效的影响研究中：

$$y_{i,t} = \exp(\beta x_{i,t} + \varepsilon_{i,t}) \tag{8.1}$$

其中，y 表示科技企业孵化器绩效。我们主要采用科技企业孵化器每年在孵企业的成功毕业情况来表示，因为科技企业孵化器最重要的功能是通过弥补新企业在知识、资源和能力上的不足来提高科技型中小企业的存活率（Grimaldi and Grandi，2005；Ratinho and Henriques，2010）。《科技企业孵化器管理办法》中第九条明确规定："企业从孵化器中毕业应至少符合以下条件中的一项：1. 经国家备案通过的高新技术企业；2. 累计获得天使投资或风险投资超过500万元；3. 连续2年营业收入累计超过1000万元；4. 被兼并、收购或在国内外资本市场挂牌、上市。"因此，科技企业孵化器内部在孵企业的成功毕业数最能体现出其培育科技型中小企业的基本功能，同时这一指标也是孵化器研究中测量孵化器绩效最常用的指标之一（Aerts et al.，2007；Peña，2004；Rothaermel and Thursby，2005a，2005b）。除此之外，为了检验模型的稳定性，我们还采用科技企业孵化器的总收入来测量其绩效。

x 表示影响孵化器绩效的因素，本章主要考虑的因素是区域内科技企业孵化器之间的相互依存关系。除此之外，我们还充分考虑了影响科技企业孵化器绩效的其他因素，包括在孵企业层面、孵化器层面，以及孵化器所在城市层面的经济发展情况、教育情况及开放程度等。

（二）变量说明

1. 孵化器绩效

新创企业对地区经济增长、就业稳定及创新驱动等方面具有重要的作用（Siegel et al.，2003；Phan et al.，2005），但是这类企业规模较小、成立年限较短、缺乏管理经验和相关的资源，导致存活率很低。为解决这一问题，科技企业孵化器被很多国家和地区政府用来作为提高新创企业存活率的政策性工具。基于此，为了体现孵化器的这一基本功能，在本书中我们采用科技企业孵化器内部在孵企业成功毕业数来测量其绩效，即当年毕业企业数。在已有的孵化器研究中，科技企业孵化器的成功毕业数是学者常用来测量孵化器绩效的指标（Aerts et al.，2007；Peña，2004；Rothaermel and Thursby，2005a，2005b）。

在稳健性检验中，我们采用孵化器的总收入来测量其绩效（Rothaermel and Thursby，2005a；Barbero et al.，2012；Bruneel et al.，2012）。

2. 区域孵化器密度

依据组织生态理论和密度依赖理论（Hannan and Freeman，1989，1987，1977；Hannan，1986；Freeman and Audia，2006；Aldrich and Ruef，2006），区域内组织种群密度的变化会引发组织依存关系的改变，密度依赖理论的核心思想认为组织种群的规模或密度潜在地反映了组织种群之间的关系。Barnett 和 Carroll（1987）第一次使用组织种群密度的这一变量来分析组织间依存关系对个体组织死亡率的影响。在组织生态研究中，Hannan 和 Freeman（1977）及 Freeman 等（1983）认为种群密度最有效的测量方法是计算种群中组织的数量。Hannan 和 Freeman（1987）在研究现有工会密度对美国工会设立率的影响时，利用现有工会的数量来测量其密度。Greve（2002）在研究地理因素对日本东京银行业发展的影响时，通过计算地区所有银行及分支机构数量来测量地区银行密度。Barnett 和 Carroll（1987）在研究美国早期电话业的互惠与竞争关系中，采用当地正在运营的电话公司总数来测量当地的电话公司密度。Zhang 等（2009）在研究中国国家级技术开发区之间的关系对其绩效的影响时，利用省级区域内国家级技术开发区的数量来测量区域技术开发区的密度。基于组织生态研究对组织密度的测量方法，我们利用省级区域内国家级科技企业孵化器的数量来测量区域孵化器的密度。

本节选取省级区域内国家级科技企业孵化器的数量来测量区域孵化器的密度主要有两方面的原因：第一，位于同一省域内的国家级科技企业孵化器受省级科技管理部门的统一管理，即这些孵化器必须遵守统一的孵化器管理法规和条例。此外，同一省域内的孵化器对该省域的制度资源、产业资源及自然资源具有强烈的竞争性，如省级政府部门的科技计划项目、政府部门的直接补助、省域内专业技术型人才及创业导师等。第二，从实证研究的角度出发，本节研究区域孵化器密度对其孵化器绩效的影响。在省级区域层面，各地区拥有超过 1 个国家级科技企业孵化器，且随着时间变化，省级区域内国家级科技企业孵化器数量变化显著。但是，在城市区域层面（除了东部沿海发达城市外），各城市拥有的国家级科技企业孵化器数量较少，且长时间内国家级科技企业孵化器的数量并没有显著变化，从数据的角度来说这不利于我们进行实证研究。因此，在省级区域层面上，大量国家级科技企业孵化器的存在，且其密度随着时间变化发生显著的增长，这将有利于我们研究区域孵化器密度对个体孵化器绩效的影响。

3. 控制变量

（1）在孵企业层面。我们主要考虑孵化器内部在孵企业员工的教育水平，Rothaermel 和 Thursby（2005a）认为在孵企业员工具有较高的教育水平和素质，则该新创企业具有较强的吸收能力来获取外部知识和资源，从而能够促进其成功毕业。根据前人的研究（Peña，2004；Rice，2002），本节主要采用在孵企业员工的受教育水平，即大专以上学历员工数占在孵企业总员工数的比例来衡量孵化器内部在孵企业的吸收能力，员工的受教育水平越高，则在孵企业对外界知识和信息的吸收能力就越强。

（2）孵化器层面。第一，在孵化器研究中，很多学者考虑了孵化器管理层的受教育水平对科技企业孵化器绩效的影响（Li et al.，2012）。本节利用大专以上学历管理者数占总管理人员数的比例来衡量孵化器管理层的受教育水平。第二，孵化器年龄是影响孵化器绩效的重要因素，Bruneel 等（2012）的研究表明，新成立的科技企业孵化器的绩效表现往往比老牌孵化器要好。因此，本节考虑了孵化器年龄的影响，具体采用科技企业孵化器的成立年限对其进行测量（Schwartz and Hornych，2010），并取对数进行处理。第三，根据 Rothaermel 和 Thursby（2005a，2005b）的观点，如果新创企业数量增长迅速且规模较大，说明其具有较好的发展前景和竞争力，因此更容易存活和成功毕业。基于此，我们控制孵化器规模对孵化器绩效的影响，我们用孵化器的总员工数来对科技企业孵化器的规模进行测量，并对其进行取对数处理（Barbero et al.，2012；Bruneel et al.，2012）。

（3）城市层面。第一，孵化器所处城市的经济发展水平。Hu（2007）的研究表明，地区经济发展水平在一定程度上会对孵化器的成长产生影响，经济发展水平较高的地区能够给科技企业孵化器的发展提供良好的基础设施、金融环境及其他中介服务，如咨询、会计和法律服务等。在本节中我们采用孵化器所处城市的人均地区生产总值来对经济发展水平进行测量。第二，孵化器所处城市的高等院校数。一方面，地区高等院校能够为孵化器提供具有高等教育水平的员工（Hu，2007）；另一方面，高等院校与科技企业孵化器及内部在孵企业建立的网络，能够促进知识溢出和流动，从而影响孵化器的绩效（Rothaermel and Thursby，2005a，2005b）。在本书中，我们控制孵化器所处城市的高等院校数。第三，孵化器所处城市的开放程度（Zhang and Li，2010）。根据前人的研究，我们主要采用地区的外商直接投资额来衡量地区的开放程度。地区的外商直接投资额不仅能够为孵化器的发展提供资金流量支持，同时可以通过知识溢出给科技企业孵化器，以及在孵企业的发展提供知识、信息、管理经验和技术（Hu，2007；Zhang and Li，2010）。第四，为了控制外部宏观环境的变化，如经济形势和国家政策的改变对中国国家级科技企业孵化器的增长影响，在本节中我们控制了年份这一虚拟变量；同时，为了控制其他不随时间变化的地区特征等因素对个体孵化器增长的影响，我们在控制变量中加入了地区虚拟变量。具体变量说明与测量如表 8.1 所示。

表 8.1　变量说明与测量

变量		定义与测量方法
因变量：孵化器绩效		当年孵化器内部在孵企业的成功毕业数（取对数处理）
自变量：孵化器区域依存关系		区域孵化器密度（取对数处理）
控制变量	（1）在孵企业员工受教育水平	在孵企业员工受教育程度（在孵企业大专以上学历员工占比）
	（2）孵化器管理层受教育水平	孵化器管理层大专以上学历人员占比
	（3）孵化器年龄	孵化器成立年限（取对数处理）

续表

变量		定义与测量方法
控制变量	（4）孵化器规模	孵化器内部在孵企业员工数（取对数处理）
	（5）城市经济发展水平	孵化器所处城市人均地区生产总值（取对数处理）
	（6）城市高等院校数	孵化器所处城市高等院校数（取对数处理）
	（7）城市外商直接投资	孵化器所处城市外商直接投资额（取对数处理）
	（8）时间虚拟变量	年份虚拟变量
	（9）地区虚拟变量	省级区域虚拟变量

注：考虑到通货膨胀的影响，我们以 1990 年为基期，利用消费者价格指数（consumer price index，CPI）对上述涉及货币的变量进行平减处理

（三）数据来源

各地区和各层级政府管理的地方科技企业孵化器的发展状况、绩效表现及市场竞争力等方面参差不齐，且受到不同层级政府科技主管部门的管理，因此不适合作为本书的研究样本放在一起进行比较分析。本章第二节对中国国家级科技企业孵化器有详细介绍，国家级科技企业孵化器遵循着统一的评定标准，比地方科技企业孵化器具有更高的质量，且具有一定的示范作用，属于同一层次的科技企业孵化器。因此，本节选用中国国家级科技企业孵化器作为研究对象。

本章的数据主要来源于以下几个方面：第一，本章主要的数据来源于 2009～2013 年《中国火炬统计年鉴》，该统计年鉴报告了每个国家级科技企业孵化器总收入、在孵企业数、毕业企业数、专业技术人员、管理人员数、员工总数等重要指标。第二，我们从国家和地方科技企业孵化器协会网站，以及每个国家级科技企业孵化器的官网和宣传手册上获得其他方面的具体信息与数据，如科技企业孵化器的成立年限、所有权性质、是否为 SBIs 等。第三，我们从 2009～2013 年《中国统计年鉴》获取科技企业孵化器所处城市的人均地区生产总值、外商直接投资额及高等院校数的数据。第四，为了更好地了解和理解中国科技企业孵化器项目、个体孵化器的运营机制及孵化服务与模式等，我们对合肥国家大学科技园进行了多次调研，与该孵化器的管理人员，以及在孵企业的创业人员进行多次深入访谈，从而对孵化器的运行机制，以及在孵企业的需求情况有了一个清晰的了解和认识，进而为我们实证研究模型的构建提供科学、合理的现实依据。

此外，科技部高技术研究发展中心从 2008 年开始发布《中国火炬统计年鉴》，至今最新的公开数据截至 2019 年。但是，本书选取的研究年限为 2008～2012 年，主要有以下两个方面的原因：第一，科技部高技术研究发展中心从 2008 年开始发

布《中国火炬统计年鉴》，即公布的是 2007 年科技企业孵化器数据，但是 2007 年的数据缺失值较多且本书需要采用的一些 2007 年的指标数据并没有被统计。第二，《中国火炬统计年鉴》从 2013 年以后不再公布微观层面国家级科技孵化器的数据，只报告各省级国家级科技企业孵化器相关统计的汇总数据，与之前的统计口径不同，因此本章没有选取 2012 年以后的数据。虽然受到数据可获得性的影响，本书的研究年限较短，但是 2006 年全国科技大会召开后，科技部于 2006 年 12 月首次出台了《科技企业孵化器认定和管理办法》，明确了国家级科技企业孵化器统一的评定标准和要求，也就是说本书选取的 2008～2012 年既是国家级科技企业孵化器发展的早期阶段，同时是国家级科技企业孵化器的高速发展阶段（图 8.1）。因此，选取这一研究年限有助于我们对区域孵化器密度变化引起区域孵化器依存关系改变进行探索性的分析与研究。

在样本选取过程中，我们剔除了数据缺失严重的国家级科技企业孵化器，最终选取了 2008～2012 年 418 家国家级科技企业孵化器，共计 1624 个观察样本，形成了一个汇集横截面与时间序列的数据集（a pooled cross-section and time series dataset）。该数据集具体以每个国家级科技企业孵化器为横截面，每个横截面（每个国家级科技企业孵化器）构成一个不同长度的时间序列数据。在本书的数据集中，每个国家级科技企业孵化器都包含着多个不同年份的观察值，但是这些观察值之间不是完全相互独立的，如果直接进行回归的话会低估回归结果中变量的标准差。

为了解决这样的问题，我们采用 Newey-West 稳健性方差估计法对这种集群数据进行回归（Newey and West，1987；Westphal and Khanna，2003；Zhang et al.，2009）。Newey 和 West（1987）认为处于同一个集群或者组群内的观察值之间不能完全独立时，采用这样的方法是十分有效的。在本书中，由于同一个国家级科技企业孵化器包含多个观察值，且这些观察值之间不是相互独立的，Newey-West 稳健性方差估计法会将每个集群或者组群（即同一个国家级科技企业孵化器）看作一个超级观察值，并对其进行标准差估计，最后产生一个稳健的估计值（Westphal and Khanna，2003；Zhang et al.，2009）。

二、实证结果分析

（一）内生性问题的检验

如前所述，在本节中我们利用区域孵化器密度这一维度来衡量区域内孵化器间的依存关系，从而探讨区域孵化器密度的增加对区域内个体孵化器绩效的影响。

但是，这一研究问题可能存在一个反向的因果关系：当特定区域内个体孵化器绩效表现较好或者增长速度较快时，则说明该区域可能比较适合孵化器行业的发展，从而吸引潜在的孵化器进入该区域，导致区域孵化器密度逐渐增加，即区域孵化器密度可能在一定程度上取决于该地区孵化器行业的发展情况。

为了检验本书的研究数据是否存在这种可能的内生性问题，我们依据 Zhang 和 Li（2010）的检验方法，检验了 t–1 年省级区域内所有科技孵化器的平均绩效（平均毕业企业数和平均总收入）对 t 年该省级区域内科技企业孵化器的数量，以及从 t–1 年到 t 年科技企业孵化器数量的变化量的影响。如果回归结果的系数是显著的，说明本书的研究数据存在一定的内生性问题。但是通过检验，我们发现回归结果的系数并不显著，即本书的研究数据并不存在内生性问题。

（二）全样本模型回归结果分析

表 8.2 报告了各变量的均值、方差及相关系数，表 8.3 报告了中国国家级科技企业孵化器内部在孵企业成功毕业数的回归结果。表 8.3 的模型 8-1 检验了各个控制变量对孵化器绩效的影响，从中我们可以发现：第一，在孵企业员工中接受高等教育人数所占比例越高，则新创企业的吸收能力越强，能够更好地将外部知识转化为企业自身的能力，从而促进在孵企业的成长，顺利达到毕业要求。第二，孵化器管理层受教育水平对孵化器绩效的影响并不显著，因为在本书中我们利用管理层大专以上学历人员占比对此变量进行测量，而国家级科技企业孵化器评定标准中要求管理层团队有大专以上学历的比重必须占 90%以上，从表 8.2 的描述性统计可以看出，本书研究样本中孵化器管理层的受教育水平均值为 93%，方差为 0.09，即样本之间并没有显著差异。第三，孵化器规模对孵化器绩效具有显著的促进作用，即规模较大的孵化器能够吸引更多的资源，如风险投资、中介服务，以及大学与研究机构的人员流动等，因此能够更好地促进内部在孵企业的成长与发展。第四，城市经济发展水平对孵化器绩效具有显著的促进作用，经济发展水平较高的地区能够给在孵企业或者新创企业提供更好的外部资源条件，如新创企业发展初期最需要的金融服务和咨询服务等。第五，城市具有较多的高等院校有利于孵化器内部在孵企业的成长。一方面，Zhang 等（2009）在研究国家技术开发绩效时，发现地区内较多的高等院校能够给技术开发区提供更多高水平的专业人才，从而促进其成长。从孵化器的角度来看，地区的高等院校不仅能够提供孵化器智力型人才，同时孵化器内大量的新创企业和在孵企业都是大学生创业团队创办的，大学生创业企业与高校本身建立了天然的联系，从而促进了高校内的知识流动和溢出，最终促进新创企业快速成长。

表 8.2　各变量均值、方差和相关系数统计

变量	1	2	3	4	5	6	7	8	9	10
1. 在孵企业成功毕业数	1									
2. 孵化器总收入	0.85**	1								
3. 区域孵化器密度	0.65**	0.68**	1							
4. 在孵企业员工受教育水平	0.15	0.20	0.10	1						
5. 孵化器管理层受教育水平	0.61**	0.67**	0.15	0.38*	1					
6. 孵化器年龄	0.03	0.04	0.03	0.04	0.04	1				
7. 孵化器规模	0.62**	0.61**	0.66**	0.20	0.68**	–0.05	1			
8. 城市经济发展水平	0.61**	0.59**	0.64**	0.19	0.05	–0.05	0.70**	1		
9. 城市高等院校数	0.08	0.12	0.35*	0.63**	0.09	–0.04	0.19+	0.40*	1	
10. 城市外商直接投资	0.10	0.30*	0.63**	0.21	0.06	–0.05	0.15	0.41*	0.54**	1
平均值	1.85	9.82	2.01	0.78	0.93	2.23	6.76	10.86	2.69	10.83
标准差	0.95	3.52	1.20	0.14	0.09	0.59	2.38	0.51	1.44	3.98

+表示 $p<0.10$；*表示 $p<0.05$；**表示 $p<0.01$

在表 8.3 的模型 8-2 和模型 8-3 中，我们主要探讨随着区域孵化器密度的增加，孵化器之间的依存关系对孵化器绩效的影响。假设 8.1 提出区域孵化器密度的初始增加，孵化器间形成互惠合作关系，这将会正向促进区域内个体孵化器绩效的增长，在模型 8-2 中我们发现区域孵化器密度的系数是正向显著的（$b=0.43$，$p<0.01$），即假设 8.1 是成立的。在模型 8-3 中，我们加入了区域孵化器密度的平方项，发现该变量的系数是负向显著的（$b=-0.10$，$p<0.01$），即随着区域孵化器密度持续增加，区域内孵化器之间的依存关系会从互惠合作主导的依存关系向竞争主导的依存关系转变，区域孵化器密度对个体孵化器绩效的正向影响逐渐减弱，并最终会抑制孵化器的增长与发展，即假设 8.2 成立。

表 8.3　全样本模型回归结果

变量	因变量：在孵企业成功毕业数		
	模型 8-1	模型 8-2	模型 8-3
区域孵化器密度		0.43** （0.14）	0.42** （0.14）
区域孵化器密度的平方项			–0.10** （0.02）
在孵企业员工受教育水平	0.10* （0.13）	0.09* （0.13）	0.08* （0.12）

续表

变量	因变量：在孵企业成功毕业数		
	模型 8-1	模型 8-2	模型 8-3
孵化器管理层受教育水平	0.31 （0.17）	0.29 （0.17）	0.28 （0.17）
孵化器年龄	0.01 （0.03）	0.00 （0.03）	0.00 （0.03）
孵化器规模	0.39** （0.14）	0.37** （0.14）	0.36** （0.13）
城市经济发展水平	0.13* （0.05）	0.11* （0.06）	0.08 + （0.06）
城市高等院校数	0.04* （0.05）	0.03* （0.05）	0.03* （0.05）
城市外商直接投资	0.01 （0.04）	0.009 （0.03）	0.009 （0.03）
时间虚拟变量	是	是	是
地区虚拟变量	是	是	是
常数项	2.40** （0.23）	2.39** （0.23）	2.38** （0.22）
调整后的 R^2	0.612	0.631	0.643
样本量	1624	1624	1624

注：表中括号值为标准误差，上述模型为稳健方差估计模型

+ 表示 $p<0.10$；*表示 $p<0.05$；**表示 $p<0.01$

这一结果表明区域孵化器密度与孵化器绩效之间具有非线性的关系，即倒“U”形关系。具体来说，当区域孵化器密度较低时，孵化器密度的初始增加有利于提高该区域孵化器的合法性，此时孵化器之间表现出互惠合作的依存关系，在这样的关系下能够促进孵化器知识的传播和扩散。一方面，区域内孵化器之间知识的内部传播和扩散能够使该区域孵化器从其他孵化器获取相关的互补性知识与信息。同时，孵化器相关的知识也会向外界传播和扩散，使外界逐渐熟悉和了解孵化器这类组织，从而使这类组织得到外界公众的认可和接受，从而使区域内孵化器能够更好地与外界组织建立网络联系；另一方面，区域内孵化器的互惠合作行为和快速发展能够给外界传递信号，即该区域适合创业和技术创新发展，从而吸引相关利益者进入该地区，如潜在的创业者、风险投资者、技术型人才、中介服务机构及金融服务机构等，最终为区域孵化器的发展提供大量的资源。

但是，区域内孵化器对该区域的有限资源有着共同的需求，随着孵化器数

量的持续增加，当孵化器对区域资源的需求超过区域最大承载力时，孵化器之间的关系会转变为竞争关系。在中国孵化器数量快速增长的背景下，目前区域内中国科技企业孵化器之间面临着巨大的竞争。第一，对创业项目的竞争。孵化器最基本的功能是孵化新创企业，使其能够在初创期快速发展，因此创业项目是孵化器最基本的资源。但是，中国市场信息调查业协会2016年的研究报告显示，中国大多数科技企业孵化器入驻率较低，存在大量的工位闲置，不少孵化器的工位还处于空置状态，入住率不超过40%，从而区域内大量孵化器必然会对有限的创业项目进行竞争，尤其是一些较为优质和具有发展前景的创业项目。第二，对政府制度资源的竞争。中国政府对孵化器的发展具有较大的扶持力度，主要通过两种方式予以资助和扶持，即政府补助和科技计划项目。目前中国80%的科技企业孵化器在一定程度上受到政府资金的扶持，其中接近30%的孵化器由政府直接主导，但是政府补助和批准的科技计划项目是有限的，政府的支持政策会逐渐趋向理性，即逐渐向发展较好且具有竞争力的孵化器倾斜。当特定区域内存在大量的科技企业孵化器时，彼此之间必然会对有限的政府补助和科技计划项目产生激烈的竞争。第三，缺乏项目引进筛选机制，同质化的服务加剧竞争。中国许多科技企业孵化器目前仍然是以租让场地和工位的盈利模式为主，为尽快租让办公工位以获取租金维持孵化器运转，这往往让其忽略了对创业团队及其创业项目的筛选，并使孵化器成为综合性的创新创业服务中心；孵化器之间提供大量同质化的孵化服务，区域内科技企业孵化器的生态位高度重叠，从而竞争关系加剧。

综上所述，地区孵化器密度的增加不仅能够为个体孵化器提供获取资源和信息的渠道与机会，同时会加剧孵化器之间的竞争关系。这也在一定程度上回答了本章提出的第一个问题，即区域科技企业孵化器数量与科技型中小企业的成长和发展并不是一种“多多益善”的关系，由于竞争关系的存在，中国科技企业孵化器数量持续快速的增长会加剧彼此之间的竞争，从而不利于在孵企业的持续成长。

（三）分区域回归结果分析

本章第二节所述，中国各地区国家级科技企业孵化器的增长速度并不相同，从而导致各地区孵化器密度的分布并不均衡。总体来看，东部地区孵化器密度显著高于中部和西部地区。基于这样的现状，我们不禁提出：在不同的地区中，由区域孵化器密度驱动的孵化器区域依存关系对个体孵化器绩效的影响是否不同？为解决此问题我们根据国家统计局的划分方法，将本书的全国样本按区域分为东、中、西部三个地区分别进行回归分析，回归结果具体见表8.4。

表 8.4 区域层面回归分析

变量	因变量：在孵企业成功毕业数					
	东部地区		中部地区		西部地区	
区域孵化器密度		1.59** (0.13)		0.73** (0.12)		0.88** (0.12)
区域孵化器密度的平方项		−0.17** (0.02)		−0.01 (0.02)		−0.07 (0.04)
在孵企业员工受教育水平	0.04 (0.05)	0.04 (0.04)	0.07 + (0.09)	0.06 (0.09)	0.05 (0.12)	0.05 (0.12)
孵化器管理层受教育水平	0.02 (0.11)	0.01 (0.09)	0.71** (0.11)	0.33** (0.11)	0.17* (0.18)	0.16* (0.18)
孵化器年龄	0.01 (0.02)	0.01 (0.02)	0.02 (0.02)	0.02 (0.02)	0.01 (0.02)	0.01 (0.02)
孵化器规模	0.10** (0.03)	0.10** (0.02)	0.02* (0.05)	0.02 + (0.04)	0.04** (0.04)	0.04** (0.04)
城市经济发展水平	0.03 + (0.02)	0.03 + (0.02)	0.09* (0.04)	0.07* (0.04)	0.02* (0.04)	0.02* (0.04)
城市高等院校数	0.11* (0.06)	0.10* (0.06)	0.08 + (0.07)	0.08 (0.07)	0.09* (0.07)	0.09* (0.07)
城市外商直接投资	0.008 (0.04)	0.008 (0.04)	0.009 (0.05)	0.008 (0.005)	0.008 (0.005)	0.008 (0.005)
时间虚拟变量	是	是	是	是	是	是
地区虚拟变量	是	是	是	是	是	是
常数项	2.53** (0.20)	2.21** (0.20)	0.58* (0.75)	0.56* (0.74)	0.49** (0.74)	0.45** (0.73)
调整后的 R^2	0.442	0.485	0.654	0.697	0.701	0.726
样本量	1054	1054	340	340	230	230

注：表中括号值为标准误差，上述模型为稳健方差估计模型

+表示 $p<0.10$；*表示 $p<0.05$；**表示 $p<0.01$

从表 8.4 可以看出，东部地区的回归结果总体与全国样本的结果是一致的，即区域孵化器密度的系数是正向显著的，而其平方项系数是负向显著的，即在东部地区区域孵化器密度对个体孵化器具有倒“U”形的影响。具体来说，东部地区科技企业孵化器密度的初始增加，促进彼此间产生互惠合作关系，提高个体孵化器的资源获取能力；但是，随着东部地区科技企业孵化器数量的持续、快速增长，该区域孵化器逐渐趋于饱和，大量孵化器对区域资源的需求超出区域环境承载力，孵化器之间表现出越来越强的竞争关系，削弱了个体孵化器的资源获取能力，抑制了孵化器的持续成长与发展，使东部地区一些孵化器出现生存危机。

相比而言，中部地区和西部地区的回归结果较为相似，但是与东部地区和全国样本的结果相比有所差异。具体来说，中、西部地区的区域孵化器密度对个体孵化器绩效是正向促进作用，但是孵化器密度的平方项系数是负向且不显著的，这说明

在中、西部地区区域孵化器密度对个体孵化器绩效的影响是线性正向的，二者之间不存在倒“U”形关系。从组织生态理论的视角来看，目前中、西部地区孵化器数量较少，孵化器仍然处于初始成长阶段，彼此间产生互惠合作关系，孵化器数量的增长能够提升其在区域内的认知合法性，以至于使其得到外界的接受和认可，并且建立一系列的网络联系，从而为孵化器的发展和内部在孵企业的成长提供大量的资源。从图 8.5 可以清楚地看出，2008～2012 年我国东、中、西部地区国家级科技企业孵化器密度的增加情况，东部地区孵化器密度较大且增加速度较快，大幅度的增加势必加大区域内孵化器对地区资源的需求，对外部环境的承载力提出更高的要求；而中、西部地区孵化器密度较低，增加速度较为平缓，每年基本以固定的速度增加，对外部环境资源的刺激较小，区域内孵化器之间是互惠合作的依存关系。

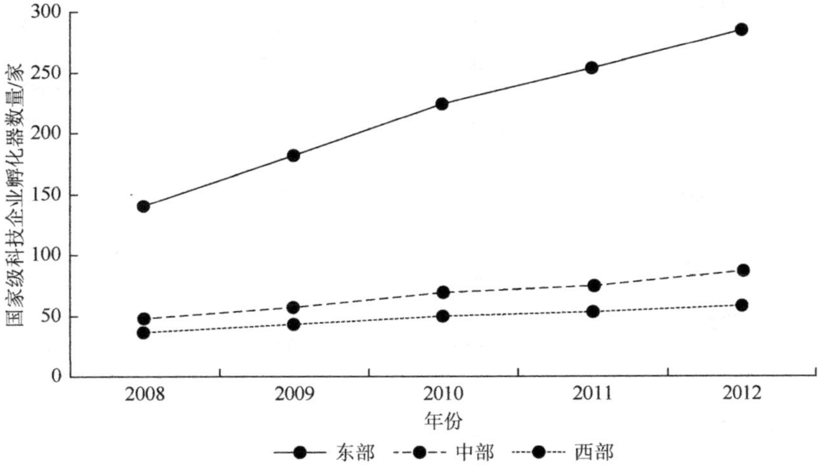

图 8.5 2008～2012 年我国东、中、西部地区国家级科技企业孵化器密度变化情况

三、稳健性检验

总结现有文献中稳健性检验的方法，其基本可以分为三种类型：第一，从变量的测量角度入手，采用不同的指标和计算方法对变量进行测量，检验回归结果是否稳定；第二，从数据分类的角度出发，根据研究问题的需要，将原有的数据样本按照不同的标准进行分组回归，检验结果是否稳健；第三，从计量方法的角度入手，根据数据类型的不同，采用不同的计量方法和模型进行回归分析，检验结果是否依然稳定、可靠。

在上文的实证研究中，我们已经使用了第二种方法，即按照国家统计局的分类方法将数据样本按区域分为东、中、西部三个地区，分别检验了各子样本的回归结果（表 8.5）。本部分将从变量测量的角度出发，进一步检验回归结果的稳定性和可靠性。

表 8.5　稳健性检验一：国家级科技企业孵化器总收入的回归模型

变量	因变量：孵化器总收入		
	模型 8-4	模型 8-5	模型 8-6
区域孵化器密度		0.70** (0.23)	0.69** (0.23)
区域孵化器密度的平方项			–0.14** (0.04)
在孵企业员工受教育水平	0.39+ (0.22)	0.34+ (0.22)	0.32+ (0.22)
孵化器管理层受教育水平	0.55 (0.28)	0.49 (0.28)	0.45 (0.28)
孵化器年龄	0.08 (0.05)	0.07 (0.05)	0.06 (0.05)
孵化器规模	0.53** (0.05)	0.51** (0.05)	0.49** (0.05)
城市经济发展水平	0.86** (0.09)	0.81** (0.10)	0.77** (0.10)
城市高等院校数	0.24** (0.08)	0.21** (0.09)	0.17* (0.09)
城市外商直接投资	0.14** (0.05)	0.13* (0.05)	0.10** (0.05)
时间虚拟变量	是	是	是
地区虚拟变量	是	是	是
常数项	2.24** (0.13)	2.22** (0.12)	2.18** (0.12)
调整后的 R^2	0.841	0.873	0.895
样本量	1624	1624	1624

注：表中括号值为标准误差，上述模型为稳健方差估计模型

+表示 $p<0.10$；*表示 $p<0.05$；**表示 $p<0.01$

（一）稳健性检验一：孵化器总收入作为孵化器绩效的替代变量

如前文对企业孵化器绩效评价的文献梳理所述，科技企业孵化器绩效存在多种表现形式。例如，Shane 和 Stuart（2002）将孵化器获得的风险投资作为其绩效评价指标之一。Bhabra-Remedios 和 Cornelius（2003）认为科技企业孵化器

是否能达成其目标是评估其绩效的重要参考，通过分析科技企业孵化器的业绩衡量标准，总结了几个代表性指标，包括利润和销售收入、在孵企业毕业率及创造的就业量。Rothaermel 和 Thursby（2005a，2005b）利用孵化器所获得的资金投入、成功毕业企业数、孵化失败率、在孵企业数和孵化器的总收入来衡量孵化器的绩效。在上文中，我们主要利用国家级科技企业孵化器内部在孵企业成功毕业数情况来分析其绩效表现情况，在本部分的稳健性检验中，我们从财务指标的角度出发，分析个体科技企业孵化器（简称个体孵化器）的收入情况，即利用总收入来衡量个体孵化器的绩效（Rothaermel and Thursby，2005a，2005b；Barbero et al.，2012；Bruneel et al.，2012）。在中国科技孵化器背景下，尽管早期中国政府主导的大部分科技企业孵化器具有非营利的性质，但是 2000 年以后，随着中国科技企业孵化器的多元化发展，私营孵化器、大学科技园及混合型孵化器企业兴起，政府主导的孵化器企业亦开始注重自身的创收问题。具体来说，为了消除通货膨胀因素对分析结果的影响，我们以 1990 年为基期，利用消费者价格指数对科技企业孵化器当年的总收入进行平减处理，之后再对其进行取对数处理，得到所有孵化器样本的总收入均值为 9.85，标准差为 3.52，具体的回归结果见表 8.5。

从表 8.5 中模型 8-6 的回归结果来看，当我们把个体孵化器的总收入作为因变量时，区域孵化器密度的系数为正向显著（$b = 0.69$，$p < 0.01$），同时区域孵化器密度的平方项系数为负向显著（$b = -0.14$，$p < 0.01$），这说明区域孵化器密度对个体孵化器总收入的影响是非线性的，即呈倒“U”形影响，该结果与表 8.3 的回归结果是一致的。简言之，我们分别用个体孵化器内部在孵企业成功毕业数和孵化器总收入作为衡量个体孵化器绩效的代理变量，区域孵化器密度对其均产生倒“U”形的非线性影响，这在一定程度上体现了本书回归结果的稳健性和可靠性。

（二）稳健性检验二：孵化器地理邻近性作为区域孵化器密度的替代变量

在上文中，区域内孵化器之间的依存关系是利用省级区域孵化器密度（数量）这一维度进行测量的，在本小节中，我们将考虑孵化器之间依存关系的另一种测量维度，即个体孵化器与其最相邻孵化器之间的地理邻近性。具体来说，省级区域孵化器密度这一维度主要考虑省级区域内国家级科技企业孵化器数量的变化，而个体孵化器与其最相邻孵化器之间的地理距离这一维度是从更加微观的区域层面衡量孵化器数量的变化，即当个体孵化器与其最相邻孵化器之间的地理距离越来越近时，说明不断有新的孵化器加入原有孵化器所处区域内，则个体孵化器所处的小区域内的孵化器密度越大。Zhang 等（2009）在研究中国国家技术开发区之间相互关系对其绩效的影响时，采用了最相邻开发区之间的地理邻近性这一维度来衡量开发区之间的互动关系。在组织生态文献中，大量学者在组织层面上研究了地理距离和地理邻近性问题，得到的一个基本的结论是：组织间的地理邻近性为资源流动和知识溢出提供了机会，但是在组织社区层面，地理邻近性对组织社区成长的实证研究较为匮乏。

在本节中，我们利用最相邻国家级科技企业孵化器之间的地理邻近性这一维度来衡量更小区域孵化器密度对个体孵化器绩效的影响。根据Baum和Havema（1997）、Stuart 和 Sorenson（2003）与 Zhang 等（2009）对地理邻近性的测算方法，我们计算每个国家级科技企业孵化器每年与之最相邻的国家级科技企业孵化器之间的地理邻近性的步骤如下：第一，我们利用百度地图的数据，搜索每一年、每一家国家级科技企业孵化器与之最相邻的国家级科技企业孵化器之间的地理距离，然后取对数处理；第二，为了将地理距离转化为地理邻近性，我们用样本数据中最大的地理距离值减去每个地理距离值，得到每个国家级科技企业孵化器的地理邻近值，得到的值越大，说明两个相邻孵化器之间的邻近性越大，最终得到所有最相邻国家级科技孵化器之间的地理邻近值范围为0～7.59。

从表 8.6 的回归结果可以看出，最相邻的国家级科技企业孵化器之间的地理邻近性对个体孵化器绩效具有显著的正向作用，而其平方项是显著的负向作用，这说明相邻孵化器之间的地理位置越近（特定区域内孵化器的密度越来越大），越能够促进孵化器的成长与发展，但是当相邻孵化器之间的邻近性持续增加时，会抑制个体孵化器的成长。具体来说，第一，当个体孵化器与之最相邻的孵化器间的距离较远时，并且当有新的孵化器加入这一区域时，则个体孵化器与其最相邻的孵化器的地理距离减小，即地理邻近性增加（区域孵化器密度增加），这将有利于孵化器之间相互互动、交流和学习。Porter（1998）的研究表明相比于地理位置比较孤立的产业集群，地理位置相距较近的产业集群会有更多的机会来学习和利用关于市场与技术的前沿知识及信息。第二，个体孵化器与之最相邻孵化器之间的距离越来越近，即不断有新的孵化器加入该孵化器所处的小区域内，会使外界相关利益者逐渐关注该区域，因为孵化器之间临近性的增加会降低外界利益相关者的搜索成本。Romanelli 和 Khessina（2005）的研究表明当外界利益相关者（如供应商、消费者、风险投资者及中介服务机构等）与该区域内某个孵化器发生互动时，那么与此孵化器最相邻的孵化器也自然会受到这些外界利益相关者的关注，从而获取相关的资源和信息。但是，当个体孵化器与其最相邻的孵化器之间的距离不断缩短时，即个体孵化器所处的小区域内的孵化器密度越来越大时，则孵化器之间的竞争关系逐渐加剧。Ruef（2000）认为相邻孵化器的临近性逐渐增大，则该区域的孵化器对资源的需求会逐渐达到该区域的环境承载力，孵化器的竞争关系会抑制彼此的发展。

表 8.6　稳健性检验二：地理邻近性对个体孵化器绩效影响的回归结果

变量	因变量：在孵企业成功毕业数		
	模型 8-7	模型 8-8	模型 8-9
地理邻近性		0.02* （0.03）	0.01* （0.03）
地理邻近性的平方项			−0.00+ （0.00）
在孵企业员工受教育水平	0.10* （0.13）	0.04* （0.12）	0.04* （0.12）
孵化器管理层受教育水平	0.31 （0.17）	0.31 （0.17）	0.30 （0.17）
孵化器年龄	0.01 （0.03）	0.00 （0.03）	0.00 （0.03）
孵化器规模	0.39** （0.14）	0.37+ （0.13）	0.34** （0.13）
城市经济发展水平	0.13* （0.05）	0.13* （0.05）	0.10+ （0.05）
城市高等院校数	0.04* （0.05）	0.04* （0.05）	0.03* （0.05）
城市外商直接投资	0.01 （0.04）	0.00 （0.03）	0.00 （0.03）
时间虚拟变量	是	是	是
地区虚拟变量	是	是	是
常数项	2.40** （0.23）	2.39+ （0.23）	2.38+ （0.23）
调整后的 R^2	0.612	0.622	0.637
样本量	1624	1624	1624

注：表中括号值为标准误差，上述模型为稳健方差估计模型

+表示 $p<0.10$；*表示 $p<0.05$；**表示 $p<0.01$

总的来说，我们用个体孵化器与之最相邻的孵化器之间的地理邻近性这一更小区域范围内的区域孵化器密度变量来替代省级区域孵化器密度这一变量，探讨其对个体孵化器绩效的影响。结果发现最相邻国家级科技企业孵化器之间的地理邻近性对个体孵化器的发展具有倒“U”形影响，这与前文的研究结果是一致的，这也进一步说明了本章实证结果的稳健性。

第四节　基于孵化器异质性的区域依存关系对其绩效的影响研究

在上一节中，我们利用全样本数据研究了区域孵化器依存关系对个体孵化器

绩效的影响，但是二者之间的关系并不是对所有孵化器都有相同的效果，即在不同的孵化器类型下，区域孵化器依存关系对孵化器绩效的影响强度是不同的。在本章中，我们主要考虑科技企业孵化器的两种特征：第一，在中国转型经济的背景下，转型经济最显著的标志是国有企业与非国有企业共同存在，在中国科技企业孵化器情境下，主要包括政府主导型孵化器[①]和非政府主导型孵化器[②]两类，因此我们考虑科技企业孵化器所有权的异质性（政府主导型孵化器与非政府主导型孵化器），探讨在不同强度的政治网络下，区域内孵化器社区间的依存关系对个体孵化器绩效的影响有何不同；第二，从孵化器内部在孵企业来看，某些孵化器内部在孵企业属于同一行业或技术领域，则这类孵化器为SBIs，而另一部分孵化器内部在孵企业属于不同的行业或技术领域，则这类孵化器为DBIs，即由于科技企业孵化器的战略选择类型不同，中国科技企业孵化器存在着 SBIs 与 DBIs，因此我们考虑科技企业孵化器专业化战略的异质性（SBIs 与 DBIs），探讨在不同强度的内部对等网络下，区域内孵化器社区间的依存关系对个体孵化器绩效的影响有何不同。

一、孵化器所有权异质性下区域依存关系对其绩效的影响研究

（一）孵化器所有权类型及其作用机理分析

现有大量文献研究了转型经济体中管理层联系（关系）在企业发展中的重要作用。Xin 和 Pearce（1996）发现在中国的制度环境下，社会关系或者网络可以在一定程度上弥补正式制度的不完善。Li 和 Atuahene-Gima（2001）的研究表明在中国转型经济环境下，企业管理层与政府的联系，即政治网络，代表着一种特殊的企业资源。一些学者研究了中国企业管理层与政府的联系对企业绩效的影响，如 Luo（2003）发现企业管理层与政府部门的联系促进了企业的绩效；Nee（1992）研究发现相比于政治网络较弱的新创企业，具有较强政治网络的新创企业具有较好的企业绩效表现。

本章的研究对象为国家级科技企业孵化器，中国科技企业孵化器是政府培育高新技术企业的重要工具，它对促进地区技术转移、科技进步和经济增长至关重要。但是一些孵化器管理者承认在失去政府资金支持的情况下，有些孵化器是无法生存的（Aernoudt，2004）。因此，中国政府通过制定政策和创造有利

---

① 表示政府主导型科技企业孵化器。

② 表示非政府主导型科技企业孵化器。

的制度环境，在融资、信息及技术等方面促进科技孵化器产业的发展。基于中国政府在孵化器产业发展上扮演的重要角色，在科技企业孵化器拥有不同强度政治网络的背景下，探讨孵化器区域依存关系对其孵化器绩效的影响是十分必要的。在本书中，我们利用孵化器的所有权来判断孵化器企业与政府部门的联系强度，即政府主导型孵化器具有较强的政治网络，而非政府主导型孵化器的政治网络较弱。其中，政府主导型孵化器是指由各级政府或政府部门发起创办的，政府是主要的投资者，孵化器的管理者由政府指定，政府分配资金供孵化器运营。

根据前文的分析，相比于非政府主导型孵化器，政府主导型孵化器在获取资源上具有以下几方面的优势：第一，政府主导型孵化器是由政府或其相关部门创办的，它的管理层也是由政府部门任命的，这能够提高其在市场中的地位，即政府主导型孵化器具有外界认可的良好的形象，这将有利于孵化器企业与外部重要机构和组织建立联系（Zhang et al.，2013），如金融服务机构，研究表明相比于私营企业，国有企业更容易从商业银行获取贷款。第二，Li 和 Atuahene-Gima（2001）、Li 和 Zhang（2007）的研究均表明政府主导型企业可以获得政府部门更多的资源支持和风险保护，这将有利于减轻外部环境的不确定风险，以及解决企业所面临的资源短缺问题。正如我们前面所说，中国不发达的战略要素市场限制了企业获取关键性互补资源的渠道。相比而言，非政府主导型孵化器获得的政府支持较少，因此这类科技企业孵化器在中国的制度体系中处于弱势地位。

在中国转型经济的背景下，非政府主导型孵化器不具有较强的政治网络，因此如何获取外部资源和信息成为它们发展过程中面临的主要问题。而区域内孵化器之间的相互关系可以作为一种获取外部资源的渠道和途径，因此区域内孵化器之间的相互关系对这类孵化器的资源获取能力具有较大的影响。但是，对于政府主导型孵化器来说，由于其更容易获得资源，孵化器之间的相互关系对其获取资源的能力影响较小，这类孵化器并不主要依赖通过与区域内的孵化器建立网络联系来获取相关的互补资源，它们更愿意通过与政府的强联系来获取相关的资源。

基于以上分析，在中国转型背景下，相比于政府主导型孵化器来说，区域内孵化器之间的依存关系对非政府主导型孵化器获取外界互补资源的能力影响更大。因此，我们提出本章的第三个假设。

假设 8.3：相比于政府主导型孵化器，在非政府主导型孵化器中的区域内孵化器的依存关系对个体孵化器绩效的影响更强烈。

（二）变量选取与数据处理

在本节中，我们采用的因变量、自变量及控制变量与本章第三节是一致的，在本小节我们主要考虑孵化器所有权类型的调节作用，因此，我们着重介绍孵化器所有权的测量问题。在前文我们强调了中国政府在孵化器产业发展上扮演的重要角色，大多数科技企业孵化器都在一定程度上受到了各级政府不同形式的支持。图 8.6 表明了 2016 年我国科技企业孵化器创办运营资金的主要来源，从中可以看出接近三成（28.4%）的科技企业孵化器的创办运营资金主要来源于政府，31.1% 是由政府参与创办的，即由政府主导或参与创办的科技企业孵化器接近六成（59.5%），而非政府创办的科技企业孵化器比例为 40.5%。

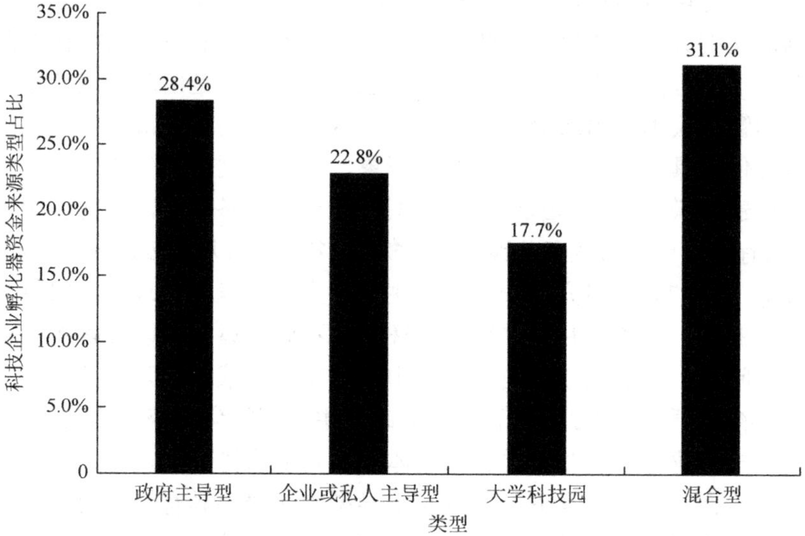

图 8.6　2016 年我国科技企业孵化器创办运营资金来源类型分布

科技企业孵化器与政府联系的强度不同导致其获得的政府支持程度不同，在本节我们利用孵化器的所有权类型来判断其与政府的联系强度，即政府发起创办的科技企业孵化器具有较强的政治网络，非政府发起创办的科技企业孵化器的政治网络强度较弱。在科技企业孵化器所有权类型的测量上，我们构建了一个虚拟变量，即如果孵化器是由政府部门设立创办或参与创办的，我们将其称为政府主导型孵化器，并标记为“1”；而其余的科技企业孵化器，如由私人、私有企业或者大学创办的科技企业孵化器或科技园，我们视其为非政府主导型孵化器，并标记为“0”。

我们的研究对象是国家级科技企业孵化器，主要数据取自《中国火炬统计年鉴》，但是该年鉴中并没有说明各国家级科技企业孵化器的所有权信息，因此我们需要手动检索本书选取的 418 家国家级科技企业孵化器的所有权信息。具体来说，首先，我们利用科技部火炬高技术产业开发中心的官方网站，确定研究期间（2008～2012 年）每年国家级科技企业孵化器的名称，并剔除数据缺失严重的科技企业孵化器，最终选取了 418 家国家级科技企业孵化器；其次，利用中国孵化器网并结合各家国家级科技企业孵化器的网站和宣传手册，在孵化器简介一栏中检索其创办的相关信息，我们将含有“国有控股单位”“国有独资单位”“政府某部门直属单位”及“政府参与共同发起”等字段的孵化器视为政府主导型孵化器。最终，本节选取的 418 家国家级科技企业孵化器中有 254 家政府主导型孵化器，占比为 60.77%，其余 164 家为非政府主导型孵化器，占比为 39.23%。为探索孵化器所有权对区域孵化器密度与个体孵化器绩效之间关系的调节作用，我们分别构建了区域孵化器密度×孵化器所有权和区域孵化器密度的平方项×孵化器所有权的交互项。在构建这两个交互项之前，为避免变量之间的多重共线性，我们对相关连续变量进行了中心化处理（Aiken and West，1991）。

（三）实证结果分析

本章的假设 8.3 提出，相比于政府主导型孵化器，在非政府主导型孵化器中的区域内孵化器的依存关系对个体孵化器绩效的影响更强烈。根据表 8.7 中模型 8-14 的回归结果，我们发现孵化器所有权对因变量的影响是负向不显著的（$b=-0.12$，$p>0.1$），但是区域孵化器密度与孵化器所有权的交互项的系数是负向显著的（$b=-0.32$，$p<0.01$），且区域孵化器密度的平方项与孵化器所有权的交互项的系数是正向显著的（$b=0.08$，$p<0.05$）。为了更好地显示在不同孵化器所有权类型下区域孵化器密度对个体孵化器绩效的影响，我们画出了孵化器所有权的调节效应图，从图 8.7 中可以清楚地看出在非政府主导型孵化器中，区域孵化器的依存关系对个体孵化器绩效影响的倒“U”形曲线斜率更加陡峭，即影响更加强烈，从而假设 8.3 是成立的。

表 8.7　在孵企业成功毕业数的回归结果：孵化器所有权类型的调节作用

变量	因变量：在孵企业成功毕业数				
	模型 8-10	模型 8-11	模型 8-12	模型 8-13	模型 8-14
区域孵化器密度		0.43^{**} （0.14）	0.42^{**} （0.14）	0.42^{**} （0.14）	0.40^{**} （0.14）
区域孵化器密度的平方项			-0.10^{**} （0.02）	-0.10^{**} （0.02）	-0.10^{**} （0.02）
孵化器所有权				−0.13 （0.10）	−0.12 （0.10）
区域孵化器密度×孵化器所有权					-0.32^{**} （0.06）
区域孵化器密度的平方项×孵化器所有权					0.08^{*} （0.02）
在孵企业员工受教育水平	0.10^{*} （0.13）	0.09^{*} （0.13）	0.08^{*} （0.12）	0.09^{*} （0.13）	0.09^{*} （0.13）

续表

变量	因变量：在孵企业成功毕业数				
	模型 8-10	模型 8-11	模型 8-12	模型 8-13	模型 8-14
孵化器管理层受教育水平	0.31 （0.17）	0.29 （0.17）	0.268 （0.17）	0.27 （0.17）	0.26 （0.17）
孵化器年龄	0.01 （0.03）	0.00 （0.03）	0.00 （0.03）	0.00 （0.03）	0.00 （0.03）
孵化器规模	0.39** （0.14）	0.37** （0.14）	0.36** （0.13）	0.35** （0.13）	0.33** （0.13）
城市经济发展水平	0.13* （0.05）	0.11* （0.06）	0.08+ （0.06）	0.10+ （0.06）	0.09+ （0.06）
城市高等院校数	0.04* （0.05）	0.03* （0.05）	0.03* （0.05）	0.02* （0.05）	0.02* （0.05）
城市外商直接投资	0.01 （0.04）	0.009 （0.03）	0.009 （0.03）	0.01 （0.03）	0.008 （0.03）
时间虚拟变量	是	是	是	是	是
地区虚拟变量	是	是	是	是	是
常数项	1.90** （0.23）	1.89** （0.23）	1.88** （0.22）	1.83** （0.23）	1.76** （0.23）
调整后的 R^2	0.612	0.631	0.643	0.649	0.651
样本量	1624	1624	1624	1624	1624

注：表中括号值为标准误差

+表示 $p<0.10$；*表示 $p<0.05$；**表示 $p<0.01$

这一研究结果表明，在中国这样的转型经济体制下，政府主导或国有所有权是弥补现有制度框架不完整和不完善的重要机制，政府主导型企业或国有企业可以利用这种强政治网络比较容易、及时和有效地获取外部资源；而不具有这种强政治网络的企业，即非国有企业则会更多地在市场上选择合作、联盟，以及与外部组织建立联系等方式获取资源。对于科技企业孵化器来说，区域内孵化器的依存关系是影响个体孵化器获取资源能力的重要因素之一，因此，相比于政府主导型孵化器来说，非政府主导型孵化器更多地依赖这种依存关系来获取外部互补资源。

尽管在中国转型经济体制下，政治关系或网络是弥补现有制度框架不完整和不完善的重要机制与途径。但是，事实上从另一种角度来说，经济正在向市场方向转变，并且越来越接近市场经济。因此，企业在转型经济体制下应该更加注重建立与市场相关的核心竞争力，通过更多地与市场接触，在市场竞争中获取互补资源，从而抓住市场机会。对于非政府主导型孵化器来说，不能仅仅以被动的方式去适应现有的体制环境，而是应该通过建立与市场相关的核心竞争力，主动加强其能力专有性，从而实现自身利益最大化。

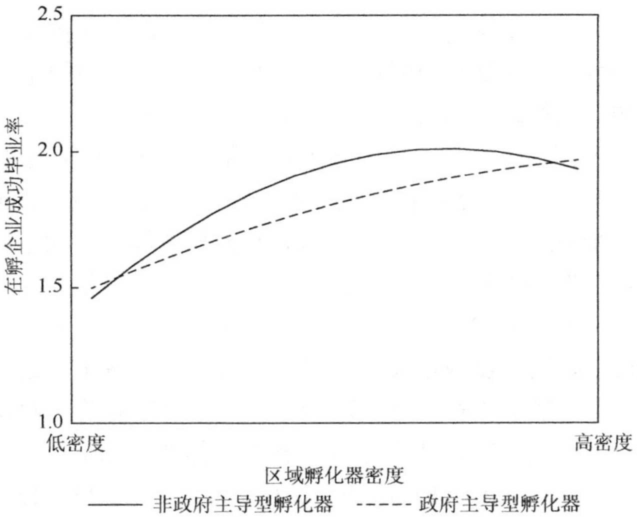

图 8.7　区域孵化器密度与在孵企业成功毕业率的关系：考虑孵化器所有权的调节作用

二、孵化器战略异质性下区域依存关系对其绩效的影响研究

（一）孵化器战略类型及其作用机理分析

科技企业孵化器作为一种组织社区（Phan et al.，2005），是通过合作关系联系在一起，彼此之间相互影响、共同演化的组织群体的集合，孵化器不仅能够为在孵企业提供各种孵化服务，更重要的一种特征是能够为在孵企业提供一种内部互动网络，使在孵企业能够通过孵化器内部互动合作网络交换有用的信息、知识与资源，共同获取特定的项目并且建立相互合作的合同协议等（Schwartz and Hornych，2008，2010）。Lyons（2000）认为同一屋檐下的新创企业更有可能促进彼此之间的合作，即形成对等网络（peering networking），因此孵化器努力通过共享办公室、共享会议室、共享饭桌或食堂等方式将内部在孵企业联系起来，从而发挥孵化器的桥接功能（Schwartz and Hornych，2010）。McAdam M 和 McAdam R（2008）发现孵化器内部新创企业的地理邻近性有利于增加其互动频率、发展内部对等并行网络。换句话说，在孵企业之间的地理邻近性能够促进彼此间的互动，以及个体关系和联系的建立与发展，加速孵化器内部企业之间的知识与信息的转移及经验的交换等（Schwartz and Hornych，2010；Bøllingtoft and Ulhøi，2005）。虽然，科技企业孵化器能够给在孵企业提供内部对等网络，但是孵化器的专业化战略不同，导致孵化器内部对等网络的强度不同，以及内部在孵企业获取资源的能力也是不同的。

由于孵化器专业化战略的选择不同，管理者在筛选入孵项目和企业的标准制定上存在差异，最终导致两种战略导向的孵化器产生，即 SBIs 和 DBIs。Schwartz

和 Hornych（2010）对 SBIs 的定义是：如果孵化器管理者选择入孵企业或者项目的标准，以及提供的服务要素和流程都聚焦于来自单一部门的企业，则这类孵化器为 SBIs。例如，软件园发展有限公司、生物医药创业服务中心、光电子专业孵化器有限公司等。相比而言，DBIs 的基本特点是：内部在孵企业的行业类型高度多元化，包含了来自多个行业或技术领域的企业（Vanderstraeten and Matthyssens，2012）。正是由于孵化器的专业化程度不同，其内部对等网络的强度存在差异，最终影响到孵化器内部在孵企业获取知识、信息和资源的能力。

Schwartz 和 Hornych（2010）认为相比于 DBIs，SBIs 聚焦于某一具体部门或技术领域，因此能够建立较为强大的内部对等网络并能够获取更多的社会资本。具体来说，第一，根据 MAR 外部性理论，来自同一行业的企业在地理位置上的集聚更有可能产生知识溢出，从而导致动态的外部性（Hu，2007）。在企业孵化器的研究文献中，Schwartz 和 Hornych（2010）及 Hansen 等（2000）发现孵化器建立强大的内部对等网络的关键要素是孵化器内部在孵企业的核心能力、知识和市场聚焦点需要在一定程度上有所重合。Chan 和 Lau（2005）认为在孵企业需要来自相同的行业部门并聚集在一起才能共享知识、信息和资源。Totterman 和 Sten（2005）发现孵化器内部在孵企业的高度多元化将会阻碍有价值的知识转移和资源的交换。综上所述，相比 DBIs，SBIs 具有较为强大的内部对等网络，且在孵企业能够依赖此网络获取更多的资源、知识与信息。第二，孵化器的研究者和从业者认为 SBIs 具有较好的绩效表现（Schwartz and Hornych，2010），这种专业化战略可以增强 SBIs 和内部在孵企业的良好形象与声誉，从而使其能够更加容易从外部组织获取资源和信息。第三，由于孵化器内部的管理人员、创业导师，以及专业性的技术人员的人数和能力都是有限的，SBIs 有利于管理层提供更加合理化的孵化服务，即管理者能够提供更加专业、高质量和有效的服务与资源（von Zedtwitz and Grimaldi，2006；Vanderstraeten and Matthyssens，2012）。相比而言，DBIs 内部在孵企业形成的对等网络互动性较弱，且在孵企业的技术领域的差异性较大，孵化器管理层无法提供较为专业和高质量的孵化器服务与支持，因此 DBIs 从孵化器内部获取资源的渠道较少且能力较弱。

SBIs 的差异性，导致 SBIs 与 DBIs 共同存在，但是 DBIs 不具备较强的内部对等网络，其在孵企业从内部获取有价值的资源和信息较为困难。因此，DBIs 会更多地考虑参与跨孵化器边界的合作、资源流动和信息交换，从而促进在孵企业的成长和发展，而区域内孵化器的相互关系可以作为一种重要的获取外部资源的渠道和途径，对于 DBIs 来说，这在一定程度上可以弥补较弱的内部对等网络支持。因此，区域内孵化器之间的依存关系对 DBIs 的资源获取能力具有较大的影响。但是对于 SBIs 来说，由于其具有比较强大的内部对等网络的支持且能够更好地获得孵化器管理层的专业服务，在孵企业能够更容易、更有效、更及时地从孵化器内部获取相关互补资源，这使孵化器之间的相互关系对其获取资源的能力影响较小。换句话说，相比于 DBIs，SBIs 对通过与区域内的孵化器建立联系来获取相关的互补资源的依赖性较小。因此，我们提出本章的第四个假设。

假设 8.4：相比于 SBIs，DBIs 中的区域内孵化器的依存关系对个体孵化器绩效的影响更强烈。

（二）变量选取及数据处理

在本节中，我们采用的因变量、自变量及控制变量与本章第三节是一致的，在此我们主要考虑孵化器战略类型异质性的调节作用，因此，我们着重介绍孵化器战略类型的测量问题。在本节中，我们提到孵化器专业化战略的不同，管理者在筛选入孵项目和企业的标准制定上存在差异，最终产生两种战略导向的孵化器，即 SBIs 和 DBIs。在科技企业孵化器战略类型的测量上，我们构建了一个虚拟变量，即如果孵化器内部在孵企业来自单一部门，我们将其称为 SBIs，并标记为“1”；而孵化器内部在孵企业来源于两个或两个以上的部门，我们视其为 DBIs，并标记为“0”。

我们研究的主要数据来源于 2009～2013 年的《中国火炬统计年鉴》，但是该年鉴中并没有明确标注孵化器为 SBIs 或 DBIs，因此我们需要手动收集 418 家国家级科技企业孵化器战略类型的信息，即是否为 SBIs。具体来说，第一，我们利用科技部火炬高技术产业开发中心的官方网站，确定研究期间（2008～2012 年）每年国家级科技企业孵化器的名称，并剔除数据缺失严重的科技企业孵化器，最终选取了 418 家国家级科技企业孵化器；第二，利用中国孵化器网并结合各家孵化器的网站和宣传手册，在孵化器简介、孵化平台/服务，以及在孵企业或入驻企业等信息中检索其在孵企业的行业信息；第三，根据 Schwartz 和 Hornych（2010）对 SBIs 的定义，结合国民经济行业分类和代码中的大类分类标准，判断孵化器内部在孵企业是否来源于同一大类，如果“是”，我们将该孵化器标记为 SBIs。最终我们将 106 家国家级科技企业孵化器标记为 SBIs，占比为 25.36%，将其余 312 家国家级科技企业孵化器标记为 DBIs，占比高达 74.64%。为探索孵化器战略异质性对区域孵化器密度与个体孵化器绩效之间关系的调节作用，我们分别构建了区域孵化器密度×孵化器专业化战略和区域孵化器密度的平方项×孵化器专业化战略的交互项。在构建这两个交互项之前，为避免变量之间的多重共线性，我们对相关的连续变量进行了中心化处理（Aiken and West，1991）。

（三）实证结果分析

假设 8.4 提出，相比于 SBIs，DBIs 中的区域内科技企业孵化器的依存关系对个体孵化器绩效的影响更强烈。根据表 8.8 中模型 8-18 和模型 8-19 的回归结果，我们发现孵化器专业化战略对因变量的影响是负向显著的（$b=-0.32$，$p<0.01$），区域孵化器密度与孵化器专业化战略的交互项是负向显著的（$b=-0.27$，$p<0.1$），且区域孵化器密度的平方项与孵化器专业化战略的交互项是正向显著的（$b=0.06$，$p<0.05$）。为了更好地显示在不同孵化器战略类型下区域孵化器密度对孵化器绩效的影响，我们画出了孵化器专业化战略的调节效应图，从图 8.8 中我们可以清楚地看出在 DBIs 中，区域孵化器的依存关系对个体孵化器绩效影响的倒“U”形曲线的斜率更加陡峭，即影响更加强烈，从而假设 8.4 是成立的。

表 8.8　在孵企业成功毕业数的回归结果：孵化器战略异质性的调节作用

变量	因变量：在孵企业成功毕业数				
	模型 8-15	模型 8-16	模型 8-17	模型 8-18	模型 8-19
区域孵化器密度		0.43** (0.14)	0.42** (0.14)	0.40** (0.13)	0.39** (0.14)
区域孵化器密度的平方项			–0.10** (0.02)	–0.09** (0.02)	–0.09** (0.02)
孵化器专业化战略				–0.32** (0.10)	–0.31* (0.10)
区域孵化器密度×孵化器专业化战略					–0.27+ (0.06)
区域孵化器密度的平方项×孵化器专业化战略					0.06* (0.03)
在孵企业员工受教育水平	0.10* (0.13)	0.09* (0.13)	0.08* (0.12)	0.09* (0.13)	0.08* (0.13)
孵化器管理层受教育水平	0.31 (0.17)	0.29 (0.17)	0.28 (0.17)	0.25 (0.17)	0.23 (0.16)
孵化器年龄	0.01 (0.03)	0.00 (0.03)	0.00 (0.03)	0.00 (0.03)	0.00 (0.03)
孵化器规模	0.39** (0.14)	0.37** (0.14)	0.36** (0.13)	0.34** (0.13)	0.32** (0.13)
城市经济发展水平	0.13* (0.05)	0.11* (0.06)	0.08+ (0.06)	0.09+ (0.06)	0.08+ (0.06)
城市高等院校数	0.04* (0.05)	0.03* (0.05)	0.03* (0.05)	0.02* (0.05)	0.02* (0.05)
城市外商直接投资	0.01 (0.04)	0.009 (0.03)	0.009 (0.03)	0.008 (0.03)	0.008 (0.03)
时间虚拟变量	是	是	是	是	是
地区虚拟变量	是	是	是	是	是
常数项	1.90** (0.23)	1.89** (0.23)	1.88** (0.22)	1.89** (0.23)	1.86** (0.22)
调整后的 R^2	0.612	0.631	0.643	0.652	0.662

注：表中括号值为标准误差，上述模型为稳健方差估计模型

+表示 $p<0.10$；*表示 $p<0.05$；**表示 $p<0.01$

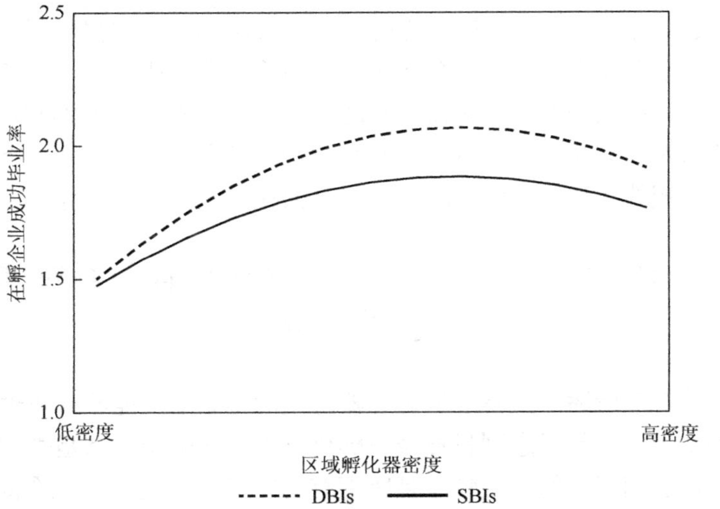

图 8.8 区域孵化器密度与在孵企业成功毕业率的关系：考虑孵化器战略异质性的调节作用

这一研究结果表明，SBIs 具有较强的内部对等网络，在孵企业能够利用这种强大的内部网络拓宽自身获取资源和信息的渠道，提高资源获取能力，且能够较为容易、及时和有效地获取相关的资源与信息；相比而言，由于内部对等网络强度较弱，DBIs 则会更多地通过跨孵化器边界的合作和互动等方式来获取资源，而区域内孵化器的依存关系是个体孵化器获取外部信息与资源的重要渠道之一。因此，相比于 SBIs 来说，DBIs 会更多地依赖这种依存关系来获取外部互补资源。

但是，当区域孵化器的密度较高，对地区资源的需求超出外部环境的承载力时，孵化器之间的竞争在 DBIs 中也表现得更加强烈。具体来说，当区域内存在大量的 DBIs 时，如高技术创业服务中心，这类孵化器内包含了高技术产业的多个子部门的企业，因此对区域内的一些共性资源和技术有着共同的追求与需求，如创业导师、技术人员及创业项目，即彼此之间的生态位高度重叠，从而加剧了孵化器之间的竞争。从中国的现实情况来看，大多数孵化器为综合型孵化器或 DBIs，主要原因是中国科技企业孵化器缺乏项目引进筛选机制，许多孵化器仍然以租让场地和工位作为盈利模式，为尽快租让办公工位以获取租金维持孵化器运转，这往往让其忽略了对创业团队及其创业项目的筛选，导致相当一部分孵化器的入驻项目包含了多个技术领域。基于这样的原因，中国大多数孵化器为综合型孵化器（这从本书的研究样本中也可以看出，接近四分之三的孵化器为 DBIs），且这类孵化器提供的服务具有高度同质性的特点，同质化的创业服务让孵化器失去核心竞争力，且加剧了彼此之间的竞争。

对于 SBIs 来说，首先，孵化器内部的在孵企业属于同一行业，彼此形成的网络能够促进知识溢出和信息流动，且新创企业对这些信息能够及时吸收和消化；

其次，SBIs 的管理层能够针对该行业提供更加深入、高质量的孵化器服务和资源；再次，SBIs 对该行业和技术领域的创业项目具有较强的吸引力，这类创业项目会更加优先选择该领域的专业孵化器，因此减弱了孵化器对创业项目的竞争；最后，专业化战略有利于孵化器形成具有自身特色的服务和核心竞争力，有利于孵化器探索该技术领域的市场小生境（niches），从而提高自身的市场竞争力。

第五节　孵化器管理层支持下的区域依存关系对其绩效的影响研究

如本章第三节所述，虽然区域孵化器密度的初始增加能够给在孵企业带来相关的资源和知识，但是考虑到科技企业孵化器内部在孵企业都是刚刚成立的科技型新创企业，它们存在的历史较短且所拥有的知识存量较少，很难将具有其他企业特征的关键性复杂知识和技术进行转移与吸收，尤其是一些隐性知识（tacit knowledge）（Zander and Kogut，1995）。因此，这些新创企业独立将外界的知识进行整合，并用于自身的创新过程的能力较弱（Ozer and Zhang，2014）。此时，孵化器管理层提供的支持将有助于在孵企业理解、吸收和转化从外部获取的知识与资源，从而促进其成长。在本节中，我们提出两种重要的孵化器管理层支持对区域孵化器密度与个体孵化器绩效关系的调节作用，即商业支持与技术支持（Chan and Lau，2005；Aerts et al.，2007；Scillitoe and Chakrabarti，2010）。

一、孵化器管理层支持类型及其作用机理分析

企业管理者对企业发展的重要作用已经引起了学者的广泛关注，根据前人的研究，管理者最重要的作用之一是能够为企业的发展提供独特的专业知识、资源和经验（Hillman and Dalziel，2003）。在企业孵化器的研究文献中，学者将孵化器管理层的支持具体分为两种，即商业支持和技术支持（Hansen et al.，2000；Mian，1996；Chan and Lau，2005；Aerts et al.，2007；Scillitoe and Chakrabarti，2010）。这两种支持已经被视为孵化过程中的重要机制，科技企业孵化器内部的技术型新创企业的成功存活和持续发展离不开孵化器提供的商业支持与技术支持（Hackett and Dilts，2004；Mian，1996）。

（一）商业支持的内涵及作用机理分析

商业支持是指孵化器管理层为在孵企业的发展提供一系列业务型的支持和帮助，包括：商业规划、税务援助、人员招聘、市场营销、管理、会计、一般

的法律专业知识、获取金融资本及签订商业合同等（Hansen et al.，2000；Mian，1996）。Rice 等（1995）指出新创企业或者在孵企业尤其需要与企业运营相关的业务帮助。Mian（1996）认为在各类商业支持中，管理层提供的关于市场方面的支持对新创企业尤为重要，因为市场方面的支持能够清楚地让在孵企业了解和理解谁会购买它们的产品与服务、消费者需要什么样的产品和服务，以及产品和服务的价格是怎样的（Rice et al.，1995）。对于创业者来说，在创立新企业之前，他们会致力于完善自身的新产品、服务及技术，最大限度地降低风险和不确定性，从而获得市场成功。因此，对于新创企业来说，在产品和服务开发的早期，准确和及时地了解与理解消费者的需求及偏好将会潜在地提高新创企业的成功率（Rice et al.，1995；Scillitoe and Chakrabarti，2010）。基于此，在本书中，我们主要关注孵化器管理层商业支持中关于市场营销和咨询方面的服务，即帮助在孵企业了解市场相的信息与知识，即客户偏好的学习与了解（learning of buyer preferences）。

正如我们本节的开篇所述，尽管区域内孵化器数量的初始增加能够让在孵企业获取大量的知识和信息，包括关于市场上的信息。但是，成功的产品创新需要企业将内外部相关的信息进行吸收、整合与重组。Zander 和 Kogut（1995）认为孵化器内的新创企业由于成立的时间较短、缺乏市场经验和相关的知识存量，它们很难从大量的知识和信息中识别、转化与吸收有价值的市场知识及信息。此时，孵化器管理层给在孵企业提供相关的市场营销等方面的商业支持和帮助，包括消费者的偏好、市场价格和产品形式等，将有助于新创企业理解消费者的需求、企业的目标消费群体，以及生产的产品形式与价格（Rice et al.，1995）。在产品或服务开发的早期阶段能够清晰地了解市场上的相关信息，能够提高新创企业的潜在成功率（Scillitoe and Chakrabarti，2010）。

基于以上分析，孵化器管理层的商业支持有助于在孵企业理解区域内复杂的市场知识，并识别出有价值的信息，这将会提高在孵企业产品在市场上的成功率，从而促进在孵企业的存活率。因此，我们提出本章的第五个假设。

假设 8.5：当孵化器管理层提供的商业支持越多时，区域孵化器密度对个体孵化器绩效的正向影响越强烈。

（二）技术支持的内涵及作用机理分析

技术支持是指孵化器管理层为在孵企业提供一系列与在孵企业技术发展相关的支持，包括：获取大学研究技术，获取研发实验室和工作车间的技术设备（Mian，1996；Bakouros et al.，2002）、技术转移流程、研究与技术供应渠道、知识产权保护（Hannon，2005），签订技术合同（Hansen et al.，2000），以及获取专业技术技能等（Scillitoe and Chakrabarti，2005）。Deeds 等（2000）指出孵化器管理层提供的技术支持和帮助，尤其是帮助新创企业学习专业技术知识与技能（technological know-how）（Scillitoe and Chakrabarti，2005），使新创企业的技术产品得以开发和商业化。专业技术知识与技能主要包括知识产权保护、获取和理解复杂的科学技术知识及产品设计与生产技能（Deeds et al.，2000）。对于科技型中小企业来说，这类企业得以成功发展都需要建立在一定的专业技术知识与技能的基础上，且这些技术知识与技能是企业的核心竞争力的主要来源。但是，对于技术型新创企业来说，凭借着自身有限的知识存量很难获取这种专业技术知识与技能（technological know-how）（Deeds et al.，2000）。与外部建立联系、获取外部资源，并整合内外部资源和知识是科技型新创企业积累自身技术知识与培养技能的有效渠道之一。Scillitoe 和 Chakrabarti（2005）指出孵化器管理层的技术支持是在孵企业培养自身核心技术的重要渠道之一。

正如上文所述，尽管在孵企业在区域孵化器集群中能够获取较多的其他组织的知识、技术、信息与资源，如来自高校和研究机构的基础研究成果，但是从高校或者其他企业获取的新技术可能不太成熟且具有一定的风险性和不确定性（Thursby et al.，2001；Thursby and Thursby，2002），同时这些新技术具有原有企业自身的特征和复杂性，新创企业即使能够获取这些技术知识，但很难理解、吸收和使用这些技术知识。此时，孵化器管理层为在孵企业提供大量的技术支持，培养在孵企业自身的专业技术知识与技能，使新创企业在一定程度上能够了解和理解外界的技术知识，且能够清楚地知道哪些技术知识是与自身技术相关的，从而有目的、有针对性地去获取这类技术知识，巩固自身的技术竞争优势，最终促进新创企业技术产品的开发与商业化，提高企业的财务绩效（Deeds et al.，2000；Lee et al.，2001；Zahra et al.，2000）。

基于以上分析，孵化器管理层的技术支持有助于在孵企业在区域孵化器集聚中理解其所获取的专业技术知识，识别出与其自身技术相关的知识，并将其吸收和运用到自身的创新发展过程中，这将会提高在孵企业技术产品在市场上的成功率，从而促进在孵企业的存活率。因此，我们提出如下假设。

假设 8.6：当孵化器管理层提供的技术支持越多时，区域孵化器密度对个体孵化器绩效的正向影响越强烈。

二、变量说明及数据来源

（一）变量说明与测量

1. 因变量

科技企业孵化器绩效是因变量。与本章第三节相似，我们主要考虑孵化器培育技术型新创企业的基本功能，尤其是在中国国家级科技企业孵化器背景下，对在孵企业成功毕业具有严格的要求。因此，科技企业孵化器内部在孵企业成功毕业率的高低能够直接反映出该孵化器的基本能力和绩效，在本节中我们利用在孵企业成功毕业率来衡量其绩效，即当年成功毕业企业数/当年在孵企业数（Peña，2004；Aerts et al.，2007；Barbero et al.，2012）。

2. 自变量

区域孵化器密度是自变量。同样与本章第三节相似，我们用省级区域内国家级科技企业孵化器数量来衡量区域孵化器密度，具体测量方法是：当年省域孵化器数量/省域 GDP（1000 亿元）。在此，我们考虑了区域经济规模的影响，采用区域孵化器相对密度这一测量方式主要基于三方面的原因：第一，从理论上来说，区域孵化器数量的增长驱动了区域内孵化器的两种依存关系，从而影响了个体孵化器的资源获取。但是在不同的地区，地区经济发展情况不同，区域所具有的资源存量不同，因此相同数量的孵化器在不同的地区中，彼此间的关系可能不同，即地区经济发展对区域孵化器数量驱动的区域内孵化器两种依存关系具有重要影响。因此，在本节中，我们利用区域孵化器数量/地区经济规模这一相对密度来衡量。第二，从实证数据的角度来看，本节我们利用孵化器内部在孵企业成功毕业率这一比率来衡量其绩效，但成功毕业数较少，在孵企业数量较多，这一比率每年的变动幅度较小，而省级区域孵化器数量这一绝对密度每年的变动幅度相对较大，因此，自变量变动幅度较大，而因变量变动幅度较小，这可能会影响回归结果。因此，在此我们亦构造了区域孵化器数量/地区经济规模这一相对密度，使区域孵化器密度变动幅度较为平缓。第三，在本节中，我们分别利用比例来测量因变量和自变量，亦是对上文实证结果的稳健性检验。

3. 调节变量

商业支持与技术支持是调节变量。在本节中，我们主要考虑孵化器管理层提供的商业支持与技术支持对区域孵化器密度和孵化器绩效的关系的调节作用，具体测量方法如下。根据 Mian（1996)、Hansen 等（2000）及 Scillitoe 和 Chakrabarti（2005）对商业支持的定义，即孵化器管理层为在孵企业的发展提供一系列业务型的支持和帮助，我们可以看出孵化器的综合服务收入主要来自孵化器管理层提供的商业支持与服务。因此，在本节中我们采用孵化器的综合服务收入来衡量孵化器管理层提供的商业支持，具体测量为：用当年孵化器的综合服务收入/孵化器内部在孵企业数，表示在孵企业人均获得的商业支持情况。

技术支持主要是指孵化器管理层为促进在孵企业技术发展而提供的一系列服务。根据 Mian（1996）及 Scillitoe 和 Chakrabarti（2005）等对孵化器管理层提供的技术支持的定义，同时借鉴 Zahra 等（2000）和 Mian（1996）对技术支持的测量角度，我们认为孵化器内部在孵企业平均每家可获得的专业技术人员数越多，则在孵企业学习技术知识的速度越快。因此，我们利用在孵企业平均每家可获得的技术人员数来衡量孵化器给在孵企业提供的技术支持，即当年孵化器内的专业技术人员数/在孵企业数，该比例越高，说明在孵企业获得的孵化器管理层提供的技术支持越多。

4. 控制变量

本节中的控制变量与本章第三节中的变量大体一致，包括在孵企业员工受教育水平、孵化器管理层受教育水平、孵化器年龄及城市经济发展水平和城市高等院校数，以及年份虚拟变量和地区虚拟变量。在此，我们没有将孵化器规模纳入控制变量中，主要是因为在本节的主要变量中，如孵化器的成功毕业率、技术支持和商业支持中，我们已经考虑了孵化器规模的影响，本节所有变量的具体测量方法见表 8.9。

表 8.9　变量说明与测量

变量	定义	测量方法
DV：孵化器绩效	在孵企业成功毕业率	当年毕业企业数/当年在孵企业数
IV：区域孵化器密度	区域孵化器密度	省域当年国家级孵化器数量/省域当年 GDP（1000 亿元）
调节变量	（1）孵化器管理层的技术支持	孵化器当年技术人员数/在孵企业数
	（2）孵化器管理层的商业支持	综合服务收入（1000 亿元）/在孵企业数（取对数处理）
控制变量	（1）孵化器年龄	孵化器成立年限（取对数处理）
	（2）在孵企业员工受教育水平	在孵企业员工大专以上学历占比
	（3）孵化器管理层受教育水平	管理层大专以上学历占比
	（4）城市经济发展水平	人均 GDP（取对数处理）
	（5）城市高等院校数	城市高等院校数（取对数处理）
	（6）时间虚拟变量	年份虚拟变量
	（7）地区虚拟变量	省级区域虚拟变量

注：考虑到通货膨胀的影响，我们以 1990 年为基期，利用消费者价格指数对涉及货币的变量进行平减处理

（二）数据来源及样本

本节的数据来源与第三节的数据来源是一致的，主要来自 2009～2013 年《中国火炬统计年鉴》，在此我们不再赘述。但是，本节中的样本数据与第三节相比有

所变动，主要是因为本节中纳入了商业支持和技术支持两个调节变量，有部分国家级科技企业孵化器关于这两个变量的测量数据缺失严重，故我们剔除了这些科技企业孵化器样本。最终，我们选取了 2008～2012 年 392 家国家级科技企业孵化器，共计 1488 个观察样本。

与第三节的数据结构相同，本章选取的 392 家国家级科技企业孵化器评定的年份不同，因此每个孵化器的年份数据长度亦不同，我们将 1488 个样本数据构造成一个汇集横截面与时间序列的数据集，具体以每个国家级科技企业孵化器为横截面，将每个横截面（每个国家级科技企业孵化器）构成一个不同长度的短期时间序列数据。我们采用 Newey-West 稳健性方差估计法对这种集群数据进行回归（Newey and West，1987）（具体解释见本章第三节部分）。

三、实证结果分析

表 8.10 报告了各变量的相关系数及均值和标准差，表 8.11 汇报了各个模型的回归结果。模型 8-20 只加入了各个控制变量，模型 8-21 加入了区域孵化器密度这一变量，模型 8-22 加入了两个调节变量，模型 8-23 和模型 8-24 加入了交互项。同样地，为了避免变量之间的多重共线性，我们在构建交互项之前对相关变量进行了中心化处理（Aiken and West，1991）。

表 8.10　各变量的描述性统计

变量	1	2	3	4	5	6	7	8	9
1. 在孵企业成功毕业率	1								
2. 区域孵化器密度	0.60**	1							
3. 孵化器管理层的技术支持	0.26**	0.21**	1						
4. 孵化器管理层的商业支持	0.14**	0.16**	0.08**	1					
5. 在孵企业员工受教育水平	0.13**	0.16**	0.13*	0.17**	1				
6. 孵化器管理层受教育水平	0.18**	0.08*	0.002	0.04	0.19**	1			
7. 孵化器年龄	0.17**	0.21**	0.04	0.01	0.05*	0.01	1		
8. 城市经济发展水平	0.53**	0.27**	0.25**	0.21**	0.29**	0.11**	0.14**	1	
9. 城市高等院校数	0.08	0.21+	0.13	0.06	0.34**	0.26*	0.05	0.35*	1
均值	0.135	0.935	0.126	2.725	0.784	0.939	2.268	10.971	2.642
标准差	5.528	0.414	0.101	1.447	0.137	0.092	0.514	0.491	1.422

+表示 $p<0.10$；*表示 $p<0.05$；**表示 $p<0.01$

表 8.11　在孵企业成功毕业率的回归结果

变量	DV：在孵企业成功毕业率					
	模型 8-20	模型 8-21	模型 8-22	模型 8-23	模型 8-24	模型 8-25
区域孵化器密度		9.91** (1.03)	9.70** (1.03)	9.67** (1.01)	9.21** (1.01)	9.20** (1.01)
孵化器管理层的技术支持			7.31 (1.91)	5.79 (1.89)	5.82 (1.87)	5.94 (1.89)
孵化器管理层的商业支持			0.92* (0.06)	0.92* (0.06)	0.90* (0.05)	0.90* (0.05)
区域孵化器密度的平方项				–2.71** (0.41)		–2.49** (0.40)
区域孵化器密度×技术支持					2.97 (1.78)	2.94 (1.76)
区域孵化器密度×商业支持					0.53* (0.15)	0.52* (0.14)
在孵企业员工受教育水平	0.24* (0.56)	0.23* (0.54)	0.21* (0.53)	0.21* (0.54)	0.21* (0.53)	0.20* (0.53)
孵化器管理层受教育水平	2.04 (0.95)	1.86 (0.96)	1.73 (0.94)	1.73 (0.92)	1.72 (0.91)	1.71 (0.90)
孵化器年龄	1.22* (0.23)	1.01* (0.22)	0.86* (0.22)	0.86* (0.22)	0.82* (0.22)	0.78* (0.22)
城市经济发展水平	4.59** (0.26)	4.58** (0.23)	4.33** (0.24)	4.32** (0.24)	4.31** (0.24)	4.35** (0.24)
城市高等院校数	0.15+ (0.06)	0.14+ (0.06)	0.14+ (0.06)	0.13+ (0.05)	0.12+ (0.05)	0.11+ (0.05)
时间虚拟变量	是	是	是	是	是	是
地区虚拟变量	是	是	是	是	是	是
常数项	16.86** (2.51)	15.78** (2.50)	14.27** (2.51)	14.08** (2.52)	15.15** (2.45)	12.38** (2.46)
调整后的 R^2	0.332	0.369	0.376	0.379	0.387	0.393

注：表中括号值为标准误差，上述模型为稳健方差估计模型

+表示 $p<0.10$；*表示 $p<0.05$；**表示 $p<0.01$

从表 8.10 的均值这一行可以看出，2008～2012 年我国 392 家国家级科技企业孵化器内部在孵企业成功毕业率均值为 13.5%，国家级科技企业孵化器管理层中大专以上学历人员占比均值达到 93.9%，超过了科技主管部门规定的 90%。孵化器内部在孵企业员工中大专以上学历占比均值为 78.4%，仍然具有进一步提升的空间。此外，从原始统计数据来看，2008～2012 年本节选取的 392 家国家级科技企业孵化器成立年限均值为 9.66 年。

从表 8.11 中模型 8-25 的回归结果来看，区域孵化器密度的系数是正向显著的

（$b = 9.20$，$p < 0.01$），且其平方项的系数是负向显著的（$b = -2.49$，$p < 0.01$），即区域孵化器密度的初始增加会正向影响个体孵化器绩效，但是随着区域内科技企业孵化器密度的持续增加，其对个体孵化器绩效的正向影响逐渐减弱，该结果再次验证了假设 8.1 和假设 8.2。

为了更好地显示二者之间的关系，我们画出了区域孵化器密度与个体孵化器绩效的拟合曲线图（图 8.9），发现区域孵化器密度对孵化器绩效的总体影响是正向的，但是随着区域孵化器密度的持续增加，这种正向影响的斜率逐渐减小，即区域孵化器密度对孵化器绩效的正向影响逐渐减弱，但是还没有转变成负向影响。根据 Zhang 等（2013）的研究，虽然区域孵化器密度与个体孵化器绩效是非线性的关系，即倒“U”形关系，但是从总体来看，区域孵化器密度对个体孵化器绩效的影响是正向的。因此，在做孵化器管理层支持的调节效应时，我们只考虑区域孵化器密度与孵化器管理层支持的交互作用，而不考虑区域孵化器密度的平方项与孵化器管理层支持的交互作用。

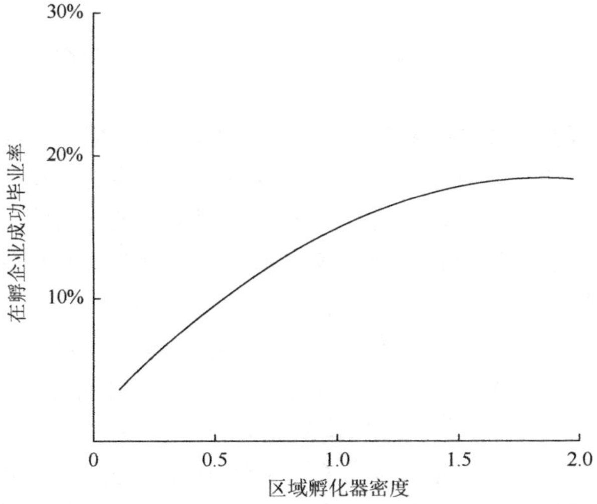

图 8.9　区域孵化器密度与个体孵化器绩效的拟合曲线图

从表 8.11 中的模型 8-25 中，我们发现区域孵化器密度与商业支持的交互项的系数是显著正向的（$b = 0.52$，$p < 0.05$），即孵化器管理层提供的商业支持对区域孵化器密度与个体孵化器绩效的关系有正向的调节作用。在图 8.10 中，我们画出了孵化器管理层商业支持的调节效应图，直观地反映出了孵化器管理层商业支持的正向调节作用。具体来说，在区域孵化器集群中，孵化器管理层提供的商业支持，尤其是一些市场营销、商业咨询及消费者偏好方面的支持和服务，使内部的新创企业能够及时、有效地识别、理解和吸收有价值的市场信息，从而在产品开

发的初期阶段能够真正了解消费者的需求、产品形式及价格等信息，这有助于促使其成功地开发出市场所需的产品和服务，提高其存活率。

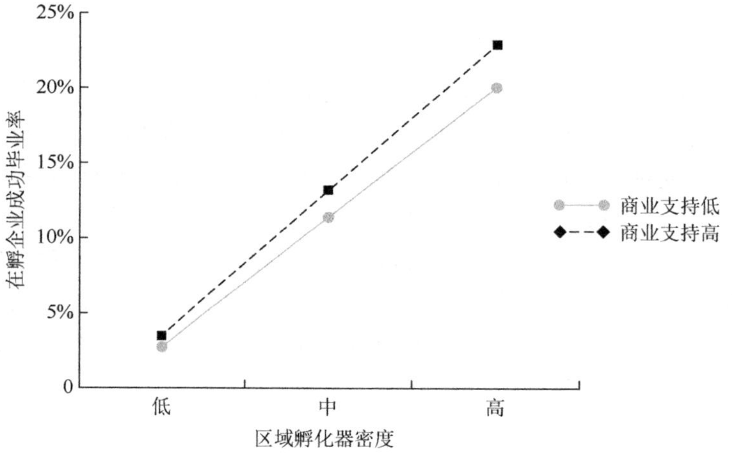

图 8.10　孵化器管理层商业支持的调节效应图

从表 8.11 的模型 8-25 中，我们发现管理层的技术支持对其绩效影响为正向不显著（$b=5.94$，$p>0.1$），且区域孵化器密度与技术支持的交互项的系数也是正向不显著的（$b=2.94$，$p>0.1$），即假设 8.6 没有得到验证。在此，我们认为中国国家级科技企业孵化器有限的专业型技术人才无法给数量较多的在孵企业提供高质量的跨技术领域的技术服务，具体表现为以下三个方面。

第一，相对于数量较多的在孵企业，国家级科技企业孵化器管理层中的专业型技术人才较少。具体来说，从 2012 年国家级科技企业孵化器的原始数据来看，435 家国家级科技企业孵化器管理机构从业人员中总共拥有专业型技术人才 4273 人，平均每家孵化器拥有专业型技术人才不到 10 人。然而，2012 年中国 435 家国家级科技企业孵化器总共拥有在孵企业 45 118 家，平均每家拥有 103.7 个在孵企业，从中可以看出平均每个国家级科技企业孵化器的在孵企业数与专业型技术人才数比例超过 10∶1。

第二，从孵化器管理层提供的技术支持质量上来看，由于中国国家级科技企业孵化器大多属于 DBIs，孵化器内部在孵企业涉及多个技术领域，且相对跨度较大，主要包含了电子信息技术、生物与新医药技术、航空航天技术、新材料技术、高技术服务业、新能源及节能技术、资源与环境技术及高新技术改造传统产业八个技术领域。但是，对于专业型技术人才来说，其所拥有的技能较为专业，可能只聚焦于某一特定的技术领域，即只能给对口的技术领域内的新创企业提供相关的专业技术服务。因此，DBIs 的跨技术领域的特征给孵化器管理层提供专业技术服务带来了障碍和挑战。

第三，从我国科技企业孵化器所有权性质来看，根据本章第四节中的统计数据，本章样本中接近六成的国家级科技企业孵化器为政府主导型。在这类孵化器中孵化器的管理者一般是政府官员或是由政府指定的代理人，他们一般缺少深入、全面的技术知识来了解在孵企业的核心技术，从而无法为其提供直接的技术援助。

综上所述，中国国家级科技企业孵化器内的专业技术型人才给在孵企业提供的技术支持在数量与质量上都存在一定的不足，现有的技术支持并不能十分有效地帮助新创企业通过理解和吸收外部专业技术知识来构建其核心竞争优势。此外，在政府主导型孵化器中，政府职能如何从直接管理向间接管理转变，为促进科技企业孵化器的发展提供良好的政策和制度环境，这是政府政策制定者需要尽快解决的问题。

为了验证上述实证结果的可靠性，我们将上述集横截面与时间序列的数据集构造成一个非平衡的面板数据形式，从而进行回归分析。表 8.12 汇报了固定效应，（fixed effect，FE）模型的回归结果，从模型 8-28 中我们可以发现，区域孵化器密度对在孵企业成功毕业率具有显著的正向影响，而区域孵化器密度的平方项是负向显著的，这与上面的回归结果是一致的。在调节变量中，孵化器管理层的技术支持对区域孵化器密度与个体孵化器绩效关系的调节效应不显著，而孵化器管理层的商业支持对区域孵化器密度与个体孵化器绩效关系的调节效应正向显著的，即孵化器管理层提供的商业支持越多，越能够帮助在孵企业吸收和利用其从区域孵化器集群中获取的知识与资源，这些回归结果与上文的回归结果也是一致的。在控制变量中，回归结果基本与上文的回归结果是一致的。因此，总体来说，通过稳健性检验可以验证本节的回归结果比较可靠和稳定。

表 8.12　稳健性检验：固定效应模型回归结果

变量	DV：在孵企业成功毕业率		
	模型 8-26	模型 8-27	模型 8-28
区域孵化器密度	4.62** (1.63)	4.53** (1.64)	2.24+ (1.61)
孵化器管理层的技术支持		0.002 (0.005)	0.002 (0.004)
孵化器管理层的商业支持		0.06* (0.10)	0.05* (0.08)
区域孵化器密度的平方项		−2.14** (0.71)	−1.96** (0.71)

续表

变量	DV：在孵企业成功毕业率		
	模型 8-26	模型 8-27	模型 8-28
区域孵化器密度×技术支持			0.002 （0.01）
区域孵化器密度×商业支持			0.72* （0.19）
在孵企业员工受教育水平	0.03* （0.006）	0.02* （0.006）	0.01* （0.006）
孵化器管理层受教育水平	0.008 （0.006）	0.009 （0.006）	0.006 （0.006）
孵化器年龄	0.67** （0.05）	0.66** （0.06）	0.64** （0.06）
城市经济发展水平	0.61** （0.25）	0.59** （0.24）	0.57** （0.25）
城市高等院校数	0.09+ （0.08）	0.09+ （0.08）	0.08+ （0.08）
时间虚拟变量	是	是	是
地区虚拟变量	是	是	是
常数项	5.54** （3.01）	5.36** （3.02）	3.25 （3.01）
霍斯曼检验	311.21**	251.10**	2433.75**
调整后的 R^2	0.1961	0.2011	0.2163

注：表中括号值为标准误差

+表示 $p<0.10$；*表示 $p<0.05$；**表示 $p<0.01$

第六节　科技企业孵化器区域依存关系的治理机制分析

为了更好地促进我国科技企业孵化器的成长和培育科技型中小企业，结合本章主要的研究结论，我们从区域内科技企业孵化器间的依存关系入手，分别从政策制定者和孵化器管理层的角度提出了若干提升科技企业孵化器绩效的治理机制。

第一，从区域孵化器密度对个体孵化器绩效的影响来看，政府主管部门应提高高密度地区的孵化器进入门槛和评估标准，控制区域孵化器数量的增长速度，尤其是东部一些发达城市，应致力于提高整个地区孵化器的孵化质量和效率而非孵化器数量。此外，由于我国大多数科技企业孵化器在一定程度上受到各级政府的补助和扶持，且相当一部分孵化器若离开政府的补助将会难以为继，此时政府部门应将补助和支持向具有竞争力的孵化器倾斜，促进高质量的孵化器持续发展。同时，政府应将更多的关注点放在培育一种允许失败、鼓励创新的社会氛围上，让科技企业孵化器在更加市场化的环境之下发展。

对于科技企业孵化器管理者来说，应合理选择孵化器的地理区位。虽然经济发展水平较高的地区具有丰富的外部资源条件，但是发达地区具有较高的孵化器密度，彼此之间具有较强的竞争性。因此，管理者应综合考虑该区域的城市经济发展水平、高等院校数、孵化器密度，以及与相邻孵化器的邻近性。此外，我国孵化器数量巨大，且其提供的工位数远超过创业者的需求，因此大多数孵化器在孵化项目的选择上没有严格的筛选机制，导致孵化器内的孵化项目多种多样、不够专业化，孵化器在孵化器服务上没有特色、大多提供同质化服务，缺乏核心竞争力，这进一步加剧了孵化器之间的竞争。因此，孵化器管理者应首先在孵化项目和创业团队的选择上建立严格的筛选机制，选择能够发挥自身服务特色的项目，从而构建核心竞争力。

第二，从孵化器所有权的异质性来看，虽然本书的研究结果表明在转型经济体制下，政府主导或国家所有权是弥补现有制度框架不完整和不完善的重要机制，政府主导的企业或国有企业可以利用这种强政治网络比较容易、及时和有效地获取外部资源。但是，转型经济意味着经济体制逐渐向市场方向转变，且越来越接近市场经济，此时，政策制定者应努力创造自由、公平、竞争的市场环境，鼓励企业通过更多地与市场接触，从市场竞争中获取资源，促进企业建立与市场相关的核心竞争力。

第三，从孵化器战略的异质性来看，鉴于中国大多数的孵化器为综合型孵化器或 DBIs，且大多数提供高度同质化的孵化服务，使其丧失了核心竞争力。因此，政府在审批孵化器时，应有意识地鼓励和帮助孵化器发现更多的细分市场，严格要求其提供更具有针对性和专业化的孵化服务。同时，应提高同质孵化器的进入门槛，提高孵化器的核心竞争力。

对于孵化器管理者来说，应采取专业化策略，制定严格的项目筛选机制，选择性地接纳目标行业的新企业，这不仅可以有利于在孵化器内部建立强大的内部对等合作网络，而且有助于孵化器和在孵企业探索更专业化的市场。此外，由于在孵企业来自同一行业，这将有利于管理层提供更加专业化和高质量的孵化服务，同时方便管理层寻找相关的技术型人才和创业导师。

第四，从孵化器管理层提供的支持来看，考虑到在本书的样本中接近 60%的国家级科技企业孵化器是政府主导型，且这类孵化器中孵化器的管理者一般是政府官员或是由政府指定的代理人，他们一般缺少深入、全面的技术知识来了解在孵企业的核心技术，从而无法为其提供直接的技术援助。因此，在政府主导型孵化器中，政府职能应从直接管理向间接管理转变，将孵化器的经营管理权交给专业人士，而政府最重要的任务是为促进孵化器的发展提供良好的政策和制度环境。

此外，国家级科技企业孵化器虽然作为中国科技企业孵化器的代表，但是所拥有的专业型技术人才较少，由此可以窥探出中国整个孵化器行业缺少专业型技术人才。因此，各级政府应加大力度通过培养、引进和吸引等方式为孵化器输送专业型技术人才。

另外，孵化器管理层提供的支持能够有效地帮助在孵企业吸收和消化从外部获取的知识，本书的研究结果为中国孵化器管理层给新创企业提供具体的支持机制提供新的见解。具体来说，中国孵化器管理层可能具有较强的专业能力来为在孵企业提供市场营销方面的服务，尤其在帮助在孵企业学习消费者偏好等方面。但是，中国孵化器管理层也应该清醒地认识到他们在技术支持方面，尤其是在DBIs中能够直接给在孵企业提供技术援助的能力是有限的。在此情境下，中国孵化器管理层也需要意识到专业化战略有利于管理层有针对性地提供某一具体技术领域的技术支持，从而更好地促进在孵企业成长。

第九章　科技企业孵化器外部性效应与区域技术创新经济收敛

中国区域经济发展面临的一个重要问题是区域间经济发展水平的不平衡性，尤其是东、中、西部之间的差距有着逐渐拉大的趋势。这在一定程度上与新古典增长理论相违背，新古典增长理论认为，由于资本的边际产出递减，在具有相似技术结构和消费偏好的经济区域内，落后地区比发达地区具有更高的增长率。因此，从长期来看，发达地区的经济终将会被相对落后的地区赶超上，这就是经济收敛。另外，区域经济收敛只是一种表象，在这种表象背后的一些因素，如区域在技术资源及其创新活动方面存在的某种程度的收敛才是区域经济收敛的深层内在力量。因此，区域间经济增长的差异在很大程度上取决于技术创新的差异，如果区域技术创新能力存在收敛性，则区域的经济发展也会存在收敛性。

科技企业孵化器最重要的功能就是孵化高新技术企业，促进科技成果转化，促进技术扩散，从而提升区域技术创新能力，实现增强区域经济的目的。作为区域技术创新网络的重要组成部分，科技企业孵化器是否对当地经济和创新水平产生了重要影响？又在多大程度上提升了落后地区的经济发展水平与创新水平？在本章中，我们将重点研究科技企业孵化器对区域技术创新经济收敛的影响。

第一节　创新经济收敛的理论分析

与经济收敛有关的理论主要有新古典增长理论及内生增长理论，经济收敛源于新古典增长理论，而内生增长理论则认为创新收敛导致了经济收敛，科技企业孵化器对区域技术创新经济收敛的影响则是基于外部性和知识溢出理论。

一、新古典增长理论

收敛（convergence）是新古典增长理论的一个重要假说，经济学家从数学、经济学、统计学和计量经济学角度说明，地区的经济增长率与它的初始人均收入水平之间具有一种负相关关系，即人均收入水平的起点越低，随后的经济增长率就越高；反之也成立。具体而言，在封闭的经济条件下，对于一个有效经济范围的不同经济单位，由于受到要素的边际报酬递减规律的制约，初始条件的人均产出或人均收入与其经济增长率（速度）之间存在负相关关系，即落后地区经济比发达地区有更高的增长率。因此从长期来看，发达地区的经济终将会被相对落后的地区赶超上。区域经济收敛不仅满足于经济增长收敛，而且更突出了通过收敛如何缩小区域经济的差距。这也是本书写作的主要价值所在。

二、内生增长理论

实现经济的区域平衡且快速发展，在最短时期内完成区域间经济差距的有效缩小，努力消除区域贫富差距现象，同时建立创新型社会是中国的基本战略目标。技术创新能力是各地保持经济持续发展的内生动力。因此，按照新增长理论，各主体的技术创新能力收敛是经济收敛的关键，发展中国家和地区或后发国家和地区可以通过引进发达国家和地区的先进技术，缩小与发达国家和地区间技术水平差距，通过技术创新能力的收敛来缩小与发达国家和地区间的经济差距从而达到经济收敛。

后发国家和地区可以学习和模仿的空间越大，赶超技术创新能力和经济的速度就可能越快，技术收敛的速度也就越快，从而经济收敛的可能性也就越大。发展中国家和地区亦可以通过消化、吸收、创新等技术能力实现技术赶超，相对较快地完成区域技术创新能力收敛后从而达到经济收敛。

第二节　模型与数据

一、模型与方法

20 世纪 90 年代以来，新古典增长理论的学者提出了两个度量区域经济增长的收敛指标，即 σ 收敛和 β 收敛，这两种指标目前得到了广泛的使用（王锐淇，2010）。σ 收敛是指不同区域间人均真实收入的离差随时间的发展而减小。具体而言，σ 收敛采用人均真实收入的标准差作为收敛指数，如果各地区间的人均真实收入的标准差呈现递减趋势，则说明区域经济存在 σ 收敛，用式（9.1）表示。

$$\sigma_t = \sqrt{(1/N)\sum_{i=1}^{N}(\ln y_{it} - \overline{\ln y_{it}})^2} \tag{9.1}$$

其中，y_{it} 表示地区 i 的人均真实地区生产总值；N 表示样本地区的个数；$\ln y_{it}$ 表示人均真实地区生产总值自然对数的均值。如果 $\sigma_{t+1} < \sigma_t$，则说明区域经济存在收敛性。

β 收敛，这是与时间序列相关的假说，指初期技术创新能力水平较低的经济系统趋于比初期技术创新能力水平较高的经济系统的增长速度更快，即不同经济系统间的技术创新能力增长率与初始技术创新能力负相关。从数理角度来看，β 收敛相当于不同国家和地区的技术创新能力增长率向期望值的回归，该期望值就是由技术进步决定的长期均衡增长率，而 δ 收敛描述的是人均离差的递减。因为技术创新能力的衡量标准为每万人专利申请授权数，所以 β 收敛表现了总体专利申请授权数在不同经济体之间分配的变动，δ 收敛表现了总体专利申请授权数在经济体中分布格局的变动。

β 收敛又分为绝对 β 收敛与条件 β 收敛两种形式。绝对 β 收敛是指技术、制度、文化等相似的区域具有相同的经济状况，而状况落后的地区具有比发达地区更快的增长速度，从而所有区域最终将收敛于相同的技术创新能力水平。条件 β 收敛是指不同经济区域之间具有各自不同的技术、制度、文化等特征，因而具有不同的经济状况，从而不存在绝对收敛或者绝对收敛程度受到一定程度的制约。因此，只有在模型中控制了这些特征，经济区域之间的技术创新能力才呈现明显的或者程度更深的收敛性。从本节的分析重点出发，我们更关心技术创新能力落后地区和技术创新能力较强地区之间的差距产生及变化，以及落后地区对发达地区的技术追赶过程。由于 δ 收敛更多地反映整体离差的减小趋势，即使区域存在 δ 收敛，我们也并不能判断是否存在 β 收敛；由于不能具体表现出区域技术创新失衡可以以怎样的趋势减小，也就无法具体表现出落后地区对发达地区的追赶过程。本节关注的是区域技术创新失衡和如何对失衡进行调整的问题。因此，本节主要进行的是条件 β 收敛分析。

从数理统计的角度来讲，β 收敛相当于不同地区的技术创新能力增长率向期望值的回归，该期望值就是由技术进步决定的长期均衡增长率。如果存在绝对 β 收敛，意味着在一个经济群体中，技术创新能力具有均等化的趋势。最初落后的个体将增长得更快，直到它们追赶上发达的个体为止；从长期来看，群体中所有成员的技术创新能力将趋向相同。

借鉴 Barro 和 Sala-i-Martin（1992）的研究成果，本章设置的收敛模型如式（9.2）所示。

$$\frac{\ln \dfrac{y_{iT}}{y_{i0}}}{T} = g + \frac{1-\mathrm{e}^{\lambda T}}{T}\ln y_{i0}^{*} - \frac{1-\mathrm{e}^{\lambda T}}{T}\ln y_{i0} + \mu_{iT} \tag{9.2}$$

其中，$\dfrac{\ln \dfrac{y_{iT}}{y_{i0}}}{T}$ 表示 T 时期内 i 地区的平均人均收入增长速度；g 表示稳态人均收入增长率；在新古典模型中，y_{i0}^{*} 表示稳态人均收入；λ 表示人均收入向稳态水平发展的速度。如果给定 λ，则当初始人均收入水平 y_{i0} 小于稳态人均收入水平 y_{i0}^{*} 时，

T时期内的年均增长速度就会大于稳态人均收入增长率 g；相反，当初始人均收入水平大于稳态人均收入水平时，T 时期内的年均增长速度就会小于稳态人均收入增长率。换言之，落后地区的经济增长率就会高于发达地区；从长期来看，地区差距就会逐渐缩小，产生经济收敛。我们在此将式（9.2）进一步简化，由于 $g+\frac{1-e^{\lambda T}}{T}\ln y_{i0}^{*}$ 是一个常数 c，并且令 $-\frac{1-e^{\lambda T}}{T}$ 为 β，则可得出式（9.3）：

$$\frac{\ln\frac{y_{iT}}{y_{i0}}}{T}=c-\beta\ln y_{i0}+\varepsilon_{iT} \tag{9.3}$$

式（9.3）中所表示的收敛又称为绝对 β 收敛，β 值显著为负则表示存在收敛性，反之则存在发散；ε 是随机误差项。

但通常情况下，各个国家和地区各自的稳态人均收入水平并不相同，因此式（9.3）中的收敛机制在很多情况下难以成立，这就需要我们对不同国家和地区的稳态做出一定的限定，即条件 β 收敛。前文所述中国科技企业孵化器具有促进技术转移、提升区域技术创新能力和振兴区域经济的作用，因此式（9.3）中的收敛系数应包含科技企业孵化器带来的均等化效应。为了分析科技企业孵化器对区域技术创新收敛的影响，本节在式（9.3）中加入了科技企业孵化器这一因素，得出式（9.4）。其中，PTBI 表示科技企业孵化器对当地经济和创新发展的贡献情况。

$$\frac{\ln\frac{y_{iT}}{y_{i0}}}{T}=c-\beta_0\ln y_{i0}+\beta_1\mathrm{PTBI}+\varepsilon_{iT} \tag{9.4}$$

二、变量与数据

本章研究样本是国家级科技企业孵化器，由于数据限制，研究样本包括 2008～2012 年国家级科技企业孵化器及其所在省域中心城市。为了尽量获取更多的样本，回归分析中的被解释变量使用当期的增长率，解释变量均使用滞后一期的值。

对于区域经济收敛，区域经济产出 y 采用的是各省域中心城市人均真实地区生产总值来表示，科技企业孵化器对当地城市的贡献则用当年孵化器和在孵企业的总收入占当地地区生产总值的比重来表示（Hu，2007）。在区域技术创新产出方面，本节采用城市每万名人员所拥有的专利申请量来表示城市的创新能力。科技企业孵化器对所在省域中心城市创新的贡献用科技企业孵化器所产出的知识产权数占当地城市专利申请数的比重来表示。

本节的最终研究样本是2008～2012年27个省域中心城市及其当中的一共189个国家级科技企业孵化器。样本数据主要来自 2009～2013 年《中国火炬统计年鉴》，2008～2013 年各个省域及省域中心城市的统计年鉴、统计公报及知识产权局网站。

就城市经济发展水平而言，2012 年经济发展水平排名前三的城市有广州市、天津市、长沙市，创新水平较高的城市有杭州市、南京市和北京市，可以看出排名在前列的仍然是以东部地区①的城市为主。而在城市经济发展速度方面，速度最快的城市有长沙市、西安市、重庆市、贵阳市、成都市（表 9.1），创新水平增长速度最快的城市有重庆市、西安市、南宁市、乌鲁木齐市、合肥市，由此可以看出排名在前列的以中部地区和西部地区的城市为主。就当地孵化器对城市的贡献而言，当地孵化器经济产出比重最高的城市有广州市、北京市、成都市、贵阳市和武汉市，而当地孵化器创新产出比重最高的城市有银川市、兰州市、石家庄市、乌鲁木齐市和合肥市，其中也是以中部地区和西部地区的城市为主。初步可以得出，科技企业孵化器对当地城市的经济发展和创新能力都有一定的作用，尤其对落后地区的作用更加显著。

表 9.1　科技企业孵化器与其所在城市的基本信息

类别	城市	比例
2008～2012 年经济发展速度最快的五个城市	长沙市	18.5%
	西安市	18.1%
	重庆市	17.6%
	贵阳市	17.4%
	成都市	16.9%
2008～2012 年创新水平发展速度最快的五个城市	重庆市	45.9%
	西安市	39.3%
	南宁市	39.1%
	乌鲁木齐市	38.6%
	合肥市	35.9%
2008～2012 年当地孵化器经济产出比重最高的五个城市	广州市	0.0383%
	北京市	0.0157%
	成都市	0.0131%
	贵阳市	0.0130%
	武汉市	0.0126%
2008～2012 年当地孵化器创新产出比重最高的五个城市	银川市	31.5%
	兰州市	9.5%
	石家庄市	5.7%
	乌鲁木齐市	5.3%
	合肥市	5.1%

① 东部地区包括北京、天津、河北、辽宁、上海、江苏、浙江、福建、山东、广东、海南（剔除）11 个省市；中部地区包括山西、内蒙古（剔除）、吉林、黑龙江、安徽、江西、河南、湖北、湖南 9 个省区；西部地区包括广西、重庆、四川、贵州、云南、陕西、甘肃、青海（剔除）、宁夏、新疆 10 个省区市，西藏、香港、台湾和澳门不包括在本章研究范围内。

第三节　科技企业孵化器对区域经济收敛的影响

一、区域经济发展的分布与变化

在研究科技企业孵化器对区域经济收敛的影响之前，需要对区域经济收敛做一个测度（图 9.1）。运用 σ 收敛方法可以清晰地看出中国省域中心城市间经济发展水平的差距。从全国范围内来看，城市间经济发展水平存在明显的收敛性，尤其是 2005 年以后（σ 值呈现明显的下降趋势）。本书将省域中心城市按照传统的东、中、西部地区进行划分，可以看出西部地区的省域中心城市经济存在较为明显的收敛性；东部地区的省域中心城市经济在 2008 年以后也存在一定的收敛性；而中部地区的省域中心城市经济在 2007 年以后存在一定程度的发散性。

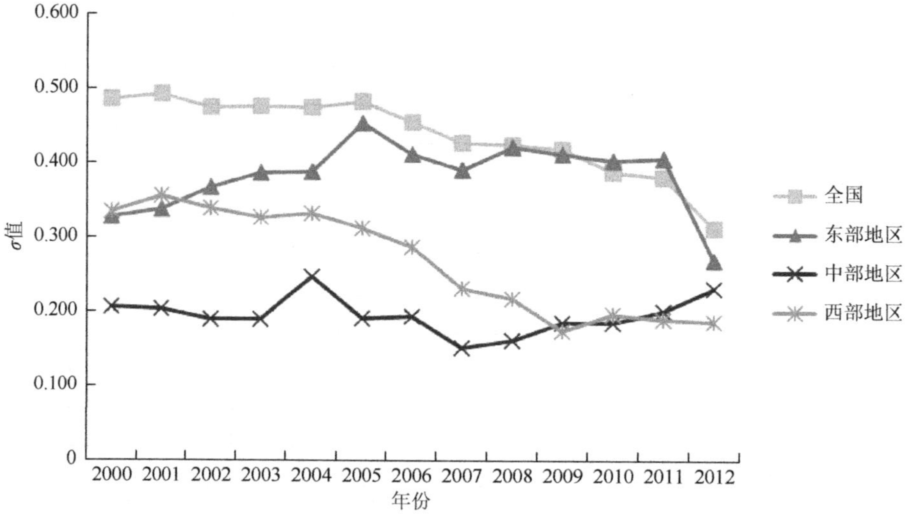

图 9.1　中国省域中心城市经济收敛的 σ 测度

二、实证结果分析

本节进一步运用 β 收敛方法进行分析，结果详见表 9.2。表 9.2 的第二列，即模型 9-1 是对式（9.3）计量的估计结果，它是新古典绝对收敛的框架，虽然结果显示 β 值在 1%的水平上显著为负，即城市间经济发展存在绝对收敛，但是模型拟合度较低（拟合度 $R^2=0.1035$）；采用随机效应（random effect，RE）方法重新估计方程（模型 9-2），但是调整后的 R^2 水平仍然较低（0.1035），可见随机效应方法估计的结果也不合适，且经过霍斯曼检验之后，得出方程应当采用固定效应方法重新进行估计，因此本节采用双向固定效应方法得出模型 9-3。结果显示拟合优度有了很大的改善，同时 β 值在 1%的水平上显著为负，可见在全国范围内，省域中心城市间经济发展存在着绝对 β 收敛机制。

表 9.2　全国范围科技企业孵化器对城市经济收敛的影响

变量	模型 9-1	模型 9-2	模型 9-3	模型 9-4	模型 9-5	模型 9-6
	OLS	RE	FE	OLS	RE	FE
常数项	1.1296*** （0.2771）	1.1296*** （0.3042）	10.2298*** （1.4855）	1.1270*** （0.2790）	1.1270*** （0.3053）	10.2235*** （1.5015）
β	–0.0943*** （0.0258）	–0.0943*** （0.0283）	–0.9423*** （0.1384）	–0.0942*** （0.0259）	–0.0943*** （0.0283）	–0.9418*** （0.1397）
PTBI				0.2042 （1.4446）	0.2042 （1.5811）	0.0962 （2.1135）
调整后的 R^2	0.1035	0.1035	0.3105	0.0952	0.0952	0.3014
F 统计值	13.3640	13.3640	2.6062	6.6302	6.6302	2.4859

注：括弧内数字是标准差

***表示变量在 1%水平上显著

为了从中分离出科技企业孵化器对当地城市经济收敛的影响，本节在式（9.4）中加入了科技企业孵化器这一影响因素，即对式（9.4）进行估计。模型 9-4～模型 9-6 分别是采用普通最小二乘法（ordinary least square，OLS）、随机效应方法和固定效应方法估计的结果，经过对比分析和霍斯曼检验，显示拒绝随机效应的原假设，因此固定效应方法优于随机效应方法。由表 9.2 可以看出，固定效应方法估计的计量结果很理想（模型 9-6），调整后的拟合度 R^2 比之前有很大幅度的提升，且通过了 F 检验。

通过模型 9-6 可以看出，科技企业孵化器对所在城市的经济增长有着正向影响（0.0962），但是数据结果并不显著，同时收敛速度 β 值同之前相比也没有明显变化，说明科技企业孵化器对城市间的经济发展并未起到显著的均等化作用。这可能与中国科技企业孵化器与在孵企业的性质有关，中国科技企业孵化器绝大多数是公立性质，不以营利为目的，因此科技企业孵化器的总收入并不高，对当地城市地区生产总值的贡献较小。另外，科技企业孵化器内部在孵企业多数为高新技术企业，由于其规模小且处于初创阶段，加之每年成功毕业的企业数量并不多，这些高新技术企业对当地地区生产总值的贡献也比较小。

东、中、西部在资源禀赋和技术水平等方面存在较大的差异性，因此本书按照传统的地域划分方法将科技企业孵化器划分为东部、中部和西部地区的孵化器，并分别分析在不同区域内科技企业孵化器对城市经济收敛的影响。经过霍斯曼检验，模型采用固定效应方法。在表 9.3 中，模型 9-7 是绝对 β 收敛，而模型 9-8 则是加入了科技企业孵化器这一影响因素，即条件 β 收敛。由模型 9-7、模型 9-9 和模型 9-11 可以看出，东部、中部和西部地区的城市间经济发展仍然具有收敛效应（β 值均为负，且在 1%的水平上显著）①。而模型 9-8、模型 9-10 和模型 9-12 显示，在东部、中部和西部地区，科技企业孵化器对城市间经济收敛没有产生明显作用。由此可以看出，无论是全国范围内还是在东、中、西部不同区域内，科技企业孵化器并没有起到加速落后城市经济发展、缩小城市间经济差距的作用。

表 9.3　分区域科技企业孵化器对城市经济收敛的影响

变量	东部地区		中部地区		西部地区	
	模型 9-7	模型 9-8	模型 9-9	模型 9-10	模型 9-11	模型 9-12
常数项	10.0724*** （3.6625）	9.5505*** （3.9856）	8.4885*** （2.2733）	8.3994*** （2.3281）	14.0311*** （1.8399）	14.1716*** （1.8256）
β	−0.9021*** （0.3308）	−0.8562** （0.3589）	−0.7798*** （0.2118）	−0.7706** （0.2171）	−1.3404*** （0.1776）	−1.3587*** （0.1765）
PTBI		1.5384 （4.1787）		−1.0611 （2.3372）		5.0765 （4.2066）
调整后的 R^2	0.2173	0.1907	0.2368	0.2049	0.6345	0.6417
F 统计值	1.8348	1.6568	1.8728	1.6658	6.0652	5.8218

注：括弧内数字是标准差

、*分别表示变量在 5%、1%的水平上显著

第四节　科技企业孵化器对区域技术创新能力收敛的影响

内生增长理论认为技术创新是经济发展的源泉，如 Grossman 和 Helpman（1994）认为技术进步和创新是导致不同国家与地区经济发展水平差距的“发动机”。Archibugi 和 Pianta（1994）认为如果国家创新能力存在收敛性，那么可能引起不同国家人均产出或人均劳动生产率出现收敛性。要进行区域技术创新能力的相关分析，需要对中国近年来的区域技术创新能力的分布特征有一个基本的认识。

一、区域技术创新能力的分布与变化

运用 σ 收敛方法可以看出中国省域中心城市间创新能力的差距性，从全国范围内来看，城市间创新能力收敛的 σ 值呈现一定的下降趋势，即从长期看具有一定的收敛性。分区域看，中部地区城市间创新能力收敛的 σ 值呈现波动态势，而

① β 收敛是 σ 收敛的必要非充分条件，此处的 β 收敛并不与图 9.2 显示的结果矛盾。

西部地区城市间创新能力收敛的 σ 值则呈现一定的发散性，只有东部地区城市间创新能力收敛的 σ 值从 2005 年以后显示出明显的收敛趋势，具体详见图 9.2。

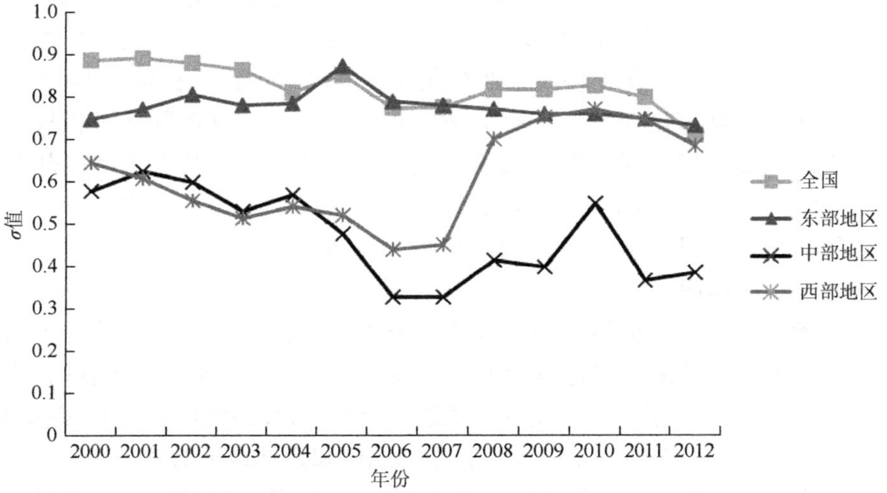

图 9.2　中国省域中心城市创新能力收敛的 σ 测度

二、实证结果分析

本书进一步运用 β 收敛方法进行分析，结果详见表 9.4。模型 9-13～模型 9-15 分别采用普通最小二乘法、随机效应方法和固定效应方法，结果显示，固定效应方法更加合适，因此选用模型 9-15。由模型 9-15 可以看出 β 值在 1%的水平上显著为负，因此，从全国范围来看，城市间创新能力在 2008～2012 年呈现明显的收敛性。

表 9.4　全国范围内科技企业孵化器对区域技术创新收敛的影响

变量	模型 9-13	模型 9-14	模型 9-15	模型 9-16	模型 9-17	模型 9-18
	OLS	RE	FE	OLS	RE	FE
常数项	0.3527*** (0.0634)	0.3527*** (0.0671)	2.1803*** (0.2627)	0.3035*** (0.0769)	0.3035*** (0.0796)	2.0848*** (0.2800)
β	−0.0595** (0.0259)	−0.0595** (0.0274)	−0.8566*** (0.1143)	−0.0478* (0.0279)	−0.0478* (0.0288)	−0.6445*** (0.1188)
PTBI				0.8038* (0.7119)	0.8038* (0.7367)	0.7889* (0.7998)
调整后的 R^2	0.0383	0.0383	0.3063	0.0408	0.0408	0.3060
F 统计值	5.2640	5.2640	2.5749	3.2762	3.2762	2.5224

注：括弧内数字是标准差

*、**、***分别表示变量在 10%、5%、1%的水平上显著

为了从中分离出科技企业孵化器对所在城市创新能力收敛的影响，本节构建模型 9-16～模型 9-18。三个模型分别表示采用普通最小二乘法、随机效应方法和固定效应方法估计的结果，经过霍斯曼检验，应当采用模型 9-18。通过表 9.4 可以看出，在模型 9-15 中，城市初始创新产出越高，则该城市的创新能力增长速度就越慢，这其中包含了科技企业孵化器的推动作用；而在模型 9-18 中，科技企业孵化器对城市创新产出具有显著的正向影响，并且在剔除了科技企业孵化器的作用之后，城市间创新能力仍然具有收敛效应，但其收敛程度却有所下降（从 0.8566 下降到 0.6445），这之间的差距（0.2121）就是科技企业孵化器的收敛作用。由此可见，从全国范围内来看，科技企业孵化器起到了缩小城市间创新能力差距的作用。

进一步分析在不同区域科技企业孵化器对城市间创新能力收敛的影响，经过霍斯曼检验，模型采用固定效应方法。表 9.5 中，模型 9-19 是绝对 β 收敛，而模型 9-20 则是加入了科技企业孵化器这一影响因素，即条件 β 收敛。模型 9-19、模型 9-21 和模型 9-23 中，东部地区、中部地区和西部地区的城市间创新能力都显示出了明显的收敛性。模型 9-20、模型 9-22 和模型 9-24 中，在东部地区和西部地区，科技企业孵化器对当地城市创新能力的提升都有着显著的正向影响，并且都在一定程度上缩小了城市间创新能力的差距。有趣的是，在中部地区，科技企业孵化器对城市间创新能力有着显著的负向影响，并且阻碍了城市间创新能力的收敛性。反映了在中部地区，科技企业孵化器并没有有效地提升当地城市的创新能力，反而进一步拉大了城市间创新能力的差距。遗憾的是，本章并没有详尽的数据对此给以解释。

表 9.5　分区域科技企业孵化器对区域技术创新收敛的影响

变量	东部地区		中部地区		西部地区	
	模型 9-19	模型 9-20	模型 9-21	模型 9-22	模型 9-23	模型 9-24
常数项	1.7250** (0.8270)	1.7129** (0.8523)	2.7848*** (0.4529)	2.8768*** (0.5644)	1.3899*** (0.2867)	1.2584*** (0.3289)
β	–0.5473* (0.2902)	–0.5457* (0.2964)	–1.1793*** (0.2080)	–1.2033*** (0.2289)	–0.6316*** (0.1596)	–0.5752*** (0.1743)
PTBI		0.3906* (4.0184)		–1.9414* (6.7938)		0.6916* (0.8301)
调整后的 R^2	0.1717	0.1389	0.4392	0.4122	0.2989	0.2895
F 统计值	1.6226	1.4496	3.2070	2.8117	2.2439	2.0971

注：括弧内数字是标准差

*、**、***分别表示变量在 10%、5%、1%的水平上显著

总的来看，中国城市间经济发展和创新能力在近几年都呈现一定的收敛性，科技企业孵化器对所在城市的经济发展并没有起到明显的均等化作用，但是在一定程度上缩小了城市间创新能力的差距。这表明科技企业孵化器对加速提升落后城市创新能力起到很大的作用，但对于加速提升落后城市经济发展水平的作用不大。这可能存在两方面的原因：一方面，促进科技成果转移转化是科技企业孵化器最为直接的功能，从而能够直接提升区域的创新能力，但绝大多数科技企业孵化器是非营利性质这一国情使科技企业孵化器对当地城市的经济贡献并不是很大；另一方面，城市创新水平的提升并不一定会带来经济的快速增长，或者在短期内创新对经济的作用还没有完全发挥。

第五节 科技企业孵化器外部性效应的治理机制分析

本章主要基于新经济增长理论、古典增长理论及外部性理论，根据中国2008～2012年科技企业孵化器及所在省域中心城市的面板数据，运用σ收敛和β收敛方法探讨中国科技企业孵化器对区域经济与创新能力收敛的影响。结果显示，无论是从全国范围考虑还是从东、中、西部分区域考虑，中国区域经济和创新能力都呈现出一定的收敛性。就区域经济收敛来看，西部地区的收敛程度要明显高于东部和中部地区；就区域技术创新能力收敛来看，中部地区的收敛程度要明显高于东部和西部地区。然而，科技企业孵化器并没有发挥出缩小区域经济差距的作用；另外，科技企业孵化器有利于提升落后地区的创新能力，进一步缩小了区域技术创新能力的差距，这一作用在西部地区尤其显著。有趣的是，在中部地区，科技企业孵化器的外部性效应反而拉大了城市间创新能力的差距，这一问题值得进一步探讨。这些结论为我们分析科技企业孵化器外部性效应的治理问题提供了政策启示。

首先，虽然科技企业孵化器的功能逐渐多样化和多元化，但是中国科技企业孵化器或多或少地都承担着一定的社会责任，因此企业孵化器最终的功能仍然是服务地方经济，无论企业孵化器自身的运作效率或绩效如何，都必须考虑到孵化器对所在区域乃至全国范围的影响，并且这一影响需要从一个长期的和整体的视角来分析。

其次，企业孵化器的持续发展易受政府政策等不确定因素的影响。随着市场经济的到来，这种机制已不再适应现阶段我国科技企业孵化器的发展，市场机制的引入要求转变政府职能，对企业孵化器的组织机构和产权重新进行界定，以充分发挥市场机制的作用，实现孵化器真正意义上的企业化运作，吸引官、产、学、研、资、介、贸等多种社会力量投入到孵化器的建设中来。

再次，中国科技企业孵化器对加速提升落后城市的创新能力起到很大的作用，但对于加速提升落后城市的经济发展水平作用不大。这可能主要是因为促进科技成果转移转化是科技企业孵化器最为直接的功能，从而能够直接提升区域的创新能力，但绝大多数科技企业孵化器是非营利性质这一国情使科技企业孵化器对当地城市的经济贡献并不是很大。因此，在政府主导型的科技企业孵化器中，政府职能应从直接管理向间接管理转变，将孵化器的经营管理权交给专业人士，这样能够在促进科技成果转化的同时，适当地创造盈利，在市场经济制度环境下与私营孵化器和大学孵化器形成良性竞争的态势。在这当中，政府最重要的任务是为促进孵化器的发展提供良好的政策和制度环境。

最后，支持和指导孵化器网络的建立与发展，孵化器网络包括孵化器与孵化器之间的网络联系，以及孵化器与其他社会机构之间的网络联系。一方面，科技企业孵化器网络可以使不同区域内原本分散的、各具特色的孵化器依托网络紧密地联系在一起，从而增进孵化器之间的交流与合作，实现优势互补和资源共享。另一方面，科技企业孵化器能够通过合作网络与大学、科研院所、投融资机构、大中型企业及中介服务机构等外部机构建立联系，从而扩大各个科技企业孵化器获取资源的范围，最大程度上减少区域因素对企业孵化器发展的限制。

第十章　基于价值增值的大学科技园孵化效率及其治理研究

在本章中，我们将继续介绍另一种重要的区域技术创新网络载体——大学科技园。作为大学及其他高等教育机构与企业的发展联系的节点，大学科技园成为政府实现再工业化、地区经济发展，以及高新技术的形成和发展而采用的重要工具。在所有国家中，尤其是发展中国家，大学科技园已成为孵化新创企业、推动区域经济发展和增加就业的政策工具之一。

我国的国民经济和社会发展正处于调整经济结构与推进产业升级的关键时期，这一时期，我国不仅面临着由知识经济的腾飞所带来的良好发展机遇，还面临着加入世界贸易组织（World Trade Organization，WTO）以来激烈的国际竞争。作为科教兴国的强大生力军，大学处于科技创新的源头，紧密结合先进生产力，依托大学多学科的交叉优势，在利用高校丰富的知识资源和人才资源的同时，不断地进行各种各样的创新，在此基础上，加速大学及其他高等教育机构科研成果的商业化，这无疑可以提高中国在国际竞争中的地位。鉴于此，大力创办大学科技园，充分整合大学及其他高等教育机构的人才资源、信息资源和技术资源，既是推动科技成果转化和加速高新技术产业化的要求，也是培育新的增长极，提升我国的技术创新能力及国际竞争力的客观要求。基于此，在本章中我们将重点进行大学科技园的孵化效率研究，包括大学科技园的孵化效率评价及孵化效率的影响因素研究。

第一节　大学科技园理论与发展现状研究

一、大学科技园概念的界定

学者往往把大学科技园与“研究园”“技术园”“创新中心”等结合起来，这些定义的中心解释是：大学科技园是经济发展的催化剂，它支持创新及高新技术企业的进一步发展，进而推动区域经济发展，增加就业。英国科技园协会认为大学科技园是一个与大学及其他高等教育研究机构有正式或非正式联系的创新集聚中心，大学科技园创办的目的是鼓励高新技术企业的建立与成长，而且大学科技园具有一定的管理功能，对技术转移和商业化具有很大的促进作用。国际科技园协会把科技园界定为以资产为基础的企业，它拥有一个能够促进商业技巧和技术转移的管理团队。美国会计总署则把大学科技园定义为高新技术企业及其研究中心在大学附近的集聚。

从作用上来看，Westhead（2010）明确指出在大学科技园中，政府及其他机构引进针对性的措施为区域经济的发展提供良好的基础设施。政府为大学的R&D活动、技术的转移和扩散提供支持，并制定了一系列发展经济的措施，旨在增加就业和提高科技园内高新技术企业的存活率与增长率。Storey和Tether（1998a，1998b）提出大学科技园和孵化器及技术转移中心一样，是为实现再工业化、地区经济发展，以及高新技术的形成和发展而采用的政策工具。Hansson 等（2005）指出大学科技园是解决复杂的政治和经济问题（如地区产业问题、政府资助性研究的商业化、新产品开发的缺乏及失业等问题）的工具。Ratinho和Henriques(2010）以葡萄牙的科技园为案例，研究得出与大学的联系和管理的适宜性是科技园成功的关键因素，且大学科技园是刺激经济增长和就业增加的依据。从功能上来看，大学科技园为创新企业提供了重要的人力资源和社会资本，且大学科技园具有以下三个基本特征：培育研发集中型企业，为大企业和中小型高新技术企业之间建立联系提供良好的环境支持，以及加强企业、大学和其他研究机构及中介机构之间的正式与非正式联系。

二、大学科技园的价值增值机制分析

价值增值是指通过经营和管理活动，把低投入转化为高产出，其不仅包括了盈利等有形的内容，还包括了技术含量增值、社会效益增加和团队能力增强等无形的内容。Mian（1996）认为价值增值已经变成了技术企业孵化器行业“词典”中的一部分，它与三个主要的对象（企业投入、技术投入和社会投入）一致。他指出学者对大学科技园的大部分研究都是描述性的，包含孵化模型的各种类型、大学科技园提供的共享服务，以及区域内企业之间的联系，目的是为了提高在孵企业的存活率。Mian（1997）把大学科技园为在孵企业提供的可感知到的价值增值服务分为两类：①典型的共享办公服务，包括场地的租赁，以及获得资本等其他商业服务；②与大学有关的服务，如聘用大学毕业生、聘请大学教员作咨询顾问，以及其他由大学提供的制度性支持等。在孵化器中，价值增值是指孵化项目能够提高在孵企业的生存和成长能力（Allen and McCluskey，1990）。Mian（1997）为大学科技园在促进新企业的成立上提供了一个评价模型，该模型评估了大学科技园三个方面的价值增值，包括项目的持续性和增长、在孵企业的成立与成长，以及对所依托大学的声望的贡献。

为了证实大学科技园对在孵企业的价值增值作用，学者往往把科技园内企业和科技园外企业进行对比。例如，Westhead 等（1994）和 Westhead（1997）运用文献分析法分析了大学科技园的内外企业在绩效上的差异，他们指出这两者在企业存活率、创造就业和专利产出上并没有明显的差异。Fukugawa（2006）探究了大学科技园在区域技术创新系统中是否发挥催化剂的作用，是否有利于促进区域内的知识流动和帮助新技术型企业（new technology-based firms，NTBFs）开展创新活动。他们的研究发现位于科技园内的 NTBFs 更倾向于和当地的高等研究机构（higher education institutions，HEIs）建立联系、开展合作。

三、大学科技园孵化效率

就实质而言，大学科技园的孵化是指为孵育对象配置资源，本章将大学科技园的孵化资源界定为向在孵企业提供的人才、资金、技术和信息等一般性资源。通过综合国内外与大学科技园价值增值有关的文献（Mian，1996；Westhead et al.，1994；Westhead，1997），基于价值增值的角度对大学科技园的孵化效率进行了探讨，指出大学科技园的孵化器绩效体现在提高新企业存活率、推动区域经济发展和增加就业上。

本章将孵化效率作为大学科技园孵化器绩效的评估标准，主要依据以下两点：①在给定的产出条件之下寻找最小的资源成本；②在既定成本下寻求最大产出。因此，大学科技园的孵化效率是指其在经营活动中的投入与产出之间的对比关系，反映了大学科技园将各种人才、资金、信息和技术资源转化为培育新的高新技术企业、推动区域经济发展和增加就业等多方面的能力。大学科技园要想更好地发挥其对高新技术企业和区域经济的促进作用，就应该在其运营过程中关注并优化自身的资源配置，努力达到孵化效率的最优水平。图 10.1 反映了大学科技园、价值增值和孵化效率这三者之间的关系。从图 10.1 中可以看出，作为微观的区域技术创新系统，大学科技园为在孵企业提供包括管理人员、资金与基础设施在内的

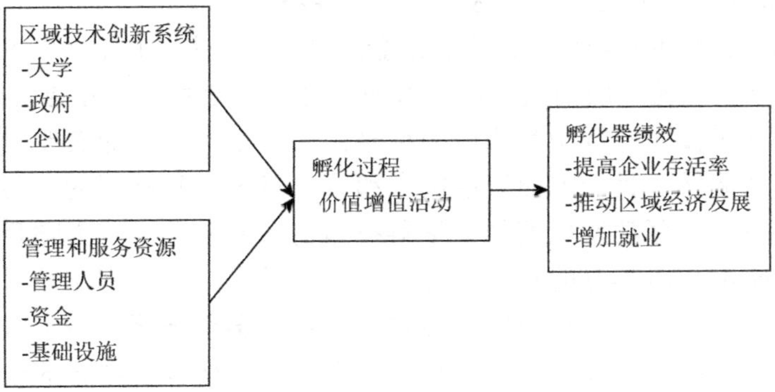

图 10.1 大学科技园的孵化机制与孵化器绩效

管理和服务资源，企业通过获取这些资源，进行价值增值活动，从而创造孵化器绩效。这一孵化机制也就引出了如何基于价值增值这一角度来评价大学科技园孵化效率的问题。

四、我国大学科技园的演化历程

我国大学科技园的演化历程可以分为三个时期。

第一，20 世纪 80 年代末期至 90 年代初的初创期。1990 年，作为中国第一个大学科技园——东北大学国家大学科技园在辽宁沈阳成立，它的出现开创了我国政府联合大学创办大学科技园的新纪元。其后，为了加速高校科研成果的转移与商业化，各地的大学科技园就如同雨后春笋般涌现，如上海工业大学科技园区于 1992 年 3 月在上海建立，北京大学国家大学科技园于 1992 年 9 月在北京诞生，清华科技园于 1994 年在北京成立，西南交通大学国家大学科技园于 1994 年在四川成都创建，南京大学科技工业园于 1994 年 8 月创立，等等。

第二，20 世纪 90 年代中期的成长期。20 世纪 90 年代中期我国也迎来了大学科技园发展的高潮，为中国大学科技园的快速发展起到有力推动作用的是 1992 年邓小平同志的南方谈话，以“大学与政府在科技工业园发展中的作用”作为主题的第四届科技工业园世界大会是紧随邓小平同志强调的发展高新技术产业思想的体现。1996～1998 年，随着科技体制和教育体制改革的进一步深化，在政府的鼓励与支持下，大学开始对高新技术企业进行资产重组。在这一时期，我国许多大学科技园成功孵化了一批标志性的高新技术企业，如北大方正集团有限公司、清华紫光股份有限公司，以及上海同济科技实业科技股份有限公司等高新技术企业就是其中的代表，这些企业不仅促进了所在大学科技园的发展，还有利地推动了区域经济的增长。成长期大学科技园的创办与科技园内的高新技术产业的兴起，得到了国家和政府在多方面的政策引导与支持，极大地促进了大学及其他高等教育机构科研成果的商业化，以及区域和国家经济的发展。

第三，20 世纪 90 年代末期至今的蓬勃发展期。这一时期，国家大学科技园的创建是大学科技园发展的重点，国家和政府组织专家、召开会议评审出了 22 家国家级大学科技园并授予其相应的称号，这些举措一方面表明我国大学科技园的发展成绩斐然，另一方面表明国家和政府对大学科技园的发展进入了动态管理的新阶段。在蓬勃发展期的大学科技园的发展取得了令人瞩目的成绩，鉴于大学科技园本身所具有的与时俱进的优势，学界与业界都比较看好大学科技园未来的发展前景，国家和政府在各方面都对大学科技园给予了鼓励和支持，希望大学科技园成为企业、大学、政府、中介等机构紧密结合的纽带，以及区域技术创新中新的增长极。

第二节　大学科技园孵化效率的影响因素研究

一、投入产出指标的选择

关于大学科技园孵化效率的认定，中国政府认为主要包含孵化新创企业和社会贡献（包含经济贡献和增加就业）两方面。Peña（2004）认为因为大学科技园里的企业成立的时间一般较短，缺乏利润，所以利润并非是一个很好的衡量大学科技园孵化器绩效的指标。Markley 和 McNamara（1995）建议运用经济发展的衡量指标，如社会贡献来衡量孵化器绩效。本节总结上述研究成果，并考虑到实际可操作性，基于大学科技园的价值增值的角度，提取了以下指标来研究大学科技园的孵化效率。

第一，产出变量。本章的产出用三个指标来衡量，分别是在孵企业存活率、在孵企业上缴税额和增加就业。在孵企业存活率能够代表大学科技园对企业成立和成长的作用，在孵企业上缴税额反映了大学科技园对区域经济的贡献，增加就业用大学科技园人员总数与在孵企业人员数之和来反映。

第二，投入变量。本章的投入也用三个变量表示，分别是大学科技园人员总数、孵化基金总额和场地面积。劳动力投入和资本投入是研究投入产出效率的常用方法，大学科技园人员数、孵化基金总额分别代表劳动力投入和资本投入，在衡量大学科技园价值增值贡献时，本章引入物力投入，用场地面积表示大学科技园的基础设施状况。

本章设计的各项指标数据均来源于 2011 年《中国火炬统计年鉴》，86 家国家级大学科技园中少部分科技园的数据不全，本书予以剔除，故研究样本为 65 个国家级大学科技园。表 10.1 是大学科技园各投入产出变量描述性统计。

表 10.1　变量描述性统计

指标	极小值	极大值	均值	均值标准误	标准差
在孵企业存活率	2.13%	80.56%	27.60%	0.02%	15.85%
在孵企业上缴税额/万元	0.040	24.907	1.867	0.468	3.773
增加就业/个	256	7 405	1 478.723	150.580	1 214.016
大学科技园人员总数/人	8	90	27.369	2.109	17.001
孵化基金总额/万元	2	63 462.700	5 930.372	1 569.687	12 655.221
场地面积/万平方米	1	135	8.888	2.303	18.564

二、随机前沿模型的构建

在测量误差和统计干扰处理的问题上，本书优先考虑 SFA。最初适用于截面数据的基本模型可以表示为

$$Y = X_i\beta + \varepsilon_i \tag{10.1}$$

其中，i 表示第 i 个大学科技园；Y 表示产出变量；X 表示投入变量；β 表示未知参数。借鉴式（10.1）及 Battese 和 Coelli 在 1995 年提出的模型，本节设定了下列随机前沿函数模型：

$$\ln \text{Survive}_i = \beta_0 + \beta_1 \ln \text{Staffs}_i + \beta_2 \ln \text{Fund}_i + \beta_3 \ln \text{Space}_i + V_i - U_i \tag{10.2}$$

$$\ln \text{Taxs}_i = \beta_0 + \beta_1 \ln \text{Staffs}_i + \beta_2 \ln \text{Fund}_i + \beta_3 \ln \text{Space}_i + V_i - U_i \tag{10.3}$$

$$\ln \text{Employees}_i = \beta_0 + \beta_1 \ln \text{Staffs}_i + \beta_2 \ln \text{Fund}_i + \beta_3 \ln \text{Space}_i + V_i - U_i \tag{10.4}$$

其中，$\ln \text{Survive}_i$、$\ln \text{Taxs}_i$ 和 $\ln \text{Employees}_i$ 分别表示在孵企业存活率、在孵企业上缴税额和增加就业的自然对数；$\ln \text{Staffs}_i$、$\ln \text{Fund}_i$ 和 $\ln \text{Space}_i$ 分别表示大学科技园人员总数、孵化基金总额和场地面积的自然对数；i 表示第 i 个大学科技园；β_0 表示待估常数项；β_1、β_2 和 β_3 分别表示大学科技园人员总数、孵化基金总额和场地面积的产出弹性；V_i 表示随机变量，服从正态分布 N（m_i，σ^{2v}），且独立于 U_i；U_i 为非负的随机变量，表示大学科技园创新活动中投入产出要素中的无效率项，其分布服从正态分布 N（m_i，σ^{2u}），若 m_i 越大，孵化效率就越低，也就是说，在同样的投入水平下，得到的产出越少。相对于传统的生产函数而言，SFA 还可以采用式（10.5）这个指标来判断前沿函数模型是否有效。

$$\gamma = \frac{\sigma^{2u}}{\sigma^{2u} + \sigma^{2v}} \tag{10.5}$$

在式（10.5）中，$0 \leqslant \gamma \leqslant 1$，若 γ 接近 1，一般会选择前沿函数模型，因为此时在生产单元与前沿面的偏差中，无效率项占据主要成分；若 γ 接近 0，一般会选择传统的生产函数，因为此时随机误差占据主要成分。

三、实证结果分析

结合式（10.2）～式（10.4），本节利用 Frontier 4.1 软件中的随机前沿函数模型对变量进行分析，得到表 10.2 价值增值效率的测度结果。

表 10.2　价值增值效率的测度结果

SFA	模型 10-1		模型 10-2		模型 10-3	
	系数	t 检验值	系数	t 检验值	系数	t 检验值
β_0	5.621***	6.999	4.287***	2.497	3.895***	5.132
β_1	−0.008	−0.045	−0.003	−0.077	0.175	1.137
β_2	0.061**	2.057	0.027	0.413	0.029	0.913
β_3	−0.272***	−2.528	0.517***	2.884	0.283***	3.438
σ^2	1.049***	4.530	2.798***	2.904	0.793***	2.959
γ	0.952***	24.047	0.706***	3.177	0.871***	6.175
log 函数值	−58.852		105.851		56.493	
样本数	65		65		65	
单边 LR 检验	12.926		0.865		1.442	
平均效率	0.533		0.431		0.569	

注：LR 是似然比检验统计量，在此处的 LR 服从混合卡方分布

、*分别表示在 5%、1%的水平上显著

从模型 10-1 来看，$\gamma = 0.952$，且在 1%的水平上具有统计显著性，说明式(10.1)中的误差项存在十分明显的复合结构，因此本书对大学科技园数据使用 SFA 技术估计是必要的。实证结果显示，β_1 没有通过显著性检验，β_0、β_2 和 β_3 均通过了显著性检验，其中 $\beta_2 = 0.061$ 说明孵化基金总额每增加 1%能够使在孵企业存活率提高 0.061%，$\beta_3 = -0.272$ 表示场地面积每增加 1%会使在孵企业存活率下降 0.272%，即场地面积对在孵企业存活率有着明显的负向影响。这也意味着我国大学科技园孵化新企业的能力的提升是靠孵化基金总额的增加来拉动的，但孵化基金总额缺乏规模经济性。从效率来看，大学科技园孵化新企业的平均效率仅为 0.533，总体孵化效率偏低。因此，大学科技园在孵化新企业方面的价值增值活动还远未能发掘出现有的人员、资金和基础设施的潜力，孵化基金投入不足且场地规划不合理是导致大学科技园孵化新企业效率偏低的原因之一。

在模型 10-2 中，β_0 和 β_3 为正，且在 1%的水平上通过了显著性检验，其中，$\beta_3 = 0.517$ 说明场地面积每增加 1%，会对区域经济的贡献提升 0.571%，场地面积对推动区域经济发展不具备规模经济效益。β_1 和 β_2 没有通过显著性检验，且 β_1 为负，说明大学科技园人员总数对在孵企业存活率具有不明显的负向影响，孵化基金总额对在孵企业存活率没有显著影响。实证结果显示，我国大学科技园对区域经济的贡献主要是靠场地面积来拉动的，但场地面积仍然缺乏规模经济性。从效率来看，大学科技园在促进区域经济发展维度的平均效率为

0.431，整体效率偏低，这可能与大学科技园内基础设施不完善，以及使用效率不高有关。

从模型 10-3 的结果可得出，β_0 和 β_3 为正，且在 1%的水平上通过了显著性检验，$\beta_3 = 0.283$ 显示场地面积对增加就业也不具备规模经济效益。β_1 和 β_2 没有通过显著性检验，说明大学科技园人员总数和孵化基金总额对增加就业没有显著影响。从实证结果来看：我国大学科技园的增加就业主要也是靠场地面积来拉动的，但场地面积仍然缺乏规模经济性。

总体而言，基于价值增值的角度来看，我国大学科技园在孵化新企业、推动区域经济发展和增加就业三个维度上整体效率偏低，从另一方面反映出我国大学科技园的孵化效率存在着很大的提升空间。其中，孵化新创企业主要靠孵化基金总额的拉动，推动区域经济发展和增加就业主要靠场地面积的带动，而大学科技园人员总数对三个维度孵化效率的影响均不显著，这可能与我国大学科技园现阶段还没有形成优秀的管理团队，从而导致管理水平不高有关。我国大学科技园在增加就业维度的平均效率较高，而在孵化新企业和推动区域经济发展这两个维度的平均效率较低。研究表明，我国大学科技园的发展缺乏孵化基金和中介机构提供的优质服务，也未得到素质较高的管理团队的引导，基础设施也不够完善，资源配置也存在很多不合理之处。建立优秀的管理团队，有效控制资源投入，加大产出，能够提高大学科技园的孵化效率。因此，在未来的发展中，如何在扩大场地面积的同时，提高大学科技园管理人员的素质，加强对基础设施的管理，加大对中介机构建设的投资力度，改善各大学科技园内的硬件和软件环境成为政策制定者和执行者亟待解决的问题。

第三节　大学科技园孵化效率差异及类型研究

一、聚类分析方法及应用

既可以对样本进行分类，也可以对变量进行分类的聚类分析是一种对样本（或变量）进行定量归类的多元统计分析方法，它一般用于对一组多属性统计样本的性质进行直接比较。按照一定的类定义准则，聚类分析根据样本（或变量）本身的特性，将性质相似的对象归为一类，将性质差别较大的对象归为不同的类。为了把样本（而非变量）聚集成 K 个类的组合，我们采用非谱系聚类法进行分类。由 Macqueen（1967）提出的 K-均值法又称快速聚类法，这种非谱系聚类法是把样本（而非变量）聚集成 K 个类的组合的方法，将每个样本聚集到其最近均值（形心距离）的类中是 K-均值法分析的基本思想。

从过程来看，K-均值法分析可以分为以下几个步骤。

首先，把样本（而非变量）大致分成K个初始类。

其次，进行修改，通过使用标准化数据或非标准化数据计算欧氏距离后，逐个把样本分派到其最近均值的类中，并通过计算来重新测量新样本的类，以及失去样本的类的均值（形心距离）。

最后，不断重复上一步，直到各类中无元素进出为止。

二、孵化效率值的聚类分析

在各大学科技园孵化效率测度的基础上，本节运用K-均值法，进一步分析各类大学科技园的内涵、特征及孵化效率的方向和思路。表10.3和表10.4是以各大学科技园三维度的孵化效率为变量，令$K=4$，运用软件SPSS 16.0进行聚类分析的结果。

表10.3　方差分析表

维度	组内		组间		F值	显著性水平
	均方	自由度	均方	自由度		
孵化新企业的效率	0.737	3	0.017	61	43.601	0.000
推动区域经济发展的效率	0.325	3	0.020	61	16.506	0.000
增加就业的效率	0.439	3	0.017	61	27.886	0.000

表10.4　最终聚类中心表

维度	全能高效型	孵化导向型	经济导向型	就业导向型
孵化新企业的效率	0.705	0.698	0.674	0.328
推动区域经济发展的效率	0.536	0.337	0.910	0.452
增加就业的效率	0.743	0.365	0.395	0.636

表10.3是方差分析表，在表10.3中，我们并不能根据F值来判断该均值是否存在着显著差异，F值仅用来描述。方差分析的结果显示：本章的聚类结果通过了显著性检验，且基于价值增值角度设定的三个维度的效率对分类的贡献都是显著的。

由表10.4可以看出，根据三维度效率水平的聚类，我国大学科技园可划分为全能高效型、孵化导向型、经济导向型和就业导向型。

三、大学科技园类型研究

（一）全能高效型

全能高效型大学科技园的主要特征是三个维度的效率水平均较高（0.705、

0.536 和 0.743），该类大学科技园的数目共 14 个，以华北电力大学科技园、中国矿业大学国家大学科技园和中国石油大学科技园为代表。全能高效型大学科技园注重各方面的发展，三个维度的效率均处于领先水平。其在投入产出、资源配置方面比较合理，即大学科技园为获得价值增值效应所投入的人力、物力和财力相对较少，因而其管理经验可以为其他类型的大学科技园所借鉴。但全能高效型大学科技园在三个维度上的效率还可以得到提升，也就是说，通过调整人员数量、合理使用资金和规划场地面积仍然可以提高该类大学科技园的价值增值贡献，进而提升该类大学科技园的孵化效率。

（二）孵化导向型

孵化导向型大学科技园在三个维度上的效率分别为 0.698、0.337 和 0.365，实证结果显示，孵化导向型大学科技园在孵化新企业上的能力较强（0.698），该类大学科技园的数目共有 19 个，以华东师范大学科技园、苏州大学科技园和电子科技大学科技园为代表。从目的来看，孵化导向型大学科技园的目的是创造出成功的企业，以期它们在毕业时达到财务自主和独立经营。该类大学科技园的快速发展与大学科技园的核心是扶持高新技术企业的创立和成长，以及其首要功能是孵化新企业、培育企业家、加速大学科研成果的商业化有关。我国大学科技园孵化新企业主要是靠孵化基金总额的增加来拉动的，因而政府应建立科技创新基金和专项基金，加强对孵化导向型大学科技园的资金支持，为大学科技园内高新技术企业的发展营造良好的政策环境。

（三）经济导向型

经济导向型大学科技园在三个维度上的效率分别为 0.674、0.910 和 0.395。实证结果表明，经济导向型大学科技园在推动区域经济发展的贡献上表现突出（0.910），但该类大学科技园仅有 3 个，包括北京大学国家大学科技园、中国人民大学国家大学科技园和南京理工大学国家大学科技园。经济导向型大学科技园的目的在于增加投资机会和利润，其数目最少是因为大学科技园孵化的一般都是初创的高新技术中小企业，企业成立时间短，新产品还没有实现利润，所以上缴税额较少，对推动区域经济发展的贡献不大。该类大学科技园应该注重扩大再生产以增加新产品的销售收入，在其发展的过程中，政府也应加大对该类大学科技园免税、减税的支持力度。

（四）就业导向型

就业导向型大学科技园在三个维度上的效率分别为 0.328、0.452 和 0.636。从实证结果来看，就业导向型大学科技园增加就业的效率水平较高（0.636），在样本中所占的数目也最多，共29个，如东南大学国家大学科技园、西安交通大学国家大学科技园和山西中北国家大学科技园均属于该类。大学科技园孵化高新技术企业的同时，提高了高新技术产业在工业中的比重，从而扩大了就业范围、增加了就业渠道，这是就业导向型大学科技园的数目最多的原因之一。大学科技园增加就业主要是靠场地面积来拉动的，但场地面积仍然缺乏规模经济性。基于此，要发挥就业导向型大学科技园的作用，地区必须合理配置大学科技园的基础设施，依托高校使大学科技园成为人才培养的基地。同时，应该加强对本土科技人才的培训、大力吸收海外人才，以提高管理队伍的素质。

总体而言，以孵化新企业、推动区域经济发展和增加就业三个维度的效率为变量，我国大学科技园大致可以分为四类：全能高效型、孵化导向型、经济导向型和就业导向型。全能高效型大学科技园注重各方面的发展，在三个维度上的效率均处于领先水平。孵化导向型科技园在孵化新企业上表现突出，与大学科技园的核心是扶持高新技术企业的创立和成长，以及其首要功能是孵化新企业、培育企业家、加速大学科研成果的商业化息息相关。经济导向型大学科技园专注于推动区域经济发展，但其数目最少，原因之一是大学科技园在我国还是新兴事物，园内企业一般都是初创的高新技术中小企业，缺乏利润。就业导向型大学科技园增加就业的效率水平较高，且数目最多，其在发展过程中应发挥优势吸引大量优秀人才就业。

第四节　大学科技园的治理机制分析

从孵化新企业、推动区域经济发展和增加就业三维度的效率出发，本节选取效率较低的西南交通大学国家大学科技园（效率分别为0.332、0.109和0.278）和效率较高的深圳虚拟大学园国家大学科技园（效率分别为0.694、0.588和0.805）进行案例分析，以寻求我国大学科技园的演化趋势和找出造成大学科技园效率差异的原因。案例中的两个大学科技园分别代表着为推动科研成果商业化所采取的不同途径，西南交通大学科技园是“传统意义上”的大学科技园，它主要作为连接当地产业集群、科研机构、政府和中介机构的桥梁而存在，我们将之界定为第一代大学科技园。而深圳虚拟大学园国家大学科技园则通过信息网络连接国内外知名大学，是通过利用网络资源的向外开放性，建立企业、政府、高校及其他科研机构重新分化组合的新兴“集群”，是虚拟区域技术创新体系的体现，我们将其视为第二代大学科技园。

近年来，人力、财力和物力等要素的缺乏与不合理配置都制约了大学科技园的发展，虚拟大学科技园的产生成为人们在资源的制约下探索大学科技园发展的新模式。葡萄牙奥埃拉斯科技园的成功让学者和政策制定者看到了大学科技园发展的希望，开启了大学科技园演化的新趋势，即虚拟化模式取代传统的实体化模式。第二代大学科技园主要是指利用信息技术构建一种“产学研结合”的网络新模式，从而创建一种虚拟的区域技术创新体系。在传统意义上，第一代大学科技园起到的主要是线性连接科学与技术的作用，并且大学科技园是作为广义上的基础设施提供者而存在（如实验室和 IT 设施）。随着大学科技园的发展，大学科技园应该作为一个交互式的、动态的和以网络为导向的主体而存在，人们应该更加注重其学习的功能而非科技创新（如孵化新企业）和推动区域发展（如创造财富与增加就业）的功能。技术和知识的影响非常复杂，它们又与政策程序息息相关，这使大学科技园在发展的过程中与大学、企业和政府存在着许多未知的关系，大学科技园以虚拟网络的形式而存在就是其中的一种，如果我们把大学科技园作为一个有形的实体来理解往往会忽略它们在知识应用系统中的无形作用。

从两个大学科技园的官方网站信息来看，西南交通大学国家大学科技园重视企业孵化和成果转化，而深圳虚拟大学园国家大学科技园更加注重科技合作。企业和科研机构交互学习水平较低是西南交通大学国家大学科技园的一个弱点，反映出该园区内商业开发和管理咨询水平还有待提升，较低的交互学习水平也是该园区吸纳高校优秀毕业生较少的原因。就创业来看，深圳虚拟大学园国家大学科技园为吸引专业人才专门建立了创业中心，而西南交通大学国家大学科技园仅停留在创业培训项目发展的初级阶段。从统计数据来看，2010 年，深圳虚拟大学园国家大学科技园人员总数、孵化基金总额和场地面积投入分别为 16 人、1545.4 万元与 5.8 万平方米，西南交通大学国家大学科技园在这三个方面的投入为 24 人、24.3 万元和 135 万平方米，前者投入的孵化基金总额远远超过了后者，但是场地面积投入却比后者少很多。从产出来看，深圳虚拟大学园国家大学科技园企业存活率、在孵企业上缴税额和增加就业分别为 0.386、2557.9 万元与 2409 人，西南交通大学国家大学科技园在这三个方面的产出分别为 0.074、0.36 万元和 1189 人，前者三方面的产出均比后者高，尤其是在孵企业上缴税额更高。

通过两个大学科技园的比较得出，经过近 30 年的发展，我国大学科技园经历了从第一代到第二代，从结构洞到社会资本催化剂的演化。第二代大学科技园的虚拟模式不仅把大学科技园作为企业、高校和政府的连接点，更重要的是，它不再局限于大学科技园是一种“结构洞”的存在，而是更加注重提升园内各参与者的学习能力和吸收能力，不断强化园内企业的社会资本，提高科研机构复杂的隐性知识的转移能力，依靠虚拟网络把大学的教育、科技、人才资源与区域经济发展相结合。一般而言，大学科技园的发展重点是培养人才、转移先进技术、转化科研成果、孵化新创企业，以实现大学和区域经济的共同发展。深圳虚拟大学园国家大学科技园以虚拟的形态存在，通过网络把国内外知名大学的优势研究资源结合在一起，并吸引入孵企业和大学生创业，可以说作为一种知识创新网络，我国的深圳虚拟大学园国家大学科技园充分体现了电子大学科技园（e-university science park）这一概念，为大学科技园的演化指明了方向，通过寻求一种“虚实结合”的新模式，即大学科技园可以通过构建区域技术创新网络把虚拟现实性、集成高效性、协调竞争性和互补共生性统一起来，从传统的实体模式过渡到实虚结合模式，在其功能上实现从结构洞向社会资本催化剂转变。在引导和鼓励大学科技园这个虚拟的区域技术创新系统内各利益相关者参与的同时，注重提升入孵企业的学习能力和吸收能力，以提升企业的社会资本水平。这也是第二代大学科技园比第一代大学科技园孵化效率高的原因。

第十一章　创意产业集聚对区域技术创新绩效的影响与治理研究

在全球化、信息化和网络化不断拓展与深化的背景下，科技进步和管理理念的变革正迅速地改变着整个社会及各个层次的组织形态与结构，其中一个重要的现象就是网络化组织的快速发展及其相关研究的兴起。同时，这种变化也强烈地反映在区域技术创新活动领域中，区域技术创新的网络化、协作化甚至虚拟化等趋势和现象已日益明显与普遍。在导论部分，我们强调这种区域技术创新的网络化现象表现为两方面，即技术创新网络化范式，以及企业或产业集群化发展。在本章中，我们主要从创意产业的角度出发，探讨创意产业的集聚，包括中国创意产业的空间集聚分布，以及创意产业省际集聚水平分析。更重要的是，我们将深入分析创意产业集聚对区域技术创新的影响，并将区域技术创新分解为上游创新效应与下游创新效应，解释创意产业集聚对不同创新效应的影响。

第一节　创意产业省际集聚水平

一、创意产业的界定

因研究方法、立场、角度的不同，学术界对创意产业的界定并不统一，之所以会产生这一差异和分歧，与其说是学者基于自身不同的分析视角而产生的思想上的差异，倒不如说是由时代的发展所催生出的新型产业业态，在不同文化、不同区域、不同国家经济体中所反映出来的差异。关于创意产业的内涵，本书提出三个基本思考：一是创造性和创新性是创意产业的核心要素，缺乏创造性和创新性，创意产业一定无法生存；二是创意产业需以实现经济价值为目标，并兼顾美学和实用性目标；三是创意产业中的各种符号（可以是文化的，也可以是非文化的）、各种商标和技术应该受到知识产权的保护。

就其外延来说，创意产业横跨了文化产业、服务业和工业等多个部门。总体来说，创意产业大体上包含三个产业类型：一是狭义的文化艺术；二是媒体出版业；三是创意服务业。前两者可以称为广义的文化类产业。由于产业融合的趋势越来越明显，创意产业这三种产业之间也存在一定的交叉，但是为了便于剖析创意产业的特征，包括政府补贴、市场导向、生产特点、产出、产出形式、创新类型等特点，本书认为大体上可以通过这三种分类来对创意产业的特征进行分析（表 11.1、表 11.2）。

表 11.1　创意产业的类型

类型	文化艺术业	媒体出版业	创意服务业
子类型	文化艺术 工艺品 时尚消费 会展 表演 文化娱乐	广播电视 电影与录像 新闻 出版 电信传输	计算机服务 软件服务 建筑装饰业 建筑工程服务 专业技术服务 商务咨询 科技咨询 创意科研

注：表中的 19 种创意产业类型体系参考了张京成（2007）的研究成果，但是相比他的分类体系，本书没有将教育类行业包含在创意产业中，主要原因在于教育在很大程度上不是一种产业

表 11.2　创意产业的特征

特征	文化艺术业	媒体出版业	创意服务业
政府补贴	有一定补贴	有一定补贴	非常少
市场导向	市场导向性较强	混合型导向（市场＋公益导向）	市场导向性强
生产特点	劳动力密集型	资金和技术密集型	混合型
产出	产品＋服务	产品（有版权）	服务（具有功能性）
产出形式	介于标准化和定做之间	标准化产品	定做的服务
创新类型	工艺创新	产品创新	服务创新

注：表中政府补贴、市场导向、创新类型等特征的分析，仅仅是文化艺术、媒体出版和创意服务三种创意产业的主要特点的描述，具体每一种子产业类型的创意产业可能还有特殊性，比如新闻业的产出形式主要还是服务而非产品

二、省际集聚水平的测量

为了分析中国创意产业的相对集聚水平，本节构建了一个创意产业集聚指数来计算创意产业的省际空间集聚水平。区位商指数被认为是研究集聚经济的重要分析工具。目前在国际文献中，区位商指数被认为是分析创意产业（或创意阶层）集聚效应的重要衡量指数（Asheim and Hansen，2009；Lazzeretti et al.，2012）。本节也借用区位商指数来计算创意产业的省际空间集聚水平，其计算公式如式（11.1）。

$$\text{CIA index} = \frac{C_{ij} / C_i}{C_j / C} \tag{11.1}$$

其中，C_{ij} 表示第 j 个省域的创意产业的就业人口；C_i 表示创意产业的就业人数；C_j 表示第 j 个省域的就业人数；C 表示全国的就业人数；CIA index 表示创意产业的省际空间集聚水平，当其值大于 1 表明第 j 个省域的创意产业集聚水平高于全

国平均水平。由于《中国统计年鉴》没有直接统计创意产业的就业人数，本章依据本书对创意产业的定义，对《中国统计年鉴》（2002～2010 年）中的数据自行进行了处理，按照式（11.1）计算得出创意产业集聚的省际分布状况。

从不同省域来看，北京、上海、天津、浙江四个省市拥有全国最高的创意产业集聚水平，上海和天津的集聚水平分别为 2.3 与 1.6，北京的集聚水平最高，高达 4.9，西藏的创意产业集聚水平最低，仅为 0.06。这表明创意产业集聚的空间分布极其不均衡，基本上呈现与经济发展水平、区域技术创新水平同步的景象。东部地区创意产业集聚水平较高，其区域技术创新能力和劳动生产率也普遍较高，而中、西部地区创意产业集聚水平普遍较低，其区域技术创新能力和劳动生产率也普遍较低。基于上述分析，我们猜测创意产业集聚水平的差异是造成区域技术创新能力和劳动生产率差异的一个重要因素。

综合上述分析，中国创意产业无论是从集聚规模来看，还是从集聚水平来看，都出现了明显的集聚发展趋势。集聚式发展状况使中国创意产业体系出现了包括核心产业、支持产业和衍生产业的产业群落，这一产业群落可以为传统产业注入创意元素，增强了我国传统产业的自主创新能力，优化了产业结构，从而能够带动整体经济体向更高质量的经济形式跃迁。

第二节　创意产业集聚对区域技术创新的影响

一、上游创新效应的假设

创意产业集聚的上游创新效应，主要表现为对研发阶段的技术创新和工艺创新的影响。上游创新效应可以通过两种效应来实现：一是区域内以创意阶层为载体的“知识溢出”效应；二是以创意企业为主体的区域“集群学习”效应。

创意阶层是创意产业集群“知识溢出”效应得以实现的载体。传统产业的集群对物质资本和原材料等资源具有较强的依赖性，而创意产业具有较强的知识密集型特征，其集群式的发展模式对区域内的劳动者素质、科学技术和人文环境的要求都比较高。在创意产业集群园区内，集聚了大量的创意阶层，其成为推动创意产业发展的重要动力。作为创意产业的重要劳动力资源——创意阶层具有高宽容、高创意、高流动、对文化产品的品质要求较高等特征，这就有利于区域创意产业集聚区成为一个开放的、包容的区域，促进区域内隐性知识和经验的自由流动与传播，推动区域技术创新能力和生产效率提高（Florida，2002a，2002b；Sands and Reese，2008；Boschma and Fritsch，2009；Yu et al.，2013）。隐性知识和经验对于创新具有极其重要的作用，但是隐性知识蕴藏在人的大脑中，具有很强的个体属性，该类知识的转移往往不是在市场中进行的，而是依赖于非市场化的互动和交流（Mudambi，2008）。在创意产业园区内，由于创意阶层培养出了良好的“创意氛围”（Camagni，1991），隐性知识和经验可以自由流动与传播，从而促进创意的产生、知识的创新、技术的进步。

创意企业在创意产业集聚区域的“集群学习”效应的发挥中扮演着重要的角色。创意产业集聚不仅驱动个体设计师、艺术家灵感的迸发，促进知识、文化的传播和产业形态的演化，还有利于集群区域内企业之间的互动学习，加快隐性知识的传播与扩散，从而加快推动区域原始创新，带动区域技术创新、产品创新和工艺创新。创意产业的集群创新可以通过垂直链上前后关联企业的相互学习，以及水平轴上同类型企业的横向学习两种学习机制，实现区域内的技术创新。集群学习机制有助于企业认识到彼此间存在的创新缝隙，先创新的一方往往能为有待创新的一方提供必要的技术支持和创新拉力，从而催化出集群内整个产业的创新（Andersson et al.，2005）。供应链上的知识共享和横向集群学习一直被认为是创新的重要源泉（Lundvall，1988；Asheim，1996）。以音乐产业集群为例，不仅在艺人、唱片公司、风险投资者、分销商等产业链上企业的相互学习中能够产生创新，而且在不同唱片公司、不同歌手的互动学习中，甚至在流行音乐和传统音乐的价值链整合学习中也能产生创新。

创意产业集聚所产生的“知识溢出”效应和“集群学习”效应，对研发阶段的创新产生重要影响，可被称为上游创新效应。为了实证检验上游创新效应，本节用技术发明和工艺创新这两种创新来表征研发阶段的创新，并提出如下假设。

假设 11.1a：创意产业集聚对研发阶段的技术发明具有正向影响。

假设 11.1b：创意产业集聚对研发阶段的工艺创新具有正向影响。

二、下游创新效应的假设

创意产业集聚区内会产生价值增值效应，当创意产业集聚水平达到一定程度时，区域内的创新资源和要素将被有效利用，使整个创意产业集聚园区内形成一条完整的创新链条和产业价值增值体系。在这条创新链与产业链的相互耦合作用下，区域内形成一股强大的“创新流”，这股“创新流”带来区域的知识外溢，促进区域技术创新的商业化价值的实现。创意产业集聚对创新的商业化价值实现，即产业化价值增值效应，可以通过“产业的创意化”和“创意的产业化”两种效应得以实现。

首先，创意产业集聚式的发展提升了传统产业的创新水平，促进了传统产业的改造与升级，实现了其产业价值的增值，即创意产业集聚的“产业的创意化”效应。创意产业本身兼具高附加、高增值、强渗透性等特征，其区域的集聚对相关产业，特别是对周边传统产业的效率改进、创新能力的提升、产品价值增值具有重要作用（Bakhshi et al.，2008）。在创意产业园区内，很多创意企业生产的产品都不是直接的最终消费品，而是针对其他企业的中间产品或者服务，如创意设计、展演服务、咨询服务等。在创意园区内或者周边地区，大多数传统产业为了提升自身产品的附加值，延长企业价值链，通常都会通过利用产业创新来改造传统产业，以提升自身竞争力，而创意产业的集群区内集聚了大量的创新要素和资源，这为传统产业的改造与价值提升提供了一种有效的途径（Mudambi，2008；Piergiovanni et al.，2012）。

其次，创意产业与高科技密不可分，互动共生。高科技为创意产业提供了技术支持和发展平台，创意产业则赋予了高科技内容上的支撑。由于具有强渗透性和高科技的特征，创意产业将通过高科技的平台和创意产业的产业化运作模式，来“引爆”整个产业链的价值增值。可以将某一创意描述为：创意萌发，继而借助资本、文化、科技等要素的运作，使某一创意商品化和产业化，并促进互补性资产的价值链整合，进而衍生出相关产业链和产业丛的发展。在这个过程中，可以使创意产业具备自身的从业群体、营销渠道、消费终端、利润分配方式等完备的产业组织形态，进而促进相关产业的价值增值。例如，从卡通形象到主题公园的迪士尼乐园娱乐产业，由短信、彩铃业务发展到4G手机的电信产业，不仅可以使该类产业的价值得到提升，还可以衍生相关产业的发展，如由迪士尼乐园、4G手机等衍生出的广告、服装、时尚消费等产业群。此类创意产业的成功都是基于一个创意的迸发，然后衍生到消费群体的完备产业链条，最终实现创意的价值增值，即“创意的产业化”效应（张京成，2007）。创意产业集聚的“产业的创意化”和“创意的产业化”这两种价值增值效应，表明创意产业集聚将对相关产业具有价值增值效应，即下游创新效应，为了实证检验下游创新效应，提出如下假设。

假设 11.2a：创意产业集聚有利于实现传统产业的价值增值。

假设 11.2b：创意产业集聚有利于实现高技术产业的价值增值。

三、实证研究方法

（一）模型构建

面板数据的回归有固定效应和随机效应两种模型。通常而言，固定效应模型对面板数据的回归总是正确的，但是该模型估计仅对所选取截面成员单位有效，而不适用于样本之外的其他单位（高铁梅，2009）。随机效应模型把反映截面差异的特定常数项看作跨截面成员的随机分布，可以通过样本的结果来对总体进行分析。至于选择固定效应还是随机效应模型，可以通过霍斯曼检验来判断。通常来说，霍斯曼检验的 p 值大于 0.1 说明从统计意义上来说，选择随机效应模型是有意义的；而 p 值小于 0.1 时，说明从统计意义上来说，选择固定效应模型是有意义的。为便于研究，本书构建的面板数据模型如下：

$$\ln(y_{it}) = c_{it} + \lambda\ln(\mathrm{cic}_{it}) + \alpha_1\ln(\mathrm{fdi}_{it}) + \alpha_2\ln(\mathrm{kl}_{it}) + \alpha_3\ln(\mathrm{sca}_{it}) + \alpha_4\ln(\mathrm{rd}_{it}) + \mu_{it} \tag{11.2}$$

其中，y_{it} 表示区域技术创新这一被解释变量；在检验四个假设过程中，分别运用发明专利授权数表示技术发明（NII）；人均实用新型和外观设计专利授权数来表示工艺创新（EII）；人均工业新产品产值和人均高技术产业新产品产值分别表示传统产业价值增值（TII）和高技术产业价值增值（HII）。

解释变量 CIC 表示创意产业集聚水平，其计算方法如式（11.1）所示；λ 表示创意产业集聚对于区域技术创新的弹性系数，其值越大表明创新和增长效应越强。

就控制变量来说，FDI 表示区域外商直接投资水平；KL 表示区域人均资本存量；SCA 表示区域企业规模；RD 表示区域 R&D 投入强度；α_1、α_2、α_3、α_4 表示控制变量 FDI、KL、SCA、RD 对于区域技术创新的弹性系数；μ_{it} 表示随机误差项，用以反映模型中忽略的随截面成员和时期变化的因素的影响；c_{it} 表示截距项。

（二）变量说明

表 11.3 给出了各个变量的名称和定义，以及每一个变量的单位。为了便于研究，下面将对各个变量进行一一说明。

表 11.3　变量说明

变量	名称	定义	单位
技术发明	NII	人均发明专利授权数	件/万人
工艺创新	EII	人均实用新型和外观设计专利授权数	件/万人
传统产业价值增值	TII	人均工业新产品产值	万元/人
高技术产业价值增值	HII	人均高技术产业新产品产值	万元/人
创意产业集聚水平	CIC	每公顷土地上的创意产业就业人数	人/万公顷
区域外商直接投资水平	FDI	外商投资占地区生产总值的比率	%
区域人均资本存量	KL	人均拥有的资本存量	万元/人
区域 R&D 投入强度	RD	研发投入资金占地区生产总值的比率	%
区域企业规模	SCA	平均每一个规模以上工业企业的产值规模	亿元/个
创意产业相对就业密度	CIED	某一区域创意产业就业人数占全国平均水平的比率	%
创意产业就业密度	CIELE	创意产业人数占就业人数的比率	%
创意科研类产业就业密度	CIELE-CRD	创意科研类产业人数占就业人数的比率	%

注：NII、EII、TII、HII 为区域技术创新变量，即被解释变量；CIC 为解释变量；FDI、KL、RD、SCA 为控制变量；CIED 为工具变量；CIELE 和 CIELE-CRD 为进行敏感性分析的变量；表格中人均的概念为人均的就业量，而非人均人口概念

在模型的假设中，上游创新效应用技术发明和工艺创新来表征，为了刻画研发阶段的技术发明，本节采用了人均发明专利授权数与人均区域就业总人数的比率，来衡量技术发明这一因变量；为了表示研发阶段的工艺创新，采用人均实用新型和外观设计专利授权数与区域就业人数的比率，来刻画工艺创新这一因变量。在模型中，下游创新效应可以通过产业的价值增值来表示，用人均工业新产品产值与区域就业总人数的比率，来衡量传统产业价值增值这一因变量；用人均高技术产业新产品产值与区域就业总人数的比率，来衡量高技术产业价值增值这一因变量。按照理论预期，创意产业集聚存在显著的上游创新效应和下游创新效应。

（三）创意产业集聚

为了分析创意产业集聚的区域技术创新效应，本节借用 Ciccone（2002）和 Andersson 等（2005）的产业集聚指数，构建了一个创意产业集聚指数：

$$\text{CIC index} = \frac{R_i}{A_i} \tag{11.3}$$

其中，R_i表示第 i 个省域创意产业的就业人数；A_i表示第 i 个省域的土地面积；式（11.3）就表示了单位面积创意产业的就业人数，用以表示创意产业的集聚水平。

实际上，衡量集聚的指标很多。由于需要考虑模型设定的意义，以及与其他变量的一致性等因素，在具体模型的实证分析中，集聚指标的衡量会存在一定差异。本节中，由于设定模型中的因变量是比率数据（区域发明专利授权数与区域发明就业人数的比率，或者工业、高技术产业新产品产值与区域就业人数的比率），为了回归的一致性，自变量也应该采用一个比率数据，而用式（11.3）计算得出的比率数据来衡量产业集聚，具有较高的认同度，因此，本节采用了该集聚指数来衡量创意产业集聚水平。同时，采用了创意产业的就业人数占总就业数的比率这一指标，对回归的稳健性和一致性进行检验。

按照预期假设，创意产业集聚水平越高，其区域技术创新和价值增值效应也越强。为了清晰直观地描述创意产业集聚的创新效应，本书绘制了创意产业集聚与技术发明、工艺创新、传统产业价值增值、高技术产业价值增值这四个变量的简单的相关关系散点图（图 11.1）。

从图 11.1 可以看出，创意产业集聚与区域技术创新和价值增值具有正相关关系。创意产业集聚水平越高，技术发明和工艺创新能力就越强，传统产业和高技术产业的创造价值能力也越强。这种直观上的认识和本节的理论假设具有一致性。由于散点图仅仅从直观上刻画了相关关系，没有逻辑关系，散点图不能作为推断四个假设是否成立的依据。

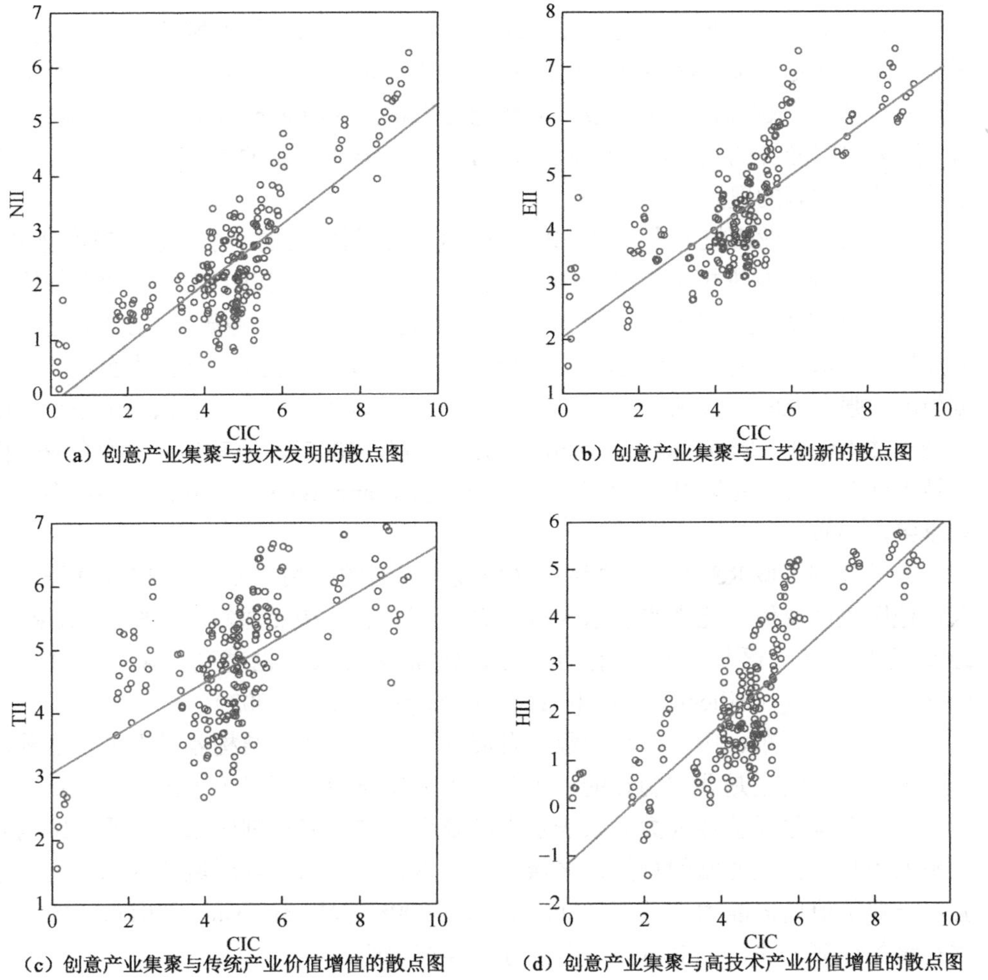

（a）创意产业集聚与技术发明的散点图

（b）创意产业集聚与工艺创新的散点图

（c）创意产业集聚与传统产业价值增值的散点图

（d）创意产业集聚与高技术产业价值增值的散点图

图 11.1　散点图

CIC 代表创意产业集聚水平，NII 代表技术发明，EII 代表工艺创新，TII 代表传统产业价值增值，HII 代表高技术产业价值增值；横轴为各省域创意产业集聚指数经过对数化处理之后的值，纵轴为刻画各省域创新的因变量，并经过对数处理之后的值

（四）控制变量

区域的创新水平和产业化阶段的价值实现，还受到来自区域外商直接投资水平、区域人均资本存量、区域 R&D 投入强度、区域企业规模的影响（Audretsch and Feldman，1996；Griliches，1998；Cheung and Lin，2004；Stam et al.，2008；Wei and Hao，2011），因此，本节对这四个因素进行了控制。

对于区域外商直接投资水平，按照当年汇率价将各省域外商直接投资转化为本国货币，并用该数值除以地区生产总值（当年价）来表示区域外商直接投资水平（实际上就是单位地区生产总值的外商直接投资水平）。通常情况下，一个区域利用外资的水平越高，其区域技术创新能力也越强（Cheung and Lin，2004）。不过，随着中国经济的发展，也有学者提出，目前中国的外商直接投资溢出效应出现了停滞或者过剩的现象（Lin et al.，2009）。

由于区域企业规模的大小也是影响区域技术创新能力的一个因素，在模型中，本节也对区域企业规模进行了控制。用工业总产值与规模以上工业企业数的比率（实际上就是平均每个企业的产值规模），用来近似衡量企业规模。目前关于区域企业规模与技术创新之间关系的研究，存在一定的争议，有些学者认为大企业的技术创新能力强（Cohen and Klepper，1996；张杰等，2007），也有学者认为中小企业更有利于技术创新（Saxenian and Hsu，2001；益智，2005），还有学者认为企业规模与技术创新能力之间呈现倒“U”形关系（Pisano and Wheelwright，1995；高良谋和李宇，2009）。

为了控制区域R&D投入强度对区域技术创新的影响，采用区域R&D经费投入占地区生产总值的比率来表示区域R&D投入强度。按照通常的预期，区域R&D经费投入越高，区域的创新能力越强，经济发展水平也越高（Audretsch and Feldman，1996；Griliches，1998；Hall and Bagchi-Sen，2002）。

此外，中国东、中、西部的经济发展水平和生产要素结构差异很大，这种差异对创新的影响也是非常明显的，因此，本节在模型中还采用了区域人均资本存量（资本存量除以就业人数）来表示生产要素结构，来控制区域生产要素结构对创新的影响。按照通常的预期，区域人均资本存量越高，其区域技术创新能力越强，产业价值增值能力也越强（Stam et al.，2008；Wei and Hao，2011）。关于资本存量的计算方法，本书将在后面部分中详细说明。

（五）其他变量

为了方便内生性检验，减少模型设定的误差，本部分引入了一个工具变量，即创意产业相对就业密度（CIED）。创意产业相对就业密度的计算公式如式（11.4）：

$$\text{CIED index} = \frac{C_i}{C/30} \tag{11.4}$$

其中，C_i表示第i个省域创意产业的就业人数；$C/30$表示全国30个省域创意产业的平均就业人数（受到数据可获得性的限制，将重庆、香港、澳门、台湾从样本中剔除，样本的截面仅仅包含了全国30个省区市），二者之比就可以用来表示区域创意产业相对就业密度指数。陈建军等（2009）曾用该指数来计算中国服务业的空间地理集聚水平，也就是说，该指数实际上也是衡量集聚水平的一个指标。

由于创意产业相对就业密度是一个指数型数据，其大小与创意产业的就业人数有关，大体上来说，与其他变量不存在相关关系，因此，采用 CIED 做工具变量，基本符合工具变量的要求。

为了更进一步进行稳健性检验，增加实证研究的可信性，本节还引入了创意产业就业密度（CIELE）和创意科研类产业就业密度（CIELE-CRD）来代替因变量，并分别进行回归。创意产业就业密度，用区域创意产业的就业人数与区域就业总人数之比来表示。创意科研类产业就业密度，用区域创意科研类产业（创意产业的子产业）的就业人数与区域就业总人数之比来表示。

（六）数据来源

各省域创意产业的就业人数、地区生产总值、专利授权数、发明专利授权数、实用新型和外观设计专利授权数、外商直接投资额均来自《中国统计年鉴》(2002～2010 年)。由于《中国统计年鉴》没有直接统计创意产业的就业人数，本书依据对创意产业的定义对统计年鉴中的数据自行进行了处理。各省域工业总产值、工业企业数目、工业企业新产品产值来自《中国科技统计年鉴》（2002～2010 年），各省域高技术产业新产品产值来自《中国高技术产业统计年鉴》(2002～2010 年)。

尤其值得一提的是，关于各省域资本存量的数据，即 2003～2005 年的资本存量的数据，本书借用了 Wu（2010）的数据。由于 Wu（2010）计算的资本存量的最近年份为 2005 年，没有计算 2005 年以后的数据，在借鉴了 Wu（2010）的算法后，本书对 2005～2009 年中国资本存量的数据进行了测算。其中，以 Wu(2010)所计算的 2005 年资本存量作为初始值，采用 Goldsmith（1951）永续盘存法来计算，计算公式为：$K_t = I_t + (1-\delta)K_{t-1}$。关于资本存量基期（$K_{t-1}$），本书选择 Wu（2010）测算出的 2005 年资本存量数据，对于折旧率采用 Wu（2007）的测算方法，各省域固定资产投资、固定资产投资价格指数来自《中国统计年鉴》。将各省域的固定资产投资以 1990 年为基期进行了平减。由于重庆是于 1997 年从四川划分出来设立的直辖市，1997 以前的价格指数不能被获取。因此，在选择样本时，剔除了重庆，同时，香港、澳门、台湾的数据较难获取，最后的样本为中国 30 个省际面板数据，时间跨度为 2003～2009 年。同时，西藏 2003～2006 年，宁夏 2003 年、2005 年，海南 2003 年的就业人数在《中国统计年鉴》中缺失，为了保持样本完整性，本书采用了移动平均数的方法加以补全数据。

表 11.4 给出了主要变量的描述性统计。从样本的描述性统计数据可以看出，创意产业集聚水平的均值为 628.44，标准差为 1765.91，变动范围为 1.15～10 743.66，反映出其区域差异非常大，它与用作敏感性分析的变量创意科研类创新产业密度的变化类似，反映出用单位面积创意产业的就业人数表示的创意产业

集聚水平，存在较大的区域差异。工具变量创意产业相对就业密度的均值为 1.02，变动范围在 0.05～5.90，标准差为 0.94，变动范围相对较小，它与用作敏感性分析的变量创意产业就业密度的变化相近，表明了用指数型创意产业相对就业密度来表示创意产业集聚水平，在区域空间上的变化相对较小。采用上述两组变量（四个变量）分别进行回归，将在很大程度上能够减少回归结果的非一致性。

表 11.4　主要变量的描述性统计

变量	均值	中位数	最大值	最小值	标准差	偏度	峰度	截面	观测数
创意产业集聚水平	628.44	120.13	10 743.66	1.15	1 765.91	3.751	16.664	30	210
创意产业相对就业密度	1.02	0.82	5.90	0.05	0.94	3.196	15.102	30	210
研发阶段的技术创新	1.94	0.71	18.17	0.05	2.98	2.759	11.136	30	210
技术发明	0.29	0.08	5.21	0.01	0.64	4.391	25.767	30	210
工艺创新	1.65	0.62	15.05	0.04	2.50	2.846	11.999	30	210
产业价值增值	218.02	127.25	1 331.08	5.92	238.80	2.111	7.770	30	210
高技术产业价值增值	34.79	6.56	312.47	0.23	62.23	2.370	8.176	30	210
传统产业价值增值	183.22	117.11	1 018.61	4.70	190.64	2.107	7.710	30	210
区域 R&D 投入强度	1.15	0.89	7.40	0.11	1.08	3.194	15.566	30	210
区域外商直接投资水平	0.50	0.24	5.84	0.05	0.66	4.445	30.541	30	210
区域企业规模	1.17	1.11	2.39	0.06	0.46	0.358	2.701	30	210
区域人均资本存量	4.15	2.91	23.64	0.49	4.07	2.541	10.278	30	210
创意科研类创新产业密度	180.72	36.09	2 667.44	0.41	502.14	3.582	14.712	30	210
创意产业就业密度	0.02	0.01	0.14	0.004	0.02	3.898	18.499	30	210

研发阶段的技术发明和工艺创新两个变量的变化相对较小，产业化阶段的传统产业价值增值与高技术产业价值增值的变化相对较大。就上游创新效应的指标来说，每万人拥有专利授权数（件/万人）与每万人拥有实用新型和外观设计专利授权数（件/万人）的数据特征非常相似，无论是均值、中位数、偏度还是峰度及标准差都比较相似。

此外，控制变量区域外商直接投资水平、区域企业规模、区域人均资本存量和区域 R&D 投入强度等变量的变化都相对较小。

四、实证结果分析

为了检验创意产业集聚的上游创新效应和下游创新效应两个基本假设，本书报告了模型的描述性估计结果（表 11.5 和表 11.6）。

表 11.5　上游创新效应的描述性估计结果

变量	因变量：研发阶段的技术创新					
	模型 11-1	模型 11-2	模型 11-3	模型 11-4	模型 11-5	模型 11-6
RE/FE	RE	RE	RE	RE	RE	RE
常数项	–2.187***	–1.490*	2.475***	2.622***	2.489***	2.453***
	(–2.625)	(–1.856)	(6.580)	(4.339)	(6.583)	(4.779)
CIC/CEID index	0.825***	0.670***	0.255***	0.224*	0.283***	0.291***
	(5.110)	(4.123)	(3.614)	(1.872)	(3.937)	(2.953)
区域外商直接投资水平	–0.097	–0.112*	–0.076	–0.086	–0.096	–0.091
	(–1.465)	(–1.700)	(–1.208)	(–1.243)	(–1.627)	(–1.440)
区域企业规模	0.124	0.135*	0.127	0.151*	0.148**	0.135*
	(1.686)	(1.846)	(1.690)	(1.914)	(2.151)	(1.906)
区域人均资本存量	0.589***	0.601***	0.602***	0.595***	0.585***	0.592***
	(9.449)	(9.646)	(10.141)	(9.246)	(10.606)	(10.096)
区域 R&D 投入强度	0.337***	0.335***	0.400***	0.420***	0.407***	0.399***
	(2.644)	(2.600)	(3.402)	(3.064)	(3.659)	(3.220)
霍斯曼检验	1.000	1.000	1.000	1.000	1.000	1.000
观察值	210	210	210	210	210	210
R^2	0.741	0.737	0.688	0.688	0.731	0.731
调整后的 R^2	0.734	0.730	0.681	0.680	0.724	0.725

注：在回归的过程中，所变量都进行了自然对数化处理；表中括号内的数值为 t 检验值；所报告的霍斯曼检验值都在 1%的显著水平上显著；CIC 表示创意产业集聚水平；CEID 表示创意产业相对集聚水平；RE 表示随机效应；FE 表示固定效应

*、**、***分别表示在 10%、5%、1%的水平上显著

表 11.6　下游创新效应的描述性估计结果

变量	因变量：产业化阶段的价值增值					
	模型 11-7	模型 11-8	模型 11-9	模型 11-10	模型 11-11	模型 11-12
RE/FE	RE	RE	RE	RE	RE	RE
常数项	2.890***	2.503***	–0.236	0.534	3.111***	2.667***
	(8.922)	(5.158)	(–0.702)	(1.121)	(13.235)	(5.805)
CIC/CEID index	0.148**	0.224**	0.387***	0.222**	0.154***	0.234***
	(2.480)	(2.391)	(5.922)	(2.306)	(3.660)	(2.640)
区域外商直接投资水平	–0.148**	–0.168***	0.022	0.022	–0.098**	–0.124**
	(–2.550)	(–2.636)	(0.507)	(0.507)	(–2.140)	(–2.074)
区域企业规模	0.544***	0.556***	0.066	0.075	0.475***	0.504***
	(7.670)	(7.615)	(1.350)	(1.522)	(8.025)	(7.333)
区域人均资本存量	0.889***	0.887***	0.676***	0.692***	0.849***	0.866***
	(16.229)	(15.372)	(16.894)	(16.712)	(19.356)	(15.928)
区域 R&D 投入强度	0.119	0.047	0.290***	0.325***	0.199**	0.088
	(1.119)	(0.377)	(3.538)	(3.754)	(2.491)	(0.752)

续表

变量	因变量：产业化阶段的价值增值					
	模型 11-7	模型 11-8	模型 11-9	模型 11-10	模型 11-11	模型 11-12
霍斯曼检验	1.000	1.000	0.138	1.000	1.000	1.000
观察值	210	210	210	210	210	210
R^2	0.835	0.837	0.819	0.820	0.851	0.861
调整后的 R^2	0.831	0.833	0.815	0.816	0.847	0.857

注：在回归的过程中，所变量都进行了自然对数化处理；表中括号内的数值为 *t* 检验值；所报告的霍斯曼检验值都在 1%的显著水平上显著；CIC 表示创意产业集聚水平；CEID 表示创意产业相对集聚水平；RE 表示随机效应；FE 表示固定效应

、*分别表示在 5%、1%的水平上显著

（一）上游创新效应的检验

表 11.5 报告了上游创新效应的描述性估计结果。首先，为了检验假设 11.1a，本书采用技术发明（NII）作为因变量进行回归，结果见表 11.5 模型 11-1。结果显示，创意产业集聚对研发阶段的技术发明具有显著的正向影响，其影响系数为 0.825。为了检验假设 11.1b，用了工艺创新（EII）作为因变量进行回归，结果见表 11.5 模型 11-3。回归结果显示，创意产业集聚对研发阶段的工艺创新具有显著的正向影响，其影响系数为 0.255，低于研发阶段的技术发明效应，说明创意产业集聚具有更强的技术发明效应。通常来说，发明专利作为自主创新能力的重要标志（赵彦云和刘思明，2011），回归结果表明，创意产业的集聚式的发展对中国自主创新能力建设具有显著的正向影响。为了从总体上验证上游创新效应，采用研发创新作为因变量（即 NII 与 EII 之和），回归结果见表 11.5 模型 11-5。结果显示，创意产业集聚的上游创新效应在 1%的显著水平上仍然显著为正。

从模型 11-1～模型 11-3 的控制变量来看，区域企业规模对技术发明和工艺创新具有正向影响，各模型的影响系数都小于 0.2，尽管这一结果能够得到现有研究的支持（Cohen and Klepper，1996；张杰等，2007），但是模型 11-1 和模型 11-3 都不显著，而模型 11-2 仅在 10%的水平上显著。因此，从上游创新效率来看，本书并不能提供关于区域企业规模与研发阶段的技术创新的相关性的确切结论，关于此话题更进一步的讨论还需参考相关研究成果（朱允卫，2004；高良谋和李宇，2009）。

控制变量区域外商直接投资水平的回归结果显示，区域外商直接投资水平对研发创新的影响为负，不过除了模型 11-2 仅在 10%的水平上显著外，其他几个模型皆不显著。关于区域外商直接投资水平是否存在技术溢出效应存在争议，相关

研究认为区域外商直接投资水平对东道主国家存在显著的技术溢出效应，而且这一溢出效应因不同的行业、不同的区域学习能力而存在显著的差别（Borensztein et al.，1998；Kathuria，2000；Javorcik and Spatareanu，2008；Qi et al.，2009；冼国明和薄文广，2005）；也有研究认为，区域外商直接投资水平对当地的研发创新具有替代作用，进而对当地的技术创新产生负向作用（Dries and Swinnen，2004；Harris and Robinson，2004；范承泽等，2008）。本节结论部分上支持了区域外商直接投资水平对研发创新可能具有一定的替代作用。

区域 R&D 投入强度的回归结果表明，区域 R&D 投入强度具有明显的知识溢出效应。区域人均资本存量对于区域技术创新和价值增值都具有显著的正向影响，且其影响系数都要高于其他控制变量。林毅夫等（1994）认为改革开放以来，推动中国经济增长的主要动力来源于中国劳动力与资本的比较优势得以发挥，以及技术的追赶效应的实现；而发达国家则不同，发达国家的经济增长主要来自技术创新效应的实现。与此类似，本节的研究结论基本上印证了中国的资本深化对区域技术创新的作用还非常明显，并且其影响程度要高于区域 R&D 投入强度的影响。

创意产业集聚式发展能够通过知识溢出和学习效应，显著地促进区域内的技术发明和工艺创新，模型 11-3 也证实了创意产业集聚的上游创新效应，然而，创意产业集聚的创新效应可能存在内生性。一方面，创意产业集聚能带来区域的技术发明和工艺创新；另一方面，一个区域技术创新能力的提高，可能将引致更多创意产业集聚到该区域。由联立性所导致的内生性可能引起估计的偏误。为此，本节引入了创意产业相对就业密度这一工具变量，分别对模型 11-1～模型 11-3 进行面板数据两阶段广义最小二乘法回归，回归结果分别见表 11.5 模型 11-2、模型 11-4 和模型 11-6。从回归结果来看，创意产业集聚的上游创新效应（包括技术发明、工艺创新）依然显著为正，说明创意产业集聚的上游创新效应基本上是可信的。控制变量区域企业规模、区域外商直接投资水平、区域 R&D 投入强度、区域人均资本存量的回归结果与模型 11-1、模型 11-3 和模型 11-5 的回归结果也基本一致。

（二）下游创新效应的检验

表 11.6 报告了创意产业集聚的下游创新效应。模型 11-7 的因变量为传统产业价值增值，用于检验创意产业集聚对于传统产业价值增值的效应，即检验假设 11.2a，估计结果见表 11.6 模型 11-7。从模型的估计结果来看，创意产业集聚式的发展对传统产业价值增值的效应显著为正，并且其影响系数为 0.148，即假设 11.2a 得以证实。模型 11-9 的因变量为高技术产业价值增值，估计结果见表 11.6 模型 11-9。估计结果显示，创意产业集聚对高技术产业价值增值的效应的影响系数为

0.387，并且在 1%的水平上显著为正。这说明创意产业集聚有利于高技术产业价值增值的实现，即假设 11.2b 得以证实。模型 11-11 的因变量为工业产业价值增值，估计结果见表 11.9 模型 11-11。结果显示，模型 11-11 与模型 11-7 和模型 11-9 的估计结果基本一致。模型 11-7、模型 11-9 和模型 11-11 的实证研究支持这样的结论，即中国创意产业的集聚式发展能够通过“产业的创意化”效应、“创意的产业化”效应、相关产业价值增值效应，对传统产业进行有效的提升和改造，进而促进传统产业的价值提升，对高技术产业具有显著的支撑和补充作用，进而促进高技术产业价值增值。总之，从创新链的产业化角度来看，创意产业的集聚对其他相关产业的价值增值具有明显提升作用。

对于控制变量来说，估计结果与上游创新效应的结果有一定出入。首先，区域人均资本存量对传统产业价值增值和高技术产业价值增值的影响显著为正，并且其影响系数要大于包括创意产业集聚在内的其他变量的影响系数。这也进一步说明，推动中国经济增长由资本深化驱动向资本广化和创意驱动转变，还有很长的路要走。其次，区域外商直接投资水平对传统产业价值增值的影响显著为负，却对高技术产业价值增值具有正向的影响，但是不显著。这也说明中国高技术产业还在一定程度上依赖于外商投资，但是外商直接投资水平对传统产业具有明显的挤出效应。再次，区域企业规模对传统产业价值增值具有显著的正向影响，但是对高技术产业价值增值的作用不显著，说明我国传统工业的企业规模越大，其盈利能力越强，价值增值效应越强，而在高技术产业中，可能由于其企业规模正处在扩大的时期，企业规模对产业价值增值的作用还没有显现出来。最后，区域 R&D 投入强度对传统产业价值增值的影响不显著，但对高技术产业价值增值的影响显著为正。

同样，为了减少内生性问题，本节将创意产业相对就业密度作为工具变量，并分别得出了模型 11-7、模型 11-9 和模型 11-11 的面板数据两阶段广义最小二乘法的回归结果，见表 11.6 第 3 列（即模型 11-8，对应模型 11-7）、第 5 列（即模型 11-10，对应模型 11-9）和第 7 列（即模型 11-12，对应模型 11-11）。从回归结果可以看出，工具变量估计结果与原始模型的估计结果基本上一致，说明创意产业集聚的下游创新效应基本上是可信的，即假设 11.2a 和假设 11.2b 没有被证伪，是可以接受的。

第三节　区域创意产业集聚的治理机制分析

借用新熊彼特主义理论，以及创新链的思想，本书将创意产业集聚的创新效应区分为上游创新效应和下游创新效应两种创新效应，并针对这两种创新效应提出了两个假设。为了验证两个假设，本章构建了面板数据模型，采用中国省际面板数据，证实了中国创意产业集聚存在对研发阶段的技术创新，以及产业化阶段的价值增值两种创新效应。本章的研究结论为我们进一步推动中国区域创意产业集聚的发展提供了良好的建议和启示。

第一，从我国各区域创意产业的空间集聚分布情况来看，东部地区创意产业集聚水平较高，其区域技术创新能力和劳动生产率也普遍较高，而中、西部地区创意产业集聚水平普遍较低，其区域技术创新能力和劳动生产率也普遍较低。因此，针对不同区域，政府应分类出台发展创意产业园的政策。东部地区创意产业集聚水平相对较高，应提高创意园区的生产效率，注重发展价值延伸较高的创意产业，如数字媒体和软件业；中、西部地区首先应注重提高创意产业的集聚水平和全要素生产率，同时发展本地特色的创意产业，如文化旅游业、商业服务业等。

第二，上游创新效应所证实的结论对宏观层面经济发展方式转变具有一定启发。创意产业集聚对中国区域自主研发创新的影响显著为正。中国经济的发展正面临着资源消耗和投资驱动的粗放型经济增长，应向资源节约和创意驱动的集约式经济发展模式转变。政府是区域技术创新网络中的创新主体之一，既是区域技术创新活动规则的制定者，又是创新活动的直接参与者，在区域技术创新活动的各个环节都发挥着举足轻重的作用。因此，政府可以通过合适的制度性安排，在宏观层面推动创意产业集聚式发展，以此来推动中国自主创新能力建设，促进经济增长方式的转变，实现中国经济发展的良性循环。

第三，下游创新效应所证实的结论对中观层面的产业政策具有一定启示。一方面，对于传统产业来说，应制定并实施相关产业政策，将创意融入传统产业当中，以发展创意产业为契机来改造传统产业，促进产业升级，延伸传统产业价值链，实现传统产业的价值增值；另一方面，以创意产业对于高科技产业的重要作用来说，应制定并实施高科技与文化融合的创意产业政策，以利用高科技现代通信技术来释放中华五千年文明积累的文化瑰宝的经济效益。

第十二章　我国区域绿色技术创新网络的治理机制研究

学者认为小生境是由社会自发整合各种资源所形成的，并非由政府单方面所建立的，因此基于小生境的研究也呈现出向多个方向发展的局面，正因为这个特征，战略小生境具有创新网络的特征，SNM 也是一个综合性治理的方法，相对于传统的思想，它更加全面也更加适合当前的可持续发展研究。在此基础上，在本章中我们以我国绿色技术创新为研究主题，分析我国绿色技术创新小生境的选择和确定，并对其进行实证研究，从而揭示绿色技术创新小生境的治理机制问题。

第一节　我国绿色技术创新的基本现状分析

在研究绿色技术创新小生境之前，首先需要对我国绿色技术创新的基本状况进行分析，而面临的第一个问题就是如何衡量绿色技术创新水平。关于技术创新水平的衡量，学术界有多种度量标准，最常见的一种是使用专利数作为度量指标，这是由于专利申请情况与新技术的出现大体一致，这样便于跟踪创新水平。基于此，利用专利数来衡量绿色技术创新水平是可行的，也是有科学依据的，本章的数据来源于中国知识产权网，在搜集数据的过程中，利用 python 编程对专利检索平台中“绿色技术”这类的所有专利信息进行后台自动检索。

在中国知识产权网的专利检索平台上，该网站将绿色技术创新专利进行了划分，分别为生物燃料、燃料电池、风能、回收机械能、轨道车辆、能量供给线路、一般建筑物隔热及其他。本书从中国知识产权网检索了我国 31 个省（自治区、直辖市）（不含港澳台）2000～2009 年绿色技术创新专利的数据，以此作为指标来说明中国绿色技术创新小生境的发展水平。

从图 12.1 可以看出，2000～2006 年，我国绿色技术创新专利申请量很少，从 2007 年开始迅猛增长，2009 年是 2007 年的 6.28 倍，短短两年时间内，我国的绿色技术创新专利申请量呈成倍增长。

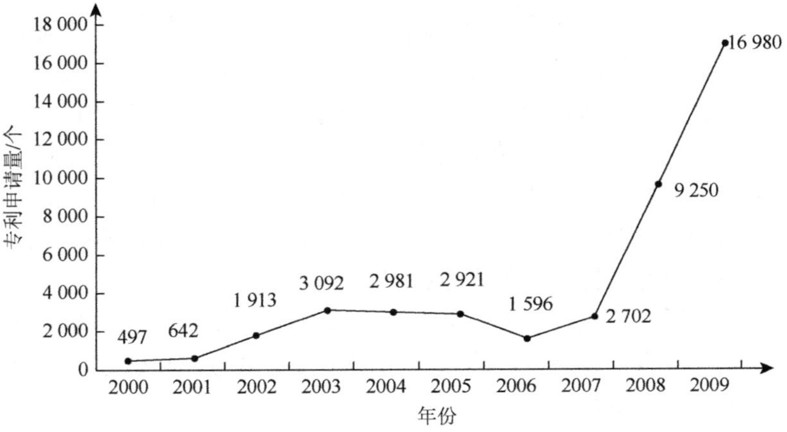

图 12.1　2000～2009 年我国绿色技术创新专利申请量

随后，通过分析各省（自治区、直辖市）的数据，得到我国各地区 2000～2009 年绿色技术创新专利申请量的平均值为 1750 个，只有 6 个省市高于该平均值，它们依次为广东、江苏、北京、山东、上海、浙江。其中，专利申请量最多的为广东，达到 6629 个，而最少的为西藏，十年仅申请了 7 个绿色技术创新专利。通过图 12.2 可看出，2007 年相对于 2002 年，仅有几个省（自治区、直辖市）脱颖而出，到了 2009 年，广东、江苏、北京、山东、上海、浙江 6 个省市已经大大领先于其他省（自治区、直辖市）。由此可见，中国绿色技术创新符合技术转型初期的特点：专利的申请聚集在小生境内。

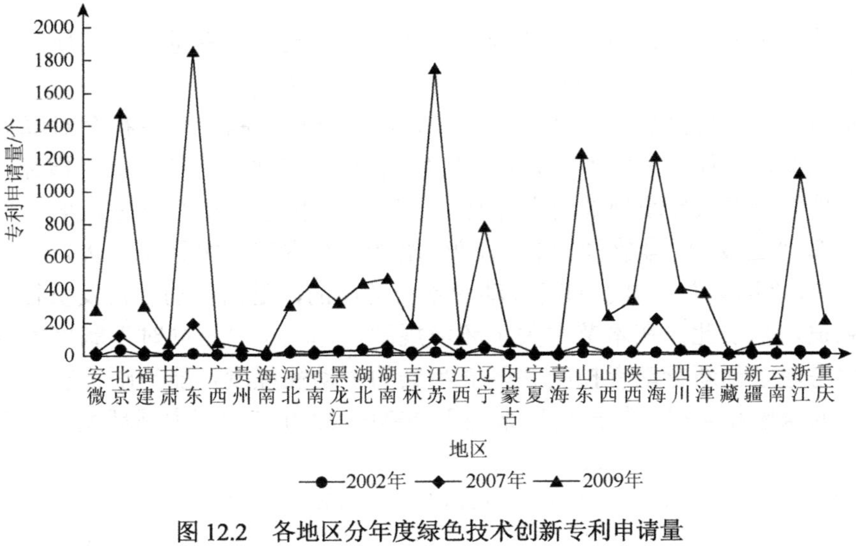

图 12.2　各地区分年度绿色技术创新专利申请量

创新一般首先发生在小生境内，这是因为转型的最开始都是来源于创新行动者对转型的期望。广东、江苏、北京、山东、上海和浙江六省市，地处沿海地区，是中国改革开放的桥头堡，经济最为发达，但在经济增长的过程中，环境问题也日益严重，因此，该六省市对转型的期望也最迫切。从行动者网络来看，这六个省市的 R&D 人员数位居中国前列，从而符合构建行动者网络这一特点。此外，这六个省市作为中国改革开放的桥头堡，能最早接触国外先进的技术，因此，就有可能最早通过学习过程将国外先进技术本土化。

根据以上分析，广东、江苏、北京、山东、上海和浙江六个省市符合绿色技术创新小生境的特点，接下来，本节将用回归模型来验证和确定这六个省市为我国绿色技术创新的小生境省市。

第二节　我国绿色技术创新小生境的选择和确定

现有文献认为，期望、行动者网络、学习过程和现有体制的影响是影响小生境创新成功发展的四个要素。本节分别选取环境规制、R&D 人员数、外商直接投资和工业比重作为四个影响因素。2003 年以前的数据缺失，2010 年后的数据没有完全被放出，因此，本节基于 2003～2009 年广东、江苏、北京、山东、上海和浙江六个省市的面板数据，以专利申请量作为因变量，以环境规制、R&D 人员数、外商直接投资和工业比重作为自变量进行相关的回归分析。

一、变量测量与数据来源

本节使用人均绿色技术创新专利申请量作为被解释变量——创新产出的指标，数据来源于中国知识产权网和《中国统计年鉴》。

本节选择环境规制作为期望的指标，因为环境规制代表着社会对降低污染的控制意愿，此外，选择“三同时”制度[①]执行合格率作为环境规制指标。在当前国内外学者选取环境规制的指标时，一般有以下几个角度：“三同时”制度执行合格率、“三废”的排放量、排污收费。笔者结合本节的实际需求认为，在 SNM 的思想中，“期望”是出于创新行动者本身意愿的，是由行动者自发执行，而非政策强迫，基于此，在本节中关于环境规制，选取了“三同时”制度执行合格率，它考虑了创新行动者控制并降低污染的主动性程度，能清晰地表达出行动者本身的意愿和期望。数据指标来源于 2004～2010 年的《中国环境统计年鉴》。

---

① “三同时”制度是指：根据我国 2015 年 1 月 1 日开始施行的《中华人民共和国环境保护法》第四十一条规定，“建设项目中防治污染的设施，应当与主体工程同时设计、同时施工、同时投产使用。防治污染的设施应当符合经批准的环境影响评价文件的要求，不得擅自拆除或者闲置。”

为了说明 R&D 人员在小生境创新发展中的作用，本节选取 R&D 人员数占科技活动人员数的比例来说明创新人员密度，它可以解释在参与科技活动的人员中有多少人是直接参与研发的，可以表现研发活动的强弱程度。R&D 人员数和科技活动人员数的数据均来源于 2004～2010 年的《中国科技统计年鉴》。

外商直接投资对被投资国技术创新的影响主要是以技术外溢效应为主的，外商直接投资的过程是一个知识溢出的过程和一个学习的过程，创新行动者可以学习国外先进的技术。基于此，本节将人均外商直接投资作为学习过程的指标，外商直接投资数据来源于中宏数据库，人口数据来源于 2004～2010 年的《中国统计年鉴》。

在绿色技术创新过程中，社会技术系统对现有工业的主流技术有着高度的依赖性，这些主流技术对绿色技术的发展会形成阻碍作用；与之相对应的，在技术转型的过程中，现有体制也会对新技术的发展进行施压，因此现有工业的主流技术和体制之间有很强的正相关性。据此，本节用规模以上工业比重来说明现有体制对小生境的压力。本节的工业比重数据，是用各地区规模以上工业增加值除以地区生产总值得到的，数据来源于 2004～2010 年的《中国统计年鉴》。

在本节中，我们构造如下的面板数据模型来实证分析中国绿色技术创新水平的影响因素。为了消除异方差性，本节对部分变量进行了对数化处理：

$$\text{Patent}_{it} = \beta_0 + \beta_1 \ln \text{EXP}_{it} + \beta_2 \ln \text{RD}_{it} + \beta_3 \ln \text{FDI}_{it} + \beta_4 \text{IS}_{it} + \varepsilon_{it} \quad (12.1)$$

其中，Patent_{it}表示绿色技术创新专利人均申请量；EXP_{it}、RD_{it}、FDI_{it}、IS_{it}分别表示“三同时”制度执行合格率、创新人员密度、人均外商直接投资、工业比重。在模型中，引入ε_{it}，表示随机误差项；β_1、β_2、β_3、β_4分别为自变量的影响系数；i分别表示六个省市；t表示年份。

二、我国绿色技术创新小生境的确定

本节运用 EViews 7.0，通过霍斯曼检验，最终采用固定效应模型对式（12.1）进行回归，实证结果见表 12.1。

表 12.1　霍斯曼检验

截面为随机影响	Chi-Sq.统计量	Chi-Sq.自由度	p 值
检验结果	0.000 000 0	4	1.000 0

从以上的结果来看，霍斯曼检验值被设置为零，p 值为 1，变量是无效的，不能进行检验。在 1%的显著性水平下，拒绝了随机效应模型，基于此，故采用固定效应模型对式（12.1）进行回归，实证结果见表 12.2。

表 12.2 战略小生境创新影响因素回归结果

变量	系数	标准差	t 值	p 值
常数项	1.173 118	0.719 321	1.630 869	0.112 7
EXP	0.203 299	0.624 246	0.325 671	0.748 6
RD	0.670 702	0.287 410	2.333 605	0.026 1
FDI	4.126 298	4.003 823	1.030 590	0.310 5
IS	−3.759 438	0.924 760	−4.071 405	0.000 3
调整后的 R^2		0.615 205		
观测值		42		

从表 12.2 运行的回归数据来看，环境规制和人均外商直接投资对六省市的创新扩散没有显著影响，而创新人员密度和工业比重对小生境的成功具有显著影响。

第一，以“三同时”制度执行合格率作为指标的环境规制对我国绿色技术创新小生境没有显著作用。笔者认为，期望只是形成于小生境创新刚出现或者未出现的时期，并只对基于市场的创新的形成具有激励机制，但在创新形成一定规模之后，该因素不再显著作用于小生境创新的发展，因为这个时期期望已经不再是激励创新的主要因素。此外，回归运行得到的结果显示，该指标的影响系数为正相关，表明小生境中的期望越高——环境规制越严格，创新水平越高，即期望对于吸引新的参与者和新的资源至关重要。

第二，以各地区 R&D 人员全时当量为指标的行动者网络对我国绿色技术创新小生境具有显著的影响。基于这六个省市的专利申请量大大领先于其他省（自治区、直辖市），我们认为，这一阶段的创新主要受到 R&D 人员投入的影响，因为期望已经形成，在此基础之上通过构建行动者网络来推动创新的进程。同时，回归结果显示，R&D 人员全时当量的影响系数为正相关，这表明投入的 R&D 人员越多，绿色技术创新水平就越高。创新网络被广泛认为是创新成功的重要原因，绿色技术创新的六省市小生境的专利申请量大大领先于其他省份，并有安徽、福建、河北、河南、黑龙江、湖北、湖南、辽宁、陕西、四川、天津等省市专利申请量超过 1000 个，说明绿色技术创新已经从东部沿海六省市小生境成功地向中、西部省（自治区、直辖市）扩散。回归结果说明网络越密集，绿色技术创新发展得越好。

第三，以人均外商直接投资为指标的学习过程对中国绿色技术创新小生境没有显著的促进作用。通过检验，人均外商直接投资的 t 值不显著。尽管回归结果显示影响系数为正，表明这一阶段的学习过程对六省市绿色技术创新小生境的成功具有正向作用，但是学习过程并不是主要的推动创新发展的原因。这个结果说明，六省市绿色技术创新小生境处于发展的第二阶段。

第四，以工业比重为指标的现有体制对中国绿色技术创新小生境具有显著的负向作用，即工业比重越高，绿色技术创新能力越低。这个结果说明，现有体制对小生境创新的扩散开始施加压力，也说明小生境的新技术开始同主流市场的旧有技术进行竞争，争夺主流市场，以此证明了在技术转型中的新技术从小生境开始向体制扩散的阶段，现有体制对该扩散会有负向作用。我国正处于产业转型的关键历史时期，调整产业结构，将以传统工业为主的粗放型经济增长方式转型为以绿色技术为主的集约型经济发展方式，是当前的重要战略。尤其是中、西部地区在承接东部沿海地区产业转移的过程中，为了追求工业增长，对一些污染不达标的项目进行招商引资。安徽、福建、河北、河南、黑龙江、湖北、湖南、辽宁、陕西、四川、天津等省市专利申请量的大规模增长同回归结果一致，表明小生境中的绿色技术创新正在向周边省（自治区、直辖市）扩散。

将实证结果同实际分析相结合，本书将广东、江苏、北京、山东、上海和浙江六个省市确定为我国绿色技术创新的小生境，并且它们处于从小生境向体制扩散的阶段，因此期望和学习过程不对新技术的扩散起作用，而行动者网络为现阶段最重要的影响因素，同时，在此扩散阶段，现有体制对新技术施以压力，新技术开始与旧技术竞争，争夺主流市场。

第三节　我国绿色技术创新小生境机制的实证研究

一、研究假设

一直以来，学术界对于技术转型的发生机制有如下共识：现有体制的瓦解为小生境创新创造了向体制突破的土壤。然而，体制的瓦解并非一朝一夕，体制本身有其自我稳固的机制，许多学者指出，体制具有锁定性，会抵制变革（Cowan and Hultén，1996）。因此，现有体制会因为长期对主流技术投入而形成沉淀成本，从而拒绝新技术的进入。简而言之，来自体制的压力会对创新的发展形成阻力。但是，按照 SNM 理论，体制和小生境创新之间的交互对创新的成功具有不可或缺的意义。换句话说，来自体制的压力最终会促进小生境创新的发展。那么，来自体制的压力是如何去阻碍小生境创新的，而小生境创新又是如何面对压力向前发展的，这是值得深思的两个问题。本书认为这两个问题并不矛盾，因为可能正是压力促使小生境里的行动者们加快学习过程，完善新技术，使之与主流技术竞争。基于以上讨论，我们提出研究假设。

假设 12.1：来自体制的压力会降低创新人员的创新意愿，并减缓小生境内部的创新进程。

假设 12.2：面对体制施加的压力，创新人员会加速学习过程，并促进小生境内部的创新进程。

尽管 SNM 的思想主要在欧洲发达国家应用得比较多，并且对技术等级和政府治理的要求比较高，但是这一全新的思想和方法对我国的可持续发展具有重大的启发，尤其是在审视绿色技术创新的内在机制的时候，具有借鉴意义。首先，当前社会中的技术已经与政治、经济结合成为“技术—制度”系统，形成了内在的依存关系，具有路径依赖和技术锁定的特性。因此，同 SNM 中的体制会抵制新技术的进入一样，现有的主流技术也会阻碍绿色技术创新的传播和发展。其次，绿色技术创新由于很难一举进入主流市场，必须先找到一个能培育壮大的“缝隙市场”，这个“缝隙市场”在某种意义上来说，就是绿色技术创新的小生境。最后，绿色技术的突破需要外生因素的冲击，同 SNM 中的体制施压的现象非常类似。因此，我们认为 SNM 同绿色技术创新具有非常强的内在逻辑性。

二、模型与变量说明

为了验证上文提出的两个假设，我们将对我国区域绿色技术创新进行实证分析，以此来佐证来自体制的压力对小生境创新的影响。

2003 年以前的部分年鉴缺失，以及 2010 年后的绿色技术创新专利的数据还未全部放出，因此本章将采用 2003～2009 年的数据进行实证分析。

（一）因变量

本节使用人均绿色技术创新专利申请量作为被解释变量——创新产出的指标，数据来源于中国知识产权网和《中国统计年鉴》。

（二）控制变量

本节选取的控制变量为创新人员密度和工业比重，具体测量详见上节变量测量与数据来源。

（三）自变量

本节选取的自变量为“三同时”制度执行合格率和人均外商直接投资，具体测量详见上节变量测量与数据来源。

（四）交叉项

在本节提出的两个假设中，我们提到体制通过对创新人员的创新意愿施加压力，再去影响最终的创新结果。为了捕捉体制压力的间接效应，我们将在模型中引入交互项，即将体制的压力和创新意愿的乘积项引入模型。

（五）模型构建

$$\text{Patent}_{it} = \beta_0 + \beta_1\text{RD}_{it} + \beta_2\text{FDI}_{it} + \beta_3\text{IS}_{it} + \varepsilon_{it} \tag{12.2}$$

$$\text{Patent}_{it} = \beta_0 + \beta_1\text{RD}_{it} + \beta_2\text{FDI}_{it} + \beta_3\text{IS}_{it} + \beta_4\text{EXP}_{it} + \varepsilon_{it} \tag{12.3}$$

$$\text{Patent}_{it} = \beta_0 + \beta_1\text{RD}_{it} + \beta_2\text{FDI}_{it} + \beta_3\text{IS}_{it} + \beta_4\text{EXP}_{it} + \beta_5\text{IS}_{it} \times \text{EXP}_{it} + \varepsilon_{it} \tag{12.4}$$

其中，Patent_{it}表示以绿色技术创新专利人均申请量为指标的创新产出；RD_{it}、FDI_{it}、IS_{it}、EXP_{it}分别表示以R&D人员数占科技活动人员数的比例为指标的行动者网络、以人均外商直接投资为指标的学习过程、以规模以上工业增加值占地区生产总值的比重为指标的体制对小生境的压力、以“三同时”制度执行合格率为指标的创新期望。在模型中，ε_{it}表示为随机误差项；β_1、β_2、β_3、β_4、β_5分别为自变量的影响系数；i分别表示六个省市；t表示年份。

三、实证分析与讨论

首先，我们对所有的变量进行描述性统计，并对变量之间的相关系数进行分析。表12.3为所有变量的描述性统计值，表12.4为解释变量的相关性。从表12.4可以看出，来自体制的压力和其他三个变量之间的相关系数均为负，间接证明了我们的假设，即来自体制的压力会降低创新人员的创新意愿。接下来，我们将通过实证分析来研究体制和小生境之间的交互机制。

表12.3　所有变量的描述性统计值

变量	观测数	均值	标准差	最小值	最大值
Patent	42	0.118 849	0.173 482	0.003 760	0.843 875
RD	42	0.389 691	0.077 625	0.247 229	0.592 502
FDI	42	0.024 515	0.013 994	0.006 593	0.057 250
IS	42	0.429 247	0.101 276	0.189 507	0.527 666
EXP	42	0.980 583	0.031 096	0.866 000	1.000 000

表 12.4 解释变量的相关性

序号	解释变量	1	2	3	4
1	RD	1.00			
2	FDI	0.35	1.00		
3	IS	–0.46	–0.30	1.00	
4	EXP	0.18	0.17	–0.45	1.00

我们通过对回归结果进行霍斯曼检验发现 p 值接近于 0，表明随机效应模型不合适，因此本节采用固定效应模型，回归结果（表 12.5）具体分析如下。

表 12.5 固定效应回归分析

变量	模型 12-1	模型 12-2	模型 12-3
常数项	1.358 554*** (0.433 564)	1.173 118 (0.719 321)	–3.529 301 (2.292 343)
RD	0.688 251** (0.278 464)	0.670 702** (0.287 410)	0.652 369** (0.272 562)
IS	–3.759 438*** (0.911 989)	–3.765 070*** (0.924 760)	7.341 326 (5.242 924)
FDI	4.316 357 (3.907 044)	4.126 298 (4.003 823)	7.510 096* (4.108 907)
EXP		0.203 299 (0.624 246)	4.871 761** (2.251 919)
EXP×IS			–11.217 100** (5.220 653)
调整后的 R^2	0.625 268	0.615 205	0.654 277

注：系数下方括号内的值为标准差，系数右上角无符号表示不显著

*、**、***分别表示在 10%、5%、1%的水平上显著

模型 12-1 显示，行动者网络对小生境创新的产出有着显著的正向影响，当该项指数每增长 1 个标准单位，绿色技术创新将增长 0.688 251 个标准单位。而来自体制的压力对小生境创新的产出有着极为显著的负向影响，当该项指数每增长 1 个标准单位，绿色技术创新将下降 3.759 438 个标准单位。这两项指标的数据基本符合我们的预期，证明了在当前我国绿色技术创新主要的发展驱动力来自 R&D 人力的投入，而体制对创新的压力一直存在，体制的技术锁定和路径依赖会阻碍创新的发展。但是学习过程在此模型下不显著，对此可能的解释是当前我国绿色技术创新的小生境尚处在小生境内部三个阶段中的第二阶段，还未发展到第三阶段，即 R&D 人员所组成的创新网络在小生境发展的过程中起着主导作用，大规模的学习过程还没有出现。为了更好地验证这种解释，我们接下来在模型 12-2 加入了创新期望继续分析。

模型 12-2 同上一节的模型一样，放在这里是为了和其他两个模型进行对比。数据显示，在加入自变量创新期望后，行动者网络对小生境创新的产出仍然保持着显著的正向影响，当该项指数每增长 1 个标准单位，绿色技术创新将增长 0.670 702 个标准单位。而来自体制的压力对小生境创新的产出也依然有着极为显著的负向影响，当该项指数每增长 1 个标准单位，绿色技术创新将下降 3.765 070 个标准单位。在同模型 12-1 对比后发现，这两项指数对小生境创新产出的影响差距不大，说明模型 12-1 的验证是正确的。同时我们发现，学习过程对小生境的创新产出的影响不显著，而新增变量创新期望对因变量也不产生显著影响。以上结果表明了我们对于当前中国绿色技术创新小生境的创新处于第二个阶段的判断是正确的，在这个阶段中，R&D 人员通过构建创新网络进行新技术的研发，对创新的产出起着主导作用，同时，来自体制中的主流技术一直保持着对小生境的压力，延缓小生境创新的发展，而创新期望已经不再对小生境的发展起主导作用，学习过程还没开始起到驱动作用。总而言之，模型 12-2 的结果和我们的预期一致。

在模型 12-3 中，交叉项对绿色技术创新小生境有着最为显著的负向影响，表明当来自体制的压力开始冲击 R&D 人员的创新意愿时，会延缓创新的产出，这直接验证了我们的假设 12.1。值得注意的是，在模型 12-3 中，除了来自体制的压力不显著之外，其他变量都显著，这与模型 12-1 和模型 12-2 中的结果不一致，对此，可能的解释是，在小生境创新发展的过程中，来自体制的压力并不是直接对创新产出施加影响，而是通过作用于创新人员的期望来影响研发产出的。该结果修正了模型 12-1 与模型 12-2 的结果，其中，来自体制的压力首先作用于创新人员的期望，通过改变 R&D 人员的期望来延缓创新的发展。

模型 12-3 的回归结果还显示，行动者网络的系数同前两个模型之间差异不大，但期望和学习过程则显著为正，说明了在主流技术开始对小生境内的 R&D 人员施加压力的时候，也会刺激 R&D 人员，激发 R&D 人员更强的创新意愿，并且开始学习，使新技术更加完善。这个结果直接验证了我们的假设 12.2。实际上，如果没有来自体制里的主流技术对小生境中新技术施加的压力，R&D 人员很有可能就此闭门造车，而新技术也得不到市场的验证。当前，中国每年的专利申请量都以非常庞大的数字在增加，但实际最终能付诸实践并投放市场的技术却并不多。这种现象说明了如果没有经历市场的检验，一项技术很难得到用户的最终认可，而在此过程中，新技术与主流技术的竞争是不可避免的，主流技术因为长期的投入而相对新技术更成熟。因此，R&D 人员只有不断地通过学习以改进新技术，才能使创新最终更加满足用户的需要。换而言之，体制和小生境之间的交互对创新的发展是必不可少的。

总体而言，以上回归分析验证了我们在本节中的两个假设，其中模型 12-3 的交叉项显著为负直接验证了假设 12.1，说明了来自的体制压力减缓小生境内部的创新进程，而期望和学习过程的显著为正又直接验证了假设 12.2，说明体制对小生境的压力会使 R&D 人员形成动力，激发 R&D 人员开始学习，以完善新技术，使之更加成熟，更有竞争力。

第四节 区域绿色技术创新网络的治理分析

我国正处于经济发展、产业转型，以及环境保护同时进行的历史阶段，随着中、西部地区逐渐加快的工业化进程，环境问题日益严峻。在经济发展和环境保护两者之间进行平衡，是各地区面临的一个重要课题。一方面，发展经济不能忽视环境问题，不能以牺牲环境来换取经济的增长；另一方面，不能因为对环境问题的担忧而不发展经济。根据本章的研究结论，本书对我国绿色技术创新的发展与治理提出如下建议和启示。

第一，加快调整产业结构。工业的发展不能牺牲环境，在产业结构升级的过程中，要注重对绿色技术创新的应用，不能让产业结构成为阻碍绿色经济发展的因素，以充分发挥绿色技术创新在经济发展中的作用，以达到经济绩效和环境绩效“双赢”的目标。

第二，加大对国外先进绿色技术的引进，并引导技术 R&D 人员对此加以学习，以保证外来技术同中国需求相结合；从招商引资转为招商选资，让外商投资成为发展中国绿色经济的重要促进工具。

第三，我国的绿色技术创新的发展正处于从小生境向体制扩散并突破的阶段，不应为了经济的增长而过分地保护传统工业，要适时地调整技术发展的方向。

第十三章　结论与展望：区域网络、混合治理与创新研究

随着技术进步推动的组织变革与经济全球化的深度演化，以及区域技术创新网络研究的迅速兴起，具有混合特征的新兴组织形态和区域技术创新网络引发了一系列更为复杂的竞争合作与管理上的问题，包括合作模式、产权治理、管理控制、激励机制等，并挑战着传统的管理思维和方法。近三四十年来，混合型组织及其治理问题逐步受到国际学术界的广泛关注，并取得了若干重要的研究进展。但国内学术界对这一领域的研究进展仍未给予足够的关注，因此本书在系统梳理混合治理和区域技术创新网络相关研究文献的基础上，对区域技术创新网络的混合治理机制及其绩效评估进行了深入的总结和分析，以期推动这一研究在中国的开展和应用。

本书立足于网络型组织的混合式治理和区域技术创新的广泛实践，以交易成本经济学为理论基石，综合运用博弈论、组织社会学、创新管理等相关理论和研究方法，深入探讨区域技术创新网络混合式治理的基本理论和概念范畴；通过构建混合式治理的三维结构模型，探析其治理模式的内在运行机制；结合中国科技企业孵化器、中国大学科技园和创意产业集聚及相关区域技术创新网络的创新实践，构建混合式治理的绩效评估模型，深入剖析我国绿色技术创新小生境治理的有效性，及其绩效评估体系；通过对区域技术创新网络的内在结构和治理效率的实证分析及比较研究，探讨区域技术创新网络治理绩效差异性的深层原因，并据此得出有益的相关政策启示。

本书创新之处主要体现在以下几点。

第一，本书从混合式治理的视角来研究区域技术创新网络这一重要的创新组织方式，这在国内外学术界还是比较少的，具有一定的原创性。这一研究可以深化对区域技术创新网络这一现象的理解，拓展了区域技术创新系统研究的现有主题。

第二，本书首次提出区域技术创新网络混合治理的三维结构模型，并据此揭示出区域技术创新网络混合治理的基本类型及其要素构成体系，并力图刻画出区域技术创新网络混合治理的若干关键机制，包括契约治理、关系治理等。这一研究具有较高的理论突破和创新。

第三，本书选取中国科技企业孵化器、中国大学科技园、创意产业集聚网络，以及中国绿色技术创新小生境网络等作为实证研究对象，具有较好的研究价值。在我国的创新研究中，多层次、多角度、有影响的研究成果更是少之又少，本书力图在原有研究的基础上，深入开展区域技术创新网络的内在结构和治理绩效的实证分析及比较研究，以期促进这一领域的相关研究。

结合本书的研究进展，我们认为接下来的创新研究应该基于此开展相关的延续研究，具体集中在以下几点。

第一，区域技术创新网络研究已然成为学者的研究热点，学者分别从不同的视角和学科对该问题进行了深入、充分的研究，但是这类研究仅局限于技术创新网络的本身，而不是深入探索技术创新链的智力源头网络问题，作为技术创新链的智力源头之一的发明者或者科学家所形成的网络，即发明者合作网络，在创新系统中具有极为核心的地位，但目前大多数研究集中在技术创新网络、产业合作网络、技术联盟等领域，对发明者合作网络的结构和机制的系统探讨则较为欠缺，这不利于我们对创新系统的深入理解。因此，学者理应加强对发明者合作网络的概念、范畴和形成机制等基本理论进行研究。

第二，纵观技术创新网络的相关研究可以看出，区域技术创新网络的功能、作用的研究较为深入，案例研究、定性研究的范式也比较多见，而且主要以企业为研究对象，分析了创新网络对企业绩效的影响，但缺乏创新网络微观机制的研究，也少有关于创新网络与发明者合作网络关系的探讨。实际上发明者合作网络可以视为创新网络的子系统，对发明者合作网络的研究可以推动对技术创新网络的深化理解，而技术创新网络的研究成果及方法也可以有利于对发明者合作网络的研究。因此，未来的研究中理应加强宏观和微观的结合，在技术创新网络研究的同时，深入研究技术创新网络的微观机制，探讨区域技术创新网络和发明者合作网络的关系。

第三，随着企业外部环境的变化，以及企业组织结构日益复杂化和网络化，特别是伴随着虚拟企业和战略联盟等形式的网络组织的出现，人们对网络组织的治理机制问题的探讨越发重视。但是国内外学者对于区域技术创新网络这一新兴技术创新载体的治理的研究仍然很欠缺。首先，现有研究对于区域技术创新网络的分析，仍然只是停留在线性的描述和个例的分析上，缺乏深厚的理论基础。其次，对于区域技术创新网络治理的研究仍然缺乏分析框架，只是简单地强调政府或者市场在其中的重要作用，而没有深入地对处于市场和等级治理之间的治理形式的分析。因此，学者理应继续加强对发明者合作网络这类微观虚拟组织的治理问题的深入研究。

参 考 文 献

陈建军，陈国亮，黄洁. 2009. 新经济地理学视角下的生产性服务业集聚及其影响因素研究——来自中国222个城市的经验证据[J]. 管理世界，187（4）：83-95.

陈劲，何郁冰，姚威，等. 2008. 技术战略与公司战略匹配的影响因素及实证研究[J]. 科研管理，29（5）：1-8.

陈劲，王方瑞. 2005. 突破全面创新：技术和市场协同创新管理研究[J]. 科学学研究，23（S1）：249-254.

陈学光，徐金发. 2007. 基于企业网络能力的创新网络研究[J]. 技术经济，（3）：42-44.

储德银，张同斌. 2013. 自主研发、技术引进与高新技术产业成长[J]. 科研管理，34（11）：53-60.

范承泽，胡一帆，郑红亮. 2008. FDI对国内企业技术创新影响的理论与实证研究[J]. 经济研究，54（1）：89-102.

高良谋，李宇. 2009. 企业规模与技术创新倒U关系的形成机制与动态拓展[J]. 管理世界，25（8）：113-123.

高铁梅. 2009. 计量经济分析方法与建模：EViews 应用及实例[M]. 北京：清华大学出版社.

高勇，钱省三，李平，等. 2006. 区域创新网络形成的机理研究[J]. 科技管理研究，（5）：166-168.

洪进. 2005. 基于网络视角的虚拟R&D组织形态及其治理机制研究[D]. 中国科技大学博士学位论文.

洪嵩，洪进，赵定涛. 2014. 高技术产业与区域经济共同演化水平研究[J]. 科研管理，35（6）：84-93.

胡枭峰. 2011. 区域创新网络结构特征对区域知识流动的影响研究[D]. 杭州电子科技大学博士学位论文.

李习保，解峰. 2013. 我国高校知识生产和创新活动影响因素的实证研究[J]. 数量经济技术经济研究，（1）：39-53.

李远. 1999. 创新环境及其政策的出发点——兼论增强区域的全球化竞争力[J]. 经济地理，19（3）：7-12.

林淼，苏峻，张雅娴，等. 2001. 结构性失衡与战略技术联盟——资源配置视角中的科技成果产业化[C]. 大连：第6届全国青年管理科学与系统科学学术会议暨中国科协第4届青年学术年会卫星会议.

林毅夫，蔡昉，李周. 1999. 中国的奇迹：发展战略与经济改革[M]. 上海：上海人民出版社.

林毅夫，张鹏飞. 2005. 后发优势、技术引进和落后国家的经济增长[J]. 经济学（季刊），5（4）：53-74.

刘双明. 2007. 我国FDI与经济发展的协调度研究[J]. 统计研究，24（4）：92-96.

刘志迎，谭敏. 2012. 纵向视角下中国技术转移系统演变的协同度研究——基于复合系统协同度模型的测度[J]. 科学学研究，30（4）：534-542.

孟庆松，韩文秀. 2000. 复合系统协调度模型研究[J]. 天津大学学报（自然科学与工程技术版），33（4）：444-446.
任胜钢，胡春燕，王龙伟. 2011. 我国区域创新网络结构特征对区域创新能力影响的实证研究[J]. 系统工程，29（2）：50-55.
盛亚，范栋梁. 2009. 结构洞分类理论及其在创新网络中的应用[J]. 科学学研究，27（9）：1407-1411.
孙大海，乐文，施立华. 2009. 中国专业孵化器的发展轨迹与路径选择[J].中国高新区，11（4）：89-93.
王德禄，张丰超. 2000. 关于区域创新问题的若干思考[J]. 经济研究参考，（49）：7-23.
王锐淇. 2010. 我国区域技术创新能力提升与区域追赶的空间特征研究[D]. 重庆大学博士学位论文.
王三义，刘新梅，万威武. 2007. 社会资本关系维度对知识转移的影响路径研究[J]. 科技进步与对策，24（9）：84-87.
王泽宇，刘凤朝. 2011. 我国沿海地区自主创新能力差异动态分析[J]. 经济地理，31（6）：979-984.
吴慈生，李洋，邢建军. 2009. 区域创新系统研究述评[J]. 标准科学，（12）：84-89.
吴玉鸣. 2006. 空间计量经济模型在省域研发与创新中的应用研究[J]. 数量经济技术经济研究，23（5）：74-85.
冼国明，薄文广. 2005. 外国直接投资对中国企业技术创新作用的影响[J]. 南开经济研究，21（6）：16-23.
益智. 2005. 中国上市公司被动式资产重组实证研究——基于价值效应和绩效的动因模型构建[J]. 管理世界，21（1）：137-145.
于明洁，郭鹏，张果. 2013. 区域创新网络结构对区域创新效率的影响研究[J].科学学与科学技术管理，（8）：56-63.
张娇，殷群. 2010. 我国企业孵化器运行效率差异研究——基于 DEA 及聚类分析方法[J].科学学与科学技术管理，5（2）：171-177.
张杰，张少军，刘志彪. 2007. 多维技术溢出效应，本土企业创新动力与产业升级的路径选择——基于中国地方产业集群形态的研究[J]. 南开经济研究，23（3）：47-67.
张京成. 2007. 中国创意产业发展报告[M]. 北京：中国经济出版社.
张玉明，刘德胜. 2009. 区域创新网络与中小型科技企业技术创新关系实证[J]. 科技管理研究，（11）：47-49，59.
赵黎明. 2012. 科技企业孵化器与创投合作及补贴研究[M]. 北京：中国经济出版社.
赵彦云，刘思明. 2011. 中国专利对经济增长方式影响的实证研究：1988~2008 年[J]. 数量经济技术经济研究，（4）：34-48，81.
钟卫东，孙大海，施立华. 2008. 企业孵化器投资的动机与模式：一个探索性案例研究[J]. 中国科技论坛，（6）：46-50.
周立军. 2009. 区域创新网络的结构与创新能力研究——基于知识、学习和社会资本的视角[D]. 南开大学博士学位论文.
朱有为，徐康宁. 2006. 中国高技术产业研发效率的实证研究[J]. 中国工业经济，（11）：38-45.
朱允卫. 2004. 企业规模、集群结构与技术创新优势[J]. 经济地理，24（2）：187-191.
Aernoudt R. 2004. Incubators：tool for entrepreneurship?[J]. Small Business Economics，23（2）：

127-135.

Aerts K，Matthyssens P，Vandenbempt K. 2007. Critical role and screening practices of European business incubator[J]. Technovation，27（1）：254-267.

Aiken L S，West S G. 1991. Multiple Regression：Testing an Interpreting Interactions[M]. Los Angeles：Sage.

Aldrich H E，Fiol C M. 1994. Fools rush in? The institutional context of industry creation[J]. Academy of Management Review，19（4）：105-127.

Aldrich H E，Ruef M. 2006. Organizations Evolving[M]. 2nd ed. London：Sage Publications.

Allen D N，McCluskey R. 1990. Structure，policy，services and performance in the business incubator industry[J]. Entrepreneurship，Theory and Practice，15（2）：61-77.

Allen D N，Rahman S. 1985. Small business incubators：a positive environment for entrepreneurship[J]. Journal of Small Business Management，23（2）：12-22.

Allen M W. 2001. A practical method for uncovering the direct and indirect relationships between human values and consumer purchase[J]. Journal of Consumer Marketing，18（2）：102-120.

Andersson R，Quigley J M，Wilhelmsson M. 2005. Agglomeration and the spatial distribution of creativity[J]. Papers in Regional Science，84（3）：445-464.

Archibugi D，Pianata M. 1994. Aggregate convergence and sectoral specialization in innovations[J]. Journal of Evolutionary Economics，4（1）：17-33.

Asheim B T. 1996. Industrial districts as “learning regions”：a condition for prosperity[J]. European planning studies，4（4）：379-400.

Asheim B T，Coenen L. 2005. Knowledge bases and regional innovation systems：comparing nordic clusters[J]. Research Policy，34（8）：1173-1190.

Asheim B T，Hansen H K. 2009. Knowledge bases，talents and contexts：on the usefulness of the creative class approach in Sweden[J]. Economic Geography，85（4）：425-442.

Asheim B T，Isaksen A. 2002. Regional innovation systems：the integration of local “sticky” and global “ubiquitous” knowledge[J]. The Journal of Technology Transfer，27（1）：77-86.

Astley W G. 1985. The two ecologies：population and community perspectives on organizational evolution[J]. Administrative Science Quarterly，30（2）：224-241.

Audretsch D B，Feldman M P. 1996. R&D spillovers and the geography of innovation and production[J]. The American Economic Review，86（3）：630-640.

Bakhshi H，McVittie E，Simmie J. 2008. Creating innovation do the creative industries support innovation in the wider economy?[R]London：NESTA Research Report.

Bakouros Y L，Mardas D C，Varsakelis N C. 2002. Science park，a high tech fantasy?：an analysis of the science parks of greece[J]. Technovation，22（2）：123-128.

Barbero J L，Casillas J，Ramos A. 2012. Revisiting incubation performance how incubator typology affects results[J]. Technological Forecasting and Social Change，79（5）：888-902.

Barnett W P，Carroll G R. 1987. Competition and mutualism among early telephone companies[J]. Administrative Science Quarterly，32（3）：400-421.

Barro R J，Sala-i-Martin X. 1992. Convergence[J]. Journal of Political Economy，100（2）：223-240.

Barron D N，West E，Hannan M T. 1994. A time to grow and a time to die：growth and mortality of credit unions in New York city，1914-1990[J]. American Journal of Sociology，100(2)：381-421.

Battese G E，Coelli T J. 1992. Frontier production functions，technical efficiency and panel data：with application to paddy farmers in India[J]. Journal of Productivity Analysis，3(1/2)：153-169.

Battese G E，Coelli T J. 1995. A model for technical inefficiency effects in a stochastic frontier production function for panel data[J]. Empirical Economics，20（2）：325-332.

Baum J A，Haveman H A. 1997. Love the Neighbor? Differentiation and agglomeration in the Manhattan hotel industry，1898-1990[J]. Administrative Science Quarterly，42（2）：304-338.

Baum J A，Mezias S J. 1992. Localized competition and organizational failure in the Manhattan hotel industry，1898-1990[J]. Administrative Science Quarterly，37（4）：580-604.

Bergek A，Norrman C. 2008. Incubator best practice：a framework[J]. Technovation，28(1/2)：20-28.

Berle A，Means G. 1932. The Modern Corporation and Private Property[M]. New York：Transaction Publishers.

Bhabra-Remedios R K，Cornelius B. 2003. Cracks in the eggs：improving performance measures in business incubators research[R]. Ballarant：16th Annual Conference of Small Enterprise Association of Australia and New Zealand.

Borensztein E，Gregorio J，Lee J-W. 1998. How does foreign direct investment affect economic growth?[J]. Journal of International Economic，45（1）：115-135.

Boschma R A，Fritsch M. 2009. Creative class and regional growlli：empirical evidence from seven European countries[J]. Economic Geography，85（4）：391-423.

Bott E. 1958. Family and social network[J]. Mental Health，17（3）：110，111.

Bøllingtoft A，Ulhøi J P. 2005. The networked business incubator-leveraging entrepreneurial agency?[J]. Journal of Business Venturing，20（2）：265-290.

Bruneel J，Ratinho T，Clarysse B，et al. 2012. The evolution of business incubators：comparing demand and supply of business incubation services across different incubator generations[J]. Technovation，32（2）：110-121.

Burt R S. 1983. Corporate Profits and Cooptation：Networks of Market Constraints and Directorate Ties in the American Economy[M]. New York：Academic Press.

Burt R S. 1992. Structural Holes[M]. Cambridge MA：Harvard University Press.

Caldiero C，Taylor M，Ungureanu L. 2009. Image repair tactics and informationsubsidies during fraud crises[J]. Journal of Public Relations Research，21（2）：218-228.

Camagni R. 1991. Innovation Networks：Spatial Perspectives[M]. London：Belhaven press.

Carroll G R，Hannan M T. 1988. Density dependence in the evolution of newspaper populations[C]. Atlanta：Annual Meetings of the American Sociological Association.

Chan K F，Lau T. 2005. Assessing technology incubator programs in the science park：the good，the bad and the ugly[J]. Technovation，25（1）：1215-1228.

Chandra A，Fealey T. 2009. Business incubation in the United States，China and Brazil：a comparison of role of government，incubator funding and financial services[J]. International Journal of Entrepreneurship，13：67-86.

Chesbrough H. 2003. The governance and performance of xerox's technology spin-off companies[J]. Research Policy，32（3）：403-421.

Cheung K Y, Lin P. 2004. Spillover effects of FDI on innovation in China: evidence from the provincial data[J]. China Economic Review, 15 (1): 25-44.

Ciccone A. 2002. Agglomeration effects in Europe[J]. European Economic Review, 46 (2): 213-227.

Coase R H. 1937. The nature of the firm[J]. Economica, 4 (16): 386-405.

Cohen W M, Klepper S. 1996. Firm size and the nature of innovation within industries: the case of process and product R&D[J]. The Review of Economics and Statistics, 78 (2): 232-243.

Colombo G M, Delmastro M. 2002. How effective are technology incubators? Evidence from Italy[J]. Research Policy, 31 (7): 1103-1122.

Cooke P. 1992. Regional innovation systems: competitive regulation in the new Europe[J]. Geoforum, 23 (3): 365-382.

Cooke P. 2003. Regional innovation and learning systems, clusters, and local and global value chains[C]//Bröcker J, Dohse D, Soltwedel R. Innovation Clusters and Interregional Competition. Berlin: Springer: 28-51.

Cooke P, Morgan K. 1998. The Associational Economy: Firms, Regions and Innovation[M]. Oxford: Oxford University Press.

Cooke P, Uranga M G, Etxebarria G. 1998. Regional systems of innovation: an evolutionary perspective[J]. Environment and Planning A, 30 (9): 1563-1584.

Cowan R, Hultén S. 1996. Escaping lock-in: the case of the electric vehicle[J]. Technological Forecasting and Social Change, 53 (1): 61-79.

Deeds D L, DeCarolis D, Coombs J. 2000. Dynamic capabilities and new product development in high technology ventures: an empirical analysis of new biotechnology firms[J]. Journal of Business Venture, 15 (3): 211-229.

Dries L, Swinnen J F M. 2004. Foreign direct investment, vertical integration, and local suppliers: evidence from the Polish sector[J]. World Development, 32 (9): 1525-1544.

Dyer J H, Noboeka K. 2000. Creating and managing a high performance knowledge-sharing network: the Toyota case[J]. Strategic Management Journal, 21 (3): 345-367.

Dyer J H, Singh H. 1998. The relational view: cooperative strategy and sources of interorganizational competitive advantage[J]. Academy of Management Review, 23 (2): 660-679.

Ehrlich P R, Raven P H. 1964. Butterflies and plants: a study in coevolution[J]. Evolution, 18 (4): 586-608.

Eisingerich A B, Bell S J, Tracey P. 2010. How can clusters sustain performance? The role of network strength, network openness, and environmental uncertainty[J]. Research Policy, 39(2): 239-253.

Ejermo O. 2006. Innovation, Industrial Dynamics and Structural Transformation[M]. Berlin: Springer.

Emerson R. 1962. American policy in africa[J]. Foreign Affairs, 40 (2): 303-315.

Florida R. 2002a. The Rise of the Creative Class[M]. New York: Basic Books.

Florida R. 2002b. The economic geography of talent[J]. Annals of the Association of American Geographers, 92 (4): 743-755.

Freeman C. 1991. Networks of innovators: a synthesis of research issues[J]. Research Policy, 20(5): 499-514.

Freeman J H, Audia P G. 2006. Community ecology and the sociology of organizations[J]. Annual

Review of Sociology，32：145-169.

Freeman J，Carroll G R，Hannan M T. 1983. The liability of newness：age dependence in organizational death rates[J]. American Sociological Review，48（5）：692-710.

Fukugawa N. 2006. Science parks in Japan and their value-added contributions to new technology-based firms[J]. International Journal of Industrial Organization，24（2）：381-400.

Goldsmith R W. 1951. A perpetual inventory of national wealth[C]//NBER. Studies in Income and Wealth. Princeton：Princeton University Press.

Granovetter M. 1973. The strength of weak ties[J]. American Journal of Sociology，78：1360-1380.

Granovetter M. 1985. Economic action and social structure：the problem of embeddedness[J]. American Journal of Sociology，91（3）：481-510.

Granovetter M. 1987. A Theoretical Agenda for Economic Sociology[M]. New York：Russell.

Greve H R. 2002. An ecological theory of spatial evolution：local density dependence in Tokyo banking，1894-1936[J]. Social Forces，80（3）：847-879.

Griffin R J，Dunwoody S. 1995. Impacts of information subsidies and community structure on local press coverage of environmental contamination[J]. Journalism & Mass Communication Quarterly，72（2）：271-284.

Griliches Z. 1998. R&D and Productivity[M]. Chicago：The University of Chicago Press.

Grimaldi R，Grandi A. 2005. Business incubators and new venture creation：an assessment of incubating models[J]. Technovation，25（2）：111-121.

Grossman G M，Helpman E. 1994. Endogenous innovation in the theory of growth[J]. Journal of Economic Perspective，8（1）：23-44.

Hackett S M，Dilts D M. 2004. A real options-driven theory of business incubation[J]. Journal of Technology Transfer，29（1）：41-54.

Hagedoorn J. 2003. Sharing intellectual property rights—an exploratory study of joint patenting amongst companies[J]. Industrial & Corporate Change，12（5）：1035-1050.

Haken H. 2001. An Application of Synergetics. Decision making as pattern recognition[C]//Götschl J. Evolution and Progress in Democracies. Berlin：Springer.

Hall L A，Bagchi-Sen S. 2002. A study of R&D，innovation，and business performance in the Canadian biotechnology industry[J]. Technovation，22（4）：231-244.

Hamdouch A. 2008. Conceptualizing innovation clusters and networks[R]. Working Papers.

Hannan M T. 1986. A model of Competitive and Institutional Processes in Organizational Ecology[M]. Ithaca：Cornell University Press.

Hannan M T，Freeman J. 1977. The population ecology of organizations[J]. American Journal of Sociology，82（5）：929-964.

Hannan M T，Freeman J. 1987. The ecology of organizational founding：American labor unions，1836-1985[J]. American Journal of Sociology，92（4）：910-943.

Hannan M T，Freeman J. 1988. The ecology of organizational mortality：American labor unions，1836-1985[J]. American Journal of Sociology，94（1）：25-52.

Hannan M T，Freeman J. 1989. Organizational Ecology[M]. Cambridge：Harvard University Press.

Hannon P D. 2005. Incubation policy and practice：building practitioner and professional capability[J].

Journal of Small Business and Enterprise Development，12（1）：57-75.

Hansen M T，Chesbrough H W，Nohria N，et al. 2000. Networked incubators：hothouses of the new economy[J]. Harvard Business Review，78（5）：74-84，199.

Hansson F，Husted K，Vestergaard J. 2005. Second generation science parks：from structural holes jockeys to social capital catalysts of the knowledge society[J]. Technovation，25（9）：1039-1049.

Harris R，Robinson C. 2004. Productivity impacts and spillovers from foreign ownership in the United Kingdom[J]. National Institute Economic Review，187（1）：58-75.

Hawley A. 1950. Human Ecology[M]. New York：Ronald.

Hillman A J，Dalziel T. 2003. Boards of directors and firm performance: integrating agency and resource dependence perspectives[J]. Academy of Management Review，28（3）：383-396.

Holmstron B，Milgrom P. 1994. The Firm as an incentive system[J]. American Economic Review，84（4）：972-991.

Hu A. 2007. Technology parks and regional economic growth in China[J]. Research Policy，36（1）：76-87.

Javorcik B S，Spatareanu M. 2008. To share or not to share：does local participation matter for spillovers from foreign direct investment?[J]. Journal of development Economics，85（1/2）：194-217.

Kathuria V. 2000. Productivity spillovers from technology transfer to Indian Manufacturing Firms[J]. Journal of International Development，12（3）：343-369.

Kauffeld-Monz M，Fritsch M. 2013. Who are the knowledge brokers in regional systems of innovation? A multi-actor network analysis[J]. Regional Studies，47（5）：669-685.

Kumbhakar S C，Lovell C K. 2000. Stochastic Frontier Analysis[M]. Cambridge：Cambridge University Press.

Lazzeretti L，Capone F，Boix R. 2012. Reasons for clustering of creative industries in Italy and Spain[J]. European Planning Studies，20（8）：1243-1262.

Lee C，Lee K，Pennings J M. 2001. Internal capabilities，external networks，and performance：a study on technology-based ventures[J]. Strategic Management Journal，22（6/7）：615-640.

Lewin A Y，Volberda H W. 1999. Prolegomena on coevolution：a framework for research on strategy and new organizational forms[J]. Organization Science，10（5）：519-534.

Li H Y，Zhang Y，Li L，et al. 2012. Returnees versus locals：who perform better in China's technology entrepreneurship?[J]. Strategic Entrepreneurship Journal，6（3）：257-272.

Li H，Atuahene-Gima K. 2001. Product innovation strategy and the performance of new technology ventures in China[J]. Academy of Management Journal，44（6）：1123-1134.

Li H，Zhang Y. 2007. The role of managers' political networking and functional experience in new venture performance：evidence from China's transition economy[J]. Strategic Management Journal，28（8）：791-804.

Lin P，Lin Z，Zhang Y F. 2009. Do Chinese domestic firms benefit from FDI inflow? Evidence of horizontal and vertical spillover[J]. China Economic Review，20（4）：677-691.

Lundvall B Å. 1988. Innovation as an interactive process：from user-producer interaction to the National Innovation Systems[C]//Dosi G，Freeman C，Nelson R R，et al. Technology and

Economic Theory. London：Pinter Publishers：349-369.

Lundvall B Å，Johnson B，Andersen E S，et al. 2002. National systems of production，innovation and competence building[J]. Research Policy，31（2）：213-231.

Luo Y. 2003. Industrial dynamics and managerial networking in an emerging market：the case of China[J]. Strategic Management Journal，24（13）：1315-1327.

Lusch R F，Brown J R. 1996. Interdependency，contracting，and relational behavior in marketing channels[J]. Journal of Marketing，60（4）：19-38.

Lyons T S. 2000. Building social capital for sustainable enterprise development in country towns and regions：successful practices from the United States[C]. Melbourne：First National Conference on the Future of Australia's Country Towns.

Macneil P. 1980. Organizational barriers to the administration of correctional education：an analysis of a correctional school district[J]. Adult Education Quarterly，30（4）：208-221.

Macqueen J. 1967. Some Methods for Classification and Analysis of Multivariate Observations，in Proceedings of 5th Symposium on Mathematical Statistics and Probability[M]. Berkeley：California University Press.

Madhok A，Liu C. 2006. A coevolutionary theory of the multinational firm[J]. Journal of International Management，12（1）：1-21.

Makadok R，Coff R. 2009. Both market and hierarchy：an incentive-system theory of hybrid governance forms[J]. Academy of Management Review，34（2）：297-319.

Markard J，Truffer B. 2008. Actor-oriented analysis of innovation systems：exploring micro—meso level linkages in the case of stationary fuel cells[J]. Technology Analysis & Strategic Management，20（4）：443-464.

Markley D M，McNamara K T. 1995. Economic and fiscal impacts of a business incubator[J]. Economic Development Quarterly，9（3）：273-278.

Marsden P V. 1990. Network data and measurement[J]. Annual Review of Sociology，16（1）：435-463.

Masten S E. 1984. The organization of production：evidence from the aerospace industry[J]. Journal of Law and Economics，27（2）：403-417.

McAdam M，McAdam R. 2008. High tech start-ups in university science park incubators：the relationship between the start-ups's lifecycle progression and the use of the incubator's resources[J]. Technovation，28（5）：277-290.

Mian S A. 1996. Assessing value-added contributions of university technology business incubators to tenant firms[J]. Research Policy，25（3）：325-335.

Mian S A. 1997. Assessing and managing the university technology business incubator：an integrative framework[J]. Journal of Business Venturing，12（4）：251-285.

Mooi E A，Ghosh M. 2010. Contract specificity and its performance implications[J]. Journal of Marketing，74（2）：105-120.

Mudambi R. 2008. Location，control and innovation in knowledge-intensive industries[J]. Journal of Economic Geography，8（5）：699-725.

Nee V. 1992. Organizational dynamics of market transition：hybrid forms，property rights，and mixed economy in China[J]. Administrative Science Quarterly，37（1）：1-27.

Newey W K，West K D. 1987. Hypothesis testing with efficient method of moments estimation[J]. International Economic Review，28（3）：777-787.

Oxley J E，Sampson R C. 2004. The scope and governance of International R&D Alliances[J]. Strategic Management Journal，25（8）：723-749.

Ozer M，Zhang W. 2014. The effects of geographic and network ties on exploitative and exploratory product innovation[J]. Strategic Management Journal，36（7）：1105-1114.

Peña I. 2004. Business incubation centers and new firm growth in the Basque country[J]. Small Business Economics，22（3/4）：223-236.

Perrow C. 1986. Complex Organizations[M]. New York：Mc Graw-Hill Higher Education.

Phan P H，Siegel D S，Wright M. 2005. Science parks and incubators：observations，synthesis and future research[J]. Journal of Business Venturing，20（2）：165-182.

Phillips R G 2002. Technology business incubators：how effective as technology transfer mechanisms?[J]. Technology in Society，24（3）：299-316.

Pieigiovanni R，Carree M，Santarelli E. 2012. Creative industries，new business formation，and regional economic growth[J]. Small Business Economics，39（3）：539-560.

Pisano G P，Wheelwright S C. 1995. The new logic of high tech R&D[J]. Long Range Planning，28（6）：128.

Poppo L，Zenger T. 2000. Substitutes or complements? Exploring the relationship between formal contracts and relational governance[C]. Social Science Electronic Publishing.

Porter M E. 1998. Clusters and the new economics of competition[J]. Harvard Business Review，76（6）：77-90.

Porter M. 1998. On Competition[M]. Boston：Harvard Business School Press.

Qi J，Zheng Y，Laurenceson J，et al. 2009. Productivity spillovers from FDI in China：regional differences and threshold effects[J]. China & World Economy，17（4）：18-35.

Ratinho T，Henriques E. 2010. The role of science parks and business incubators in converging countries：evidence from Portugal[J]. Technovation，30（4）：278-290.

Rice M P. 2002. Co-production of business assistance in business incubators，an exploratory study[J]. Journal of Business Venturing，17（2）：163-187.

Rice M P，Matthews J B，Kilcrease L. 1995. Growing New Ventures，Creating New Jobs[M]. London：Quorum.

Romanelli E，Khessina O M. 2005. Regional industrial identity：cluster configurations and economic development[J]. Organization Science，16（4）：344-358.

Rothaermel F T，Thursby M. 2005a. University-incubator firm knowledge flows：assessing their impact on incubation firm performance[J]. Research Policy，34（3）：305-320.

Rothaermel F T，Thursby M. 2005b. Incubator firm failure or graduation?：the role of university linkages[J]. Research Policy，34（7）：1076-1090.

Ruef M. 2000. The emergence of organizational forms：a community ecology approach[J]. American Journal of Sociology，106（3）：658-714.

Sæther B，Isaksen A，Karlsen A. 2011. Innovation by co-evolution in natural resource industries：the norwegian experience[J]. Geoforum，42（3）：373-381.

Sands G，Reese L A. 2008. Cultivating the creative class：and what about Nanaimo?[J]. Economic Development Quarterly，22（1）：8-23.

Saxenian A，Hsu J Y. 2001. The Silicon Valley-Hsinchu connection：technical communities and bidustrial upgrading[J]. Mdustrial and Corporate Change，10（4）：893-920.

Schwartz M，Hornych C. 2008. Specialization as strategy for business incubators：assessment of the Central German Multimedia Center[J]. Technovation，28（7）：436-449.

Schwartz M，Hornych C. 2010. Cooperation patterns of incubator firms and the impact of incubator specialization：empirical evidence from Germany[J]. Technovation，30（9/10）：485-495.

Scillitoe J L，Chakrabarti A K. 2005. The sources of social capital within technology incubators：the roles of historical ties and organizational facilitation[J]. International Journal of Learning and Intellectual Capital，2（4）：327-345.

Scillitoe J L，Chakrabarti A K. 2010. The role of incubator interactions in assisting new ventures[J]. Technovation，30（3）：155-167.

Seibert S E，Silver S R，Randolph W A. 2004. Taking empowerment to the next level：a multiple-level model of empowerment，performance，and satisfaction[J]. Academy of Management Journal，47（3）：332-349.

Shane S，Stuart T. 2002. Organizational endowments and the performance of university start-ups[J]. Management Science，48（1）：154-170.

Siegel D S，Westhead P，Wright M. 2003. Assessing the impact of university science parks on research productivity：exploratory firm-level evidence from the United Kingdom[J]. International Journal of Industrial Organization，21（9）：1357-1369.

Sorenson O，Audia P G. 2000. The social structure of entrepreneurial activity：geographic concentration of footwear production in the United States，1940-1989[J]. American Journal of Sociology，106（2）：424-462.

Stam E，de Jong J P，Marlet G. 2008. Creative industries in the Netherlands：structure，development，innovativeness and effects on urban growth[J]. Geografiska Annaler：Series B，Human Geography，90（2）：119-132.

Storey D，Tether B. 1998a. New technology-based firms in the European Union：an introduction[J]. Research Policy，26（9）：933-946.

Storey D，Tether B. 1998b. Public policy measures to support new technology-based firms in the European Union[J]. Research policy，26（9）：1037-1057.

Stuart T E，Sorenson O. 2003. The geography of opportunity：spatial heterogeneity in founding rates and the performance of biotechnology firms[J]. Research policy，32（2）：229-253.

Tallman S，Phene A. 2007. Leveraging knowledge across geographic boundaries[J]. Organization Science，18（2）：252-260.

Thursby J G，Jensen R，Thursby M C. 2001. Objectives，characteristics and outcomes of university licensing：a survey of major U.S. universities[J]. Journal of Technology Transfer，26（1/2）：59-72.

Thursby J G，Thursby M C. 2002. Who is selling the ivory tower? Sources of growth in university licensing[J]. Management Science，48（1）：90-104.

Todtling F，Trippl M. 2004. Like phoenix from The ashes? The renewal of clusters in old industrial areas[J]. Urban Studies，41（5/6）：1175-1195.

Totterman H，Sten L. 2005. Start-ups：business incubation and social capital[J]. International Small Business Journal，23（5）：487-511.

Uzzi B. 1996. The sources and consequences of embeddedness for the economic performance of organizations：the network effect[J]. American Sociological Review，61（4）：674-698.

Vanderstraeten J，Matthyssens P. 2012. Service-based differentiation strategies for business incubators：exploring external and internal alignment[J]. Technovation，32（12）：656-670.

von Zedtwitz M，Grimaldi R. 2006. Are services profiles incubator-specific? Results from an empirical investigation in Italy[J]. Journal of Technology Transfer，31（4）：459-468.

Wei H，Hao R. 2011. The role of human capital in China's total factor productivity growth：a cross-province analysis[J]. The Developing Economies，49（1）：1-35.

Westhead P，Storey D J，Britain G. 1994. An Assessment of Firms Located on and off Science Parks in the United Kingdom[M]. London：HM Stationery Office.

Westhead P. 1997. R&D "inputs" and "outputs" of technology-based firms located on and off Science Parks[J]. R&D Management，27（1）：45-62.

Westphal J D，Khanna P. 2003. Keeping directors in line：social distancing as a control mechanism in the corporate elite[J]. Administrative Science Quarterly，48（3）：361-398.

Williamson O E. 1975. Markets and Hierarchies：Analysis and Antitrust Implications[M]. New York：The Free Press.

Williamson O E. 1985. The Economic Institutions of Capitalism[M]. New York：Free Press.

Williamson O E. 1991. Comparative economic organization：the analysis of discrete structural alternatives[J]. Administrative Science Quarterly，36（2）：269-296.

Williamson O E. 1996. The Mechanisms of Governance[M]. New York：Oxford University Press：1-392.

Wu Y. 2007. Explaining high productivity growth[C]//Wang G，Wong J. Interpreting China's Development. Singapore：World Scientific Publishing：103-107.

Wu Y. 2010. Indigenous innovation for sustainable growth[C]//Garnaut R，Golley J，Song L. China：The Next 20 Years of Reform and Development. Canberra，Australia：ANU E Press：341-361.

Xin K R，Pearce J L. 1996. Guanxi：connections as substitutes for formal institutional support[J]. Academy of Management Journal，39（6）：1641-1658.

Yli-Renko H，Autio E. 1998. The network embeddedness of new，technology-based firms：developing a systemic evolution model[J]. Small Business Economics，11（3）：253-267.

Yu W，Hong J，Wu Y，et al. 2013. Emerging geography of creativity and labor productivity effects in China[J]. China & World Economy，21（5）：78-99.

Zahra S A，Ireland R D，Hitt M A. 2000. International expansion by new venture firms：international diversity，mode of market entry，technological learning，and performance[J]. Academy of Management Journal，43（5）：925-950.

Zander U，Kogut B. 1995. Knowledge and the speed of the transfer and imitation of organizational capabilities：an empirical test[J]. Organization Science，6（1）：76-92.

Zenger T R，Hesterly W S. 1997. The disaggregation of corporations：selective intervention，high-powered incentives，and molecular units[J]. Organization Science，8（3）：209-223.

Zhang Y，Li H. 2010. Innovation search of new ventures in a technology cluster：the role of ties with service intermediaries[J]. Strategic Management Journal，31（1）：88-109.

Zhang Y，Li H，Schoonhoven C. 2009. Intercommunity relationships and community growth in China's high technology industries 1998-2000[J]. Strategic Management Journal，30（2）：163-183.

Zhang Y，Li Y，Li H Y. 2013. FDI spillovers over time in an emerging market：the roles of entry tenure and barriers to imitation[J]. Academy of Management Journal，57（3）：698-722.